アクティベート教育学 07

汐見稔幸・奈須正裕［監修］

特別支援教育

廣瀬由美子・石塚謙二［編著］

ミネルヴァ書房

シリーズ刊行にあたって

　近代という特徴的な時代に誕生した学校は、今や産業社会から知識基盤社会へという構造変化のなかで、その役割や位置づけを大きく変えつつあります。一方、2017年に告示された学習指導要領では「社会に開かれた教育課程」という理念のもと、「内容」中心から「資質・能力」育成へと学力論が大幅に拡張され、「主体的・対話的で深い学び」や「カリキュラム・マネジメント」といった考え方も提起されました。

　学習指導要領前文にあるように、そこでは一人一人の子どもが「自分のよさや可能性を認識するとともに、あらゆる他者を価値のある存在として尊重し、多様な人々と協働しながら様々な社会的変化を乗り越え、豊かな人生を切り拓き、持続可能な社会の創り手となること」が目指されています。

　急激に変化し続ける社会情勢のなかで、このような教育の理想をすべての子どもに実現していくことが、これからの学校と教師に期待されているのです。それは確かに要求度の高い困難な仕事ですが、だからこそ生涯をかけて打ち込むに値する夢のある生き方とも言えるでしょう。

　本シリーズは、そんな志を胸に教師を目指されるみなさんが、数々の困難を乗り越え、子どもたちとともにどこまでも学び育つ教師となる、その確かな基礎を培うべく企画されました。各巻の内容はもちろん「教職課程コアカリキュラム」に準拠していますが、さらに教育を巡る国内外の動向を的確に反映すること、各学問分野の特質とおもしろさをわかりやすく伝えることの2点に特に力を入れています。また、読者が問いをもって主体的に学びを深められるよう、各章の冒頭にWORKを位置づけるなどの工夫を施しました。

　教師を目指すすべてのみなさんにとって、本シリーズが、その確かな一歩を踏み出す一助となることを願っています。

2019年2月

　　　　　　　　　　　　　　　　　　監修者　汐見稔幸・奈須正裕

はじめに

　障害のある幼児児童生徒らに対する特別支援教育は，特別な指導の場はもとより，通常教育でも実施することが求められすでに10年以上を経過しています。その間，「障害者の日常生活及び社会生活を総合的に支援するための法律（障害者総合支援法）」や「発達障害者支援法」の改正，「障害者の権利に関する条約（障害者権利条約）」，「障害を理由とする差別の解消の推進に関する法律（障害者差別解消法）」の履行がなされています。

　現在，共生社会の推進を目指し，幼稚園や小中学校等において，障害の有無にかかわらず幼児児童生徒が一緒に学ぶ環境を整えることや，障害のある幼児児童生徒への合理的配慮を行い，学級経営や授業改善を図ることが希求されています。

　2017年に，文部科学省は「教職課程コアカリキュラム」を策定し，次世代を担う子どもたちの指導者である教師に対し，その資質・能力及び専門性を担保するための一定の内容を示しています。特別支援教育においては，教育の基礎的理解に関する科目に位置づけられ，教員免許の取得を目指すすべての学生は履修することが必須となりました。このことは，本書を執筆した特別支援教育関係者が待ち望んでいたことです。その背景には，小中学校の通常の学級に在籍する発達障害の状態を示す児童生徒が6.5%の割合で存在するという事実があります。

　発達障害のある幼児児童生徒は，その障害特性から学習につまずきやすく，言動においても他者から誤解されやすい傾向があり，幼稚園や学校生活において様々な困難を抱えています。しかし，教師が彼らを十分に理解し適切な対応を行うことによって，もっている能力を自分や他者のために役立てることも可能なのです。そのため教師は，障害を理解すること，障害のある彼らの様々な困難さを想像できること，そのうえで学級経営や授業において工夫や配慮を実

施することが期待されています。

　今回の「小学校学習指導要領解説」(2017年公表) の総則編では，第3章「教育課程の編成及び実施」第4節「児童の発達の支援」の2「特別な配慮を必要とする児童への指導」の(1)「障害のある児童などへの指導」，①「児童の障害の状態等に応じた指導の工夫」において，個々の障害のある児童の障害の状態等に応じた指導内容や方法を組織的に計画的に工夫することが明示されました (中学校も同様)。さらに，各教科や領域において，障害のある児童生徒の特性を踏まえた配慮の内容なども例示されています。この目的は，障害のある児童生徒も含めたすべての子どもの資質・能力の育成を目指しているところにあります。

　一方，通常教育の教育課程にない「自立活動」とは，障害のある幼児児童生徒が「障害による学習上又は生活上の困難を改善・克服するために必要な要素」を取り入れた指導領域です。「特別支援学校教育要領・学習指導要領解説自立活動編」(2018年公表) において，この自立活動は，障害のある幼児児童生徒が育む資質・能力を支える役割を担っていると明示されています。つまり，定型発達の子どもは，学びを深めることで自然と資質・能力が培われていくのですが，障害のある子どもは，資質・能力を育むために自立活動の指導が下支えになるということです。読者のみなさまには，このような内容についても理解を深めていただきたいと思います。

　以上，特別支援教育に係る社会的背景と本書について述べましたが，教師を目指す学生はもちろんのこと，現職の教師にとっても特別支援教育を学ぶ大切な一冊になると考えています。

　ぜひとも本書を手に取っていただき，障害のある子どもに対し真摯に向き合うきっかけにしていただきたいと願っています。

2019年2月

編著者を代表して　廣瀬由美子

目　次

はじめに

第1章　特別支援教育の理念と制度（1）　　1
特別支援教育とインクルーシブ教育システム

1　特殊教育から特別支援教育へ……………………………………………3
1　特殊教育の歴史的変遷　3
2　特別な教育的ニーズの実態　7
3　特別支援教育の推進に向けて　8

2　インクルーシブ教育システム……………………………………………8
1　障害者の権利に関する条約　8
2　インクルーシブ教育システムと特別支援教育　9
3　合理的配慮の実際　11
4　合理的配慮と基礎的環境整備　13

第2章　特別支援教育の理念と制度（2）　　15
特別の指導

1　特別支援教育の基本的な考え方……………………………………………17
2　特別支援教育の制度………………………………………………………19
1　特別支援教育の意義と制度　19
2　小学校等における特別な支援が必要な児童生徒　19
3　特別支援学校の制度　20
4　特別支援学校の教育課程　22
5　特別支援学校の教育環境　25
6　特別支援学級の制度　27
7　通級による指導　28

第3章 通常の学級担任の気づきとアセスメント　31

1 通常の学級における特別支援教育の重要性 ……………………… 33
　1　すべての学校・すべての学級で取り組む特別支援教育の展開　33
　2　特別支援教育の理念の普及・定着によってもたらされるもの　34

2 子どもをより深く理解するアセスメント ……………………… 35
　1　アセスメントとは　35
　2　アセスメントの意義と目的　36
　3　行動観察等による気づきと仮説立て　37
　4　行動観察を進める際に留意しておきたい4つの軸　38
　5　アセスメントの領域と内容　40

3 「困った子ども」から「困っている子ども」へ ……………………… 42
　1　「熱心な無理解者」　42
　2　発達につまずきのある子どもの輝かせ方の基本　43

4 通常の学級での支援と授業づくり・学級経営の実際 ……………… 44
　1　対象児A児の実態　44
　2　行動観察・検査等から読み解くつまずき　44
　3　学級経営と授業づくりの見直しの実際　46

第4章 発達障害の心理特性（1）　51
LD，ADHD

1 LDの特性理解と対応 ……………………………………………… 53
　1　認知特性・学習・行動特性　53
　2　基本的な指導・対応　55
　3　合理的配慮の実際　57

2 ADHDの特性理解と対応 ………………………………………… 58
　1　認知特性・学習・行動特性　58

2　基本的な指導・対応　60
　　　3　合理的配慮の実際　61

第5章　発達障害の心理特性（2）　63
ASD，軽度知的障害

1　ASDの特性理解と対応　65
　　1　認知特性・学習・行動特性　65
　　2　基本的な指導・対応　68
　　3　合理的配慮の実際　72

2　軽度知的障害の特性理解と対応　73
　　1　認知特性・学習・行動特性　73
　　2　基本的な指導・対応　75
　　3　合理的配慮の実際　77

第6章　二次障害の理解と対応　81

1　二次障害とは　83
　　1　環境と子どもとの相互作用　84
　　2　二次障害のタイプ　85

2　発達障害の関連症状と併存精神障害　85
　　1　併存精神障害　86
　　2　ASD・ADHDの二次障害　87

3　発達障害と不登校・行動問題　88
　　1　発達障害と不登校　88
　　2　発達障害と行動問題　91
　　3　発達障害と自己肯定感　92

4　二次障害への対応　94
　　1　思春期・青年期と発達障害　94

2　二次障害への予防的対応　95

第7章　様々な障害の理解と対応　　97

1　視覚障害　99
　1　視覚障害とは　99
　2　視覚障害のある子どもの発達と学習上・生活上の困難　100
　3　視覚障害のある子どもに対する特別の指導　102
　4　視覚障害のある子どもに対する合理的配慮　104

2　聴覚障害　106
　1　聴覚障害とは　106
　2　聴覚障害のある子どもの学習上・生活上の困難　107
　3　聴覚障害のある子どもに対する特別の指導　108
　4　聴覚障害のある子どもに対する合理的配慮　110

3　知的障害　112
　1　知的障害とは　112
　2　知的障害のある子どもの学習上・生活上の困難　112
　3　知的障害のある子どもに対する特別の指導　114
　4　知的障害のある子どもに対する合理的配慮　116

4　肢体不自由　118
　1　肢体不自由とは　118
　2　肢体不自由のある子どもの学習上・生活上の困難　118
　3　肢体不自由のある子どもに対する特別の指導　119
　4　肢体不自由のある子どもに対する合理的配慮　120

5　病弱・身体虚弱　123
　1　病弱・身体虚弱とは　123
　2　病弱・身体虚弱の子どもの学習上・生活上の困難　123
　3　病弱・身体虚弱のある子どもに対する特別の指導　125
　4　病弱・身体虚弱のある子どもに対する合理的配慮　126

目　次

第 8 章　特別な教育的ニーズへの理解と対応　　131

1　日本語指導が必要な児童生徒の援助ニーズ………………………133
　　1　日本語指導が必要な児童生徒の理解　133
　　2　中学校 2 年生 A 君の事例　134
　　3　学校の支援の実際　135
　　4　A 君のその後の展開　137

2　貧困・虐待が背景にある不登校………………………………………138
　　1　子どもの貧困　138
　　2　虐　待　138
　　3　貧困や虐待の可能性がある子どもの支援　140
　　4　D 君のその後　143

3　援助ニーズのある子どもを支援につなげるために………………143

第 9 章　特別の指導「自立活動」　　147

1　自立活動とは……………………………………………………………149
　　1　障害の状態を改善・克服するための指導　149
　　2　自立活動の変遷　150
　　3　自立活動の教育課程上の位置づけ　151

2　障害の捉え方と自立活動………………………………………………153
　　1　ICF と自立活動　153
　　2　合理的配慮と自立活動　155
　　3　個別の指導計画等と自立活動　156

3　自立活動の実際…………………………………………………………157
　　1　自立活動の内容　157
　　2　実態把握から具体的な指導内容の設定までの流れと具体例　159

第10章 「通級による指導」での指導の実際　165

1 「通級による指導」の意義……………………………………………167
- 1 「通級による指導」の制度化　167
- 2 「通級による指導」の展開　169
- 3 「通級による指導」の意味　170

2 「通級による指導」及び「自立活動」の教育課程上の位置づけと内容…171
- 1 「通級による指導」の基本的な理解　171
- 2 「通級による指導」における「特別の指導」——自立活動と障害の状態に応じた教科指導　173

3 特別な教育的ニーズのある児童生徒への効果的な指導方法……174
- 1 発音がうまくできないために生活上の困難がある場合（構音障害）　174
- 2 自閉スペクトラム症のために学校生活で困難がある場合　175
- 3 多動性や衝動性のために集団参加がうまくいかない場合　176
- 4 LDなど読み書きの困難がある場合　176
- 5 合理的配慮の提供　177

4 通常の学級担任と「通級指導教室」担当者の役割と連携………177

5 「通級による指導」の実践…………………………………………178

第11章 特別支援学級での指導の実際　183

1 特別支援学級の仕組みと特別の教育課程………………………185
- 1 「交流及び共同学習」の推進に向けて　185
- 2 特別支援学級とは　187
- 3 特別支援学級における特別の教育課程　188

2 特別支援学級における指導………………………………………193
- 1 自閉症・情緒障害特別支援学級における自立活動の時

　　　　　間における指導例　193
　　　2　知的障害特別支援学級における生活単元学習帳の作成　194
　　　3　特別支援学級の担任として　197

第12章　ICT機器の活用と指導の実際　199

　1　特別支援教育におけるICT活用の意義 …………………………201
　　　1　国の施策より　201
　　　2　ICT活用における3つのA　203
　2　ニーズに応じたICT活用例 …………………………………………205
　　　1　読むことの困難　206
　　　2　書くことの困難　207
　　　3　算数・数学での困難　207
　　　4　考えをまとめることの困難　208
　　　5　聞くことの困難　208
　　　6　話すことの困難　209
　3　活用事例 ……………………………………………………………209

第13章　個別の教育支援計画と個別の指導計画　211

　1　教育的ニーズを踏まえた指導及び支援をつなぐために ………213
　2　個別の教育支援計画と個別の指導計画 …………………………214
　　　1　個別の教育支援計画とは　214
　　　2　個別の指導計画とは　215
　　　3　個別の教育支援計画や個別の指導計画の作成にあたって　217
　　　4　本人が個別の教育支援計画や個別の指導計画の作成に
　　　　　参画する意義　219
　3　本人の願いとPATH …………………………………………………221
　　　1　本人の願いへの着目　221

　　　　2 関係者及び関係諸機関が連携・協働することの意義　222
　　　　3 PATH の活用　223

第14章　特別支援教育コーディネーターと校内支援体制　227

1 特別支援教育における校内支援体制 …………………………………… 229
　　　　1 校内支援体制　229
　　　　2 特別支援教育コーディネーター　231
　　　　3 校内委員会　233
　　　　4 実態把握と個別の指導計画　234
　　　　5 専門機関との連携　236

2 エピソードから学ぶ校内支援体制の実際 …………………………… 237
　　　　1 特別支援教育コーディネーターに指名される　237
　　　　2 年間の計画を立てて職員会議に提案する　237
　　　　3 ある日の風景　238

第15章　関係機関や保護者との連携　241

1 保護者との連携と支援 ………………………………………………… 243
　　　　1 障害の気づきと相談支援　243
　　　　2 一貫した相談・支援体制　245
　　　　3 保護者の障害受容　246

2 関係機関との連携 ……………………………………………………… 250
　　　　1 就学前の子どもが関わる主な専門機関　250
　　　　2 就学中の子どもが関わる主な専門機関　251
　　　　3 学校卒業後に向けて子どもが関わる主な専門機関　252

3 子どもの育ちを地域全体で支えた事例 ……………………………… 255

索　引　259

───　本シリーズの特徴　───

シリーズ「アクティベート教育学」では，読者のみなさんが主体的・対話的で深い学びを成就できるよう，以下のような特徴を設けています。

●学びのポイント

各章の扉に，押さえてほしい要点を簡潔に示しています。これから学ぶ内容の「ポイント」を押さえたうえで読み進めることで，理解を深められます。

●WORK

各章の冒頭に「WORK」を設けています。主体的・対話的にWORKに取り組むことで，より関心をもって学びに入っていけるように工夫されています。

●導　入

本論に入る前に，各章の内容へと誘う「導入」を設けています。ここで当該章の概要や内容理解を深めるための視点が示されています。

●まとめ

章末には，学んだ内容を振り返る「まとめ」を設けています。

●さらに学びたい人のために

当該章の内容をさらに深めることができる書籍等をいくつか取り上げ，それぞれに対して概要やおすすめポイントなどを紹介しています。

●カリキュラム対応表

目次構成と教職課程コアカリキュラムの対応表を弊社ウェブサイトに掲載しています。詳細は，以下のURLから各巻のページに入りご覧ください。

〈https://www.minervashobo.co.jp/search/s13003.html〉

第1章
特別支援教育の理念と制度（１）
―― 特別支援教育とインクルーシブ教育システム ――

● ● ● 学びのポイント ● ● ●

- 「特殊教育」から「特別支援教育」に転換された歴史的・社会的背景を理解しましょう。
- 「特別支援教育」の理念を知るとともに，「特別支援教育」の制度の概要を理解しましょう。
- 「障害者の権利に関する条約」の内容と「インクルーシブ教育システム」について理解しましょう。
- 「合理的配慮」及び「基礎的環境整備」の考え方を理解し，教員として障害のある幼児児童生徒に対する指導・支援の基本を理解しましょう。

WORK 「あなたが考える障害とは？」障害のイメージを共有しよう

1. イメージマップ作成（10分）
   ① プリントの中央に「障害」とあります（図a）。あなたが「障害」という用語からイメージすることを中央の丸から線を伸ばし，〇のなかに言葉を記入してください。
   ② 1つの言葉からさらにイメージを広げ，〇のなかの言葉を増やしていってもかまいません（図b）。
   ③ 〇と〇の言葉が関連すると思ったら，線でつないでもかまいません。
2. イメージマップをもとにした話し合い（10分）
   ① 隣同士の学生でワーク資料を見せ合い，各自がイメージした「障害」について説明し合ってください。
   ② 「障害」のイメージについて，お互いの共通点や異なっている点などを話し合ってください。

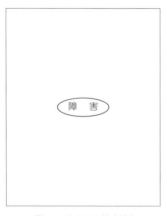

図a　WORK資料例　　　図b　イメージマップ例

〈WORKの取り扱い〉

　本章は，特殊教育から特別支援教育，そして共生社会に向けたインクルーシブ教育構築のための特別支援教育の推進を内容とすることから，学生の障害全般に係るイメージを尊重し講義に入ることを勧めたい。

第1章　特別支援教育の理念と制度（1）

● 導　入 ● ● ● ● ● ● ●
　本章では，我が国の「特殊教育」から「特別支援教育」に変革された歴史的な背景を踏まえつつ，「障害者の権利に関する条約」の発効とともに，共生社会の推進を目指した「インクルーシブ教育システム」について解説します。
　特に，小中学校などの通常の学級に在籍しているLD（学習障害）やADHD（注意欠陥・多動性障害），ASD（自閉症スペクトラム障害）などの状態像を示す児童生徒の顕在化が，「特殊教育」として特別の場で指導することから，指導の場を問わず，障害のある幼児児童生徒らの教育的ニーズに対応する「特別支援教育」への転換の契機であることを理解します。

1　特殊教育から特別支援教育へ

1　特殊教育の歴史的変遷

　日本の特殊教育（現：特別支援教育）は，1878（明治11）年に創設された「京都盲唖院」という学校での盲聾教育が最初だと言われています[*1]（表1-1）。その後，盲教育（現：視覚障害教育）や聾教育（現：聴覚障害教育）が発展し，盲学校や聾学校として障害別の教育が普及していきます。
　また1889（明治22）年には，三重県の尋常師範学校に脚気[*2]の子どもを対象とした教育が開始され，これが病弱教育の原点とされています。同時期には，松本市の尋常小学校に落第生を対象にした特別支援学級も生まれ（1890年），これが知的障害特殊学級の祖とされています。その後，1891（明治24）年には，日本最初の知的障害児者のための施設として知られる滝乃川学園が創設され，そこにおいても知的障害児を対象とした教育が行われていました。

[*1]　日本の特殊教育（障害児教育）では，目の見えない人を盲者と呼び，耳が聞こえず喋ることができない人を聾唖者と呼んでいた。また，喋ることができない人を「唖（おし）」と呼んでいた時代もあり，現在は差別的な用語となっている。
[*2]　**脚気**：ビタミンB_1の不足により疲れや体調不良，心臓病を引き起こす病気であり，当時の社会情勢では多くの人が発症していた。

表1-1　障害児教育（特殊教育）の歴史的概略

明治以降に障害児教育が開始	
1872（明治5）年	学制において、障害児のための学校の規定が初めて登場
1878（明治11）年	京都に「京都盲唖院」創設（盲聾教育の開始）
1880（明治13）年	東京に「楽善会訓盲院」創設
1889（明治22）年	三重県の尋常師範学校（脚気患者→病弱教育の開始）
1890（明治23）年	松本市尋常小学校に特別支援学級（落第生→知的障害特殊学級の祖）
1891（明治24）年	滝乃川学園（知的障害者の社会福祉的な施設）
大正時代に各障害児教育が普及	
1921（大正10）年	東京小石川に柏学園（肢体不自由施設）
1926（大正15）年	東京鶴巻尋常小学校（身体虚弱児の教育開始）
養護学校開設	
1932（昭和7）年	東京市立光明学校（肢体不自由養護学校→肢体不自由教育の開始）
1949（昭和24）年	身体虚弱者を対象にした私学の養護学校が千葉県で認可
1956（昭和31）年	「公立養護学校整備特別設置法」（昭和46年261校へ）
1979（昭和54）年	養護学校教育の義務教育制（養護学校の義務化実施）

出所：国立特別支援教育総合研究所『特別支援教育の基礎・基本（新訂版）』ジアース教育新社，2015年，pp. 24-30より筆者作成。

　その後、大正時代（1912～26年）に各障害児教育が普及し始めます。1923（大正12）年には「盲学校及聾唖学校令」が制定され、盲学校、聾唖学校の設置が急速に進み、特殊教育への関心も高まっていきました。しかし、第二次世界大戦が勃発し、その進行に伴い、実質的に障害児教育の流れは停滞することになりました。

　そして、第二次世界大戦後に、障害児教育を含め、日本の教育改革が進められることになります。1947（昭和22）年には、教育基本法や学校教育法が公布・施行され、盲学校や聾学校への就学が義務化され、精神薄弱教育（現：知的障害教育）を行う養護学校の制度が創設されました。しかし、当時の養護学校では就学の義務はなく、また障害が重度・重複している子どもは就学が免除される時代でした。

　1979（昭和54）年に養護学校への就学が義務づけられたことで、就学免除あるいは就学猶予の子どもの数は減少していきました。一方、盲学校、聾学校、養護学校とは別に、小中学校内に設置された特殊学級も各障害別に普及していきました。

ちなみに，特殊学級のなかで歴史が一番浅い情緒障害教育では，1969（昭和44）年に開設された東京都杉並区立堀之内小学校内に設置された堀之内学級が最初となっています。現在でいう「自閉症・情緒障害特別支援学級」の前身となります。

このような黎明期を経て，特殊教育は，盲学校，聾学校，養護学校（肢体不自由や病弱，知的障害），特殊学級として，障害の特性に対応した教育を実施してきました。

1993年には，「通級による指導」という新しい制度がスタートしました。この制度は通常の学級に在籍したまま，障害による学習上または生活上の困難を改善・克服する特別の指導を一部受けるという形態をとっています。そのため，対象となる児童生徒は，通常の学級での学習や生活がおおむね可能であることが前提となるため，知的障害のある児童生徒は通級による指導の対象から外れています。

2001年に報告された「21世紀の特殊教育の在り方について（最終報告）」では，①乳幼児期から学校卒業後までの一貫した相談支援体制の整備，②盲・聾・養護学校の教育の充実と，小中学校の特別な支援を必要とする児童生徒の対応，③就学指導の在り方の改善などの提言がまとめられました。

2003年の「今後の特別支援教育の在り方について（最終報告）」では，①特別支援教育の在り方の基本的な考え方，②特別支援教育を推進するうえでの学校の在り方，③特別支援教育体制を支える専門性の強化について言及されました。特に①の基本的な取り組みと方向性においては，「障害の程度等に応じ特別の場で指導を行う『特殊教育』から，障害のある児童生徒一人一人の教育的ニーズに応じて適切な教育的支援を行う『特別支援教育』への転換を図る」と明記されています。[*3]

そのうえで，特別支援教育の定義として「特別支援教育とは，これまでの特殊教育の対象の障害だけでなく，その対象でなかったLD[*4]，ADHD[*5]，高機能自閉症[*6]も含めて障害のある児童生徒に対してその一人一人の教育的ニーズを把握

＊3　文部科学省「今後の特別支援教育の在り方について（最終報告）のポイント」2003年，p. ⅱ。

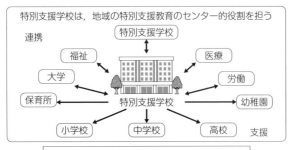

図1-1　特別支援学校のセンター的機能の具体例
出所：文部科学省「特別支援教育を推進するための制度の在り方について（答申）」2005年より筆者作成。

し，当該児童生徒の持てる力を高め，生活や学習上の困難を改善又は克服するために，適切な教育を通じて必要な支援を行うもの」[*7]と述べられています。

2005年には，中央教育審議会からの答申「特別支援教育を推進するための制度の在り方について（答申）」において，①特別支援教育の理念と基本的な考え方，②盲・聾・養護学校制度の見直しについて，③小・中学校における制度的見直しについて，④教員免許制度の見直しについて言及されました。

特に②については，名称を特別支援学校に変更することや，特別支援学校か

---

* 4　**LD**：Learning Disabilities の略であり，学習障害のことを意味している。学習障害とは知的発達に遅れはないものの，読み書きや計算，類推する能力などが部分的・特異的に落ち込んでいるため，学習において著しい困難を示す状態を指している。LDについては，本書第4章も参照。
* 5　**ADHD**：Attention Deficit/Hyperactivity Disorder の略であり，注意欠陥・多動性障害と言われている。ADHDのタイプには，不注意優勢型と多動性－衝動性優位型，そして両方の混合型がある。ADHDについては，本書第4章も参照。
* 6　**高機能自閉症**：知的発達に遅れのない自閉症全般のことを意味し，当時の診断名でアスペルガー障害や高機能広汎性発達障害などを指している。現在，診断名としては，自閉症スペクトラム障害（ASD）とされている。ASDについては，本書第5章も参照。
* 7　文部科学省「今後の特別支援教育の在り方について（最終報告）」2003年，p. 6。

ら小中学校等へ支援を行うセンター的機能について，法的な位置づけが求められました（図1-1）。

2　特別な教育的ニーズの実態

　2002年，特別な教育的ニーズのある児童生徒の実態を把握するために，文部科学省は，全国5つの地域の公立小学校（1～6年）及び公立中学校（1～3年）の通常の学級に在籍する児童生徒約4万人を対象として，学習障害（LD）や注意欠陥・多動性障害（ADHD），高機能自閉症等（知的障害のない自閉症）の状態像を示す児童生徒の実態調査を行いました[*8]。

　調査内容は，①学習面（「聞く」「話す」「読む」「書く」「計算する」「推論する」），②行動面（「不注意」「多動性－衝動性」），③行動面（「対人関係やこだわり等」）の視点から質問項目が作成されました。5つの地域の小中学校では，すべて同じ条件のもとで複数の教員によって約80項目の質問に回答しました。

　この調査では，医師から学習障害など発達障害の診断を受けている児童生徒を対象にしたのではなく，たとえば学級の男女1番から10番までの児童生徒それぞれに対し，複数の教員が質問項目に従って該当の有無を判断していきました。また，学習に2学年以上の遅れがあると想定された児童生徒は集計の段階で除かれています。

　調査では，約4万1,000人の児童生徒の実態が明らかになりました。その結果，小中学校の通常の学級に在籍していて，知的発達に遅れがないものの，学習面や行動面において著しい困難な状態を示している児童生徒が6.3％程度存在するということがわかりました。

　この調査結果などの影響で，障害のある児童生徒を特別な指導の場において教育する特殊教育から，教育の場はどこであっても，特別な教育的ニーズに対応する特別支援教育へと大きな転換に拍車がかかりました。

＊8　文部科学省「通常の学級に在籍する特別な教育的支援を必要とする児童生徒に関する全国実態調査」2002年。

3 特別支援教育の推進に向けて

　このような歴史的な変遷を経て、ついに2007年4月1日から、特別支援教育が本格的に実施されることになったのです。特別支援教育の実施にあたって、2007年4月1日付で文部科学省初等中等教育局長名によって通知された「特別支援教育の推進について（通知）[*9]」には、現在につながる特別支援教育の理念や、教育関係者それぞれの立場で行うべきことがまとめてあります。ここで示された理念等の詳細については、本書第2章で説明しているので省きますが、特別支援教育の重要な視点をまとめると、以下のようにあげられるでしょう。

- 障害のある子どもの自立や主体的な取り組みを支援する視点をもつこと
- 障害のある子どもの教育的ニーズを把握すること
- 障害のある子どものもっている力を高めることや、困難さを改善するための適切な指導や支援をすること
- 特別支援教育はすべての学校で実施すること
- 特別支援教育は共生社会の形成の基礎であるということ

　このように、特別支援教育の理念が明確にされたことで、様々な法令の改正や特別支援教育に係る施策が拡大し実施されていくことになりました。

　次の節では、特別支援教育の推進に向けて大きな影響を与えている「障害者の権利に関する条約」について見ていきましょう。そして、障害者の権利に関する条約を履行するために必要な知識として、インクルーシブ教育システムと合理的配慮、基礎的環境整備について説明していくことにします。

2　インクルーシブ教育システム

1 障害者の権利に関する条約

　「障害者の権利に関する条約」（以下、障害者権利条約）とは、国際連合におい

＊9　文部科学省初等中等教育局長通知「特別支援教育の推進について（通知）」（19文科初第125号）2007年。

て2006年に採択された条約のことです。この条約は、障害者が人として当たり前に生きていくための基本的な自由を確保することや、社会参加にあたって不当な差別や排他的な言動を受けることがないよう、障害者の人権を守ることを目的につくられたものです。したがって、障害者権利条約では障害者への差別の禁止はもちろんのこと、障害者の権利を保障するために「合理的配慮」の実施が規定されています。

2007年9月、我が国は障害者権利条約に署名をしました。障害者権利条約を履行するにあたっては、条約の理念を実現するために多岐にわたる法令の改正が必要です。

その1つに障害者基本法（2011年改正）があります。この法令では障害者の捉え方を広げ、「身体障害、知的障害、精神障害（発達障害を含む）、その他の心身の機能の障害」がある者を障害者として規定し直しています。また注目する点は、同法第16条「教育」に、障害のある子どもが障害のない子どもと共に教育を受けられるよう配慮することや、そのための教育内容や方法の改善充実の実施も明記されました。つまり、インクルーシブ教育システム（後述）の実現を目指すことが記されているのです。そのため、文部科学省においては、学校教育法など関連する法令の改正や、就学に関する制度の改正も行いました。

署名から約7年後の2014年、我が国は障害者権利条約を批准し、現在は条約を履行しています。

2　インクルーシブ教育システムと特別支援教育

2012年に中央教育審議会がまとめた「共生社会の形成に向けたインクルーシブ教育システム構築のための特別支援教育の推進（報告）」では、①共生社会とインクルーシブ教育システムの構築、②就学相談や就学先の決定の在り方、③合理的配慮と基礎的環境整備、④多様な学びの場の整備と学校間連携の推進、⑤特別支援教育を充実させるための教職員の専門性の向上などについて提言をまとめています。そのなかで、インクルーシブ教育システム（包容する教育制度）の定義としては以下のような記述があります。[*10]

○ 「インクルーシブ教育システム」とは,人間の多様性の尊重等の強化,障害者が精神的及び身体的な能力等を可能な最大限度まで発達させ,自由な社会に効果的に参加することを可能とする目的の下,障害のある者と障害のない者が共に学ぶ仕組みであり,障害のある者が教育制度一般から排除されないこと,自己の生活する地域において初等中等教育の機会が与えられること,個人に必要な「合理的配慮」が提供される等が必要とされている。

○ 共生社会の形成に向けて,障害者の権利に関する条約に基づくインクルーシブ教育システムの理念が重要であり,その構築のため,特別支援教育を着実に進めていく必要があると考える。

○ インクルーシブ教育システムにおいては,同じ場で共に学ぶことを追求するとともに,個別の教育的ニーズのある幼児児童生徒に対して,自立と社会参加を見据えて,その時点で教育的ニーズに最も的確に応える指導を提供できる,多様で柔軟な仕組みを整備することが重要である。

つまり,障害のある子どもとない子どもが同じ場で共に学ぶことを追求するために,障害のある子ども個人に必要な「合理的配慮」が提供されること,教育的ニーズに的確に応える指導の場が提供されること,そのため特別支援教育を推進していくことが重要であるということです。

合理的配慮という新しい概念は,「障害のある子どもが,他の子どもと平等に『教育を受ける権利』を享有・行使することを確保するために,学校の設置者及び学校が必要かつ適当な変更・調整を行うことであり,障害のある子どもに対し,その状況に応じて,学校教育を受ける場合に個別に必要とされるもの」[*11]と定義されています。障害のある子どもが障害のない子どもと共に学び学校生活を送るために,区市町村教育委員会や小中学校などが障害のある子ども個々人に対し,授業などで必要とされる配慮を行うことを意味しています。

[*10] 中央教育審議会「共生社会の形成に向けたインクルーシブ教育システム構築のための特別支援教育の推進(報告)」2012年,p. 4。

[*11] 中央教育審議会「共生社会の形成に向けたインクルーシブ教育システムの構築のための特別支援教育の推進(報告)」2012年,p. 23。

文部科学省によれば、合理的配慮の観点は大きく3つに分かれ、「教育内容・方法」「支援体制」「施設・設備」となっています。*12 各観点には小項目があり、たとえば「教育内容・方法」に関する合理的配慮に関しては、「学習上又は生活上の困難を改善・克服するための配慮」「学習内容の変更・調整」「情報・コミュニケーション及び教材の配慮」「学習機会や体験の確保」「心理面・健康面の配慮」の5つの小項目で観点の内容を示しています。

　これらの観点を踏まえ、障害のある子どもに対する合理的配慮の実施では、本人や保護者を含めた関係者が、実際の授業や学校生活で必要な配慮について協議し、配慮の内容や実施方法、優先順位などを決定したうえで、合理的配慮の内容が5つの小項目のどれに該当するのか整理する必要があります。

3　合理的配慮の実際

　図1-2は、ある小学校で文字の読み書きが苦手な児童に対する合理的配慮の決定を示した図です。①児童本人の願い、②保護者の思いや学校への要望、③通常の学級担任の思いなどを確認したうえで特別支援教育コーディネーター*13が関係者の会議を開催し、対象児童の合理的配慮の内容を決定しています。

　たとえば、本人に「国語の音読がスラスラとできるようになりたい」という思いがあること、保護者も本人同様に音読の流暢さを望み、宿題ができるようにしたいと思っていること、学級担任にも同様の思いがあることから、文字の読み書きが苦手な特性に対する配慮を考えていきます。

　その結果、国語の教科書にルビをふるなどの配慮とともに、音読の宿題はテープに録音された範読内容を聞くことにしました。その理由は、文字が読めない児童に音読の宿題をさせること自体が宿題をしない状態をつくっていたからです。もちろん、この宿題の実施方法は他児と異なりますが、宿題をすること

＊12　中央教育審議会「共生社会の形成に向けたインクルーシブ教育システムの構築のための特別支援教育の推進（報告）」2012年、p. 33-34。「合理的配慮」の詳細は、本書第7章も参照。
＊13　**特別支援教育コーディネーター**：幼稚園や小中高等学校などにおいて校内に配置された役職であり、障害のある子どもに適切な指導や支援を実施するために校内委員会の開催を行うなど、教職員や保護者、専門機関等との連絡調整を行っている。

〈A児の概要〉
・通常の学級在籍
・知的発達水準は正常域である。全般的に基礎学力は十分に定着していない。
　→特に加減の計算，かけ算九九が曖昧で計算力が身についていない。
　→特に漢字の読み書きが困難で，繰り返し練習しても定着しにくい。

〈保護者の思い・要望〉
1　宿題や漢字練習，自学をやらないのでやれるようにさせたい（困っている）。
2　音読がたどたどしいので，スラスラと音読できるようにさせたい。
3　漢字が書けないので，書ける漢字を増やすようにさせたい。
4　計算もできるようにさせたい。
5　家庭では，母親の言うことを聞かないことが多いので，聞くようにさせたい。

〈本児の願い〉
1　国語の音読がスラスラとできるようになりたい。
2　計算問題を間違わずに解けるようになりたい。

〈通常の学級担任の思い・要望〉
1　計算が困難。繰り上がりや繰り下がり，九九の言い間違いもあり，かけ算（3桁）・わり算（2桁でわる）をできるようにさせたい（8の段・9の段は未習得）。
2　漢字の読み書きを，正しく覚えられるようにさせたい（現状では，2年生前半程度の読み書きが可能）。
3　文章を読んで立式できるようにさせたい（文章を正しく読めないために，言葉の意味理解が困難）。
4　宿題を忘れたときなどの困った場面では，自分から言い出せるようになってほしい。
5　宿題や自学に忘れずに取り組み，提出をしてほしい。

〈保護者との協議から学校で実施する配慮について〉
・各種心理検査や学習の習得状況から，当該学年の目標すべてに到達することは困難であるため，まずは，国語科及び算数科の2学期以降の各単元の目標を個別に重点化し，学習の到達レベルを焦点化する。
・学級担任による放課後学習（かけ算九九等の定着）を実施する。
・特別支援学級での定期的な教育相談で学習の補充をする。

1　ルビをふった教材を用意するとともに，ボイスレコーダーに国語の教科書の範読を録音し「聞く」宿題とする。（文節の区切り，ルビふり。宿題は，ボイスレコーダーで国語の教材文を聞くこととする。→宿題の変更）
2　漢字練習や漢字ドリルは練習量を軽減するとともに，読みと書きの分量を本児の実態に即して変更する。（ドリルの書き込みとピンクノート・下学年の教材を随時取り入れる）（読みを重視した漢字テストに変更する）
3　板書を視写する量を軽減するため，貼付シートやワークシートを準備する。（視写は可能であることから，特に算数科の理解の糸口として貼付シートやワークシートを活用する）
4　算数科・国語科では，学習する単元等の目標や内容を対象児の実態から検討する。（2学期の学習単元から，目標の重点化を個別に図る）

〈通常の学級担任が実施する配慮〉
1　ルビをふった教材を用意し音読できるようにする，ボイスレコーダーを活用する。
2　自分で取り組めるよう漢字練習は内容と量の側面から軽減する。
3　課題解決に導くため貼付シートやワークシートを準備する。
4　学習が理解できるよう座席の配置やペア学習等の形態に配慮する。
5　国語科及び算数科では到達する目標を重点化して，学習する内容を調整する。
6　算数科では，操作活動や視覚的に理解できる教材を準備し，学習理解を促すよう配慮する。（ICTアイパットの活用）

〈特別支援学級担任の総合的な支援と教育相談時での配慮〉
1　関係者と共に，本児の学習実態に合った目標や内容の重点化を検討する。また宿題の在り方を独自に考える。（例，ボイスレコーダーの活用による独自の宿題への配慮）
2　TTとして学級での個別支援を行う。
3　教育相談時は，宿題等を自力で行う方法を指導するとともに，本児と担任の支援の調整を行う。

図1-2　A児における合理的配慮の決定プロセス及び配慮内容

注：個人情報保護のため一部改変。
出所：筆者作成（資料提供：海老原紀奈子）。

自体は変わらないわけです。

　このように，合理的配慮の内容や実施方法を決定していくためには何を重視するのか，教師自ら発想や意識を変えて，「みんなと同じ」にする意味や視点などを十分に考える必要があります。

4　合理的配慮と基礎的環境整備

　障害特性ゆえに困難さを抱えている子どもには，個々人に応じた合理的配慮を実施していきます。しかし合理的配慮は，その子どもが置かれている環境によっても異なりますので，障害名で合理的配慮の内容を統一することではありません。

　たとえば，通級による指導が実施できる学校（環境として整備）では，ADHDの児童に対する通級による指導の実施においても，指導開始の年齢によって指導内容や指導方法が異なりますし，通級による指導の成果に応じて合理的配慮の内容も変化していきます。また，1学級の在籍が15人の学級と35人が在籍している学級では，同じような状態の障害の児童であっても個別支援の方法が異なると考えられます。さらに，効果的な個別の指導計画を作成できる学校では合理的配慮の実施にも違いが見られ，障害のある子どもにとって学びの環境が整っていると考えられます。

　つまり基礎的環境を整備する際には，①教員同士や専門機関等のネットワークを形成し，障害のある子どもにとって連続性のある多様な学びの場が活用できること，②専門性のある指導体制が構築されていること，③個別の教育支援計画や個別の指導計画の作成等による指導が可能であること，④様々な教材の確保が可能であること，⑤障害のある子どもに対する施設・設備が整っていること，⑥専門性のある教員や支援員等がいること，⑦個に応じた指導や学びの場の設定等による特別な指導が行えること，⑧交流及び共同学習が円滑に実施できることなどを考慮することが求められています。

まとめ

　本章では障害児教育から特殊教育へ，そして特別支援教育に大きく転換してきた歴史的経緯について説明しました。特別支援教育の理念とは，障害のある子どものニーズに対応するための教育であり，特別支援学校はもちろんのこと，どの学校・学級においても実施するものです。

　そのうえで，障害者の権利に関する条約を履行するために必要な知識として，インクルーシブ教育システムと合理的配慮，基礎的環境整備について言及しました。

 さらに学びたい人のために

○国立特別支援教育総合研究所『特別支援教育の基礎・基本（新訂版）』ジアース教育新社，2015年。
　　この書籍は，特に障害のある子どもの発達と実態把握の方法，特別の教育課程編成，自立活動の具体的指導など，各障害に応じた教育の基本についてまとめられています。

○国立特別支援教育総合研究所『共に学び合うインクルーシブ教育システム構築に向けた児童生徒への配慮・指導事例』ジアース教育新社，2014年。
　　この書籍は，障害のある子どもとない子どもが共に学びあう通常の学級の授業を中心に，障害のある子どもに対する合理的配慮及び基礎的環境整備の両面から実践例を紹介しています。

第2章
特別支援教育の理念と制度（2）
―― 特別の指導 ――

●●● 学びのポイント ●●●

- 特別支援教育の基本的な考え方を理解しましょう。
- 特別支援教育における学校設置や就学手続き，教育環境などに関する制度を理解しましょう。
- 特別支援学校や特別支援学級，通級による指導における特別な教育課程や指導内容などを理解しましょう。

WORK　特別支援教育って何だろう？ 経験から考えよう

　これまで見たり体験したりした特別支援教育の場面を思い出してみましょう。

① 以下にあげる3つの場面について思い出し，そのときに感じたことや思ったことを書き出してみよう（10分）。

> ・小学生や中学生のときの特別支援学校や特別支援学級に在籍する児童生徒と一緒に行った活動について。
> ・テレビや映画で視聴した障害のある児童生徒の教育に関する内容について。
> ・インターンシップや体験活動における障害のある児童生徒の教育活動の体験について。

② 次に，3～5名のグループに分かれて，書き出した内容を共有し，それぞれの場面における共通点，相違点についてまとめてみましょう（10分）。

〈WORKの取り扱い〉
　本章は，特別支援教育の基本的な考え方や制度を理解することを求めている。特別支援学校における教育を直接的に体験することは難しく，その様子を想像することは困難である。
　しかしながら，特別支援教育の基本的な考え方などを理解する際には，単なる知識としての学びではなく，オーセンティックな学びであってほしい。それは，どの教育の場でも，特別支援教育を的確に扱わねばならない状況だからである。
　そのために，過去の体験を反芻することや動画を含めた視聴覚教材を豊富に活用するなどして，自分事となるよう心掛けてほしい。

第2章　特別支援教育の理念と制度（2）

● 導　入 ●●●●●●●

　本章では，特別支援教育の基本的な考え方や制度について解説します。
　特別支援教育の基本的な考え方とは，障害のある児童生徒のもてる力を高め，生活上や学習上の困難を改善または克服するため，適切な指導及び支援を行うものであるとされています。
　特別支援教育の制度によって，特別支援学校や特別支援学級，通級による指導の対象者や学校設置，特別の教育課程，教育環境などが定められています。
　障害のある児童生徒の健やかな成長のための特別支援教育の理念や仕組みを理解し，それを体現することが重要です。

1　特別支援教育の基本的な考え方

　文部科学省の通知において，特別支援教育の理念が以下のように述べられています[*1]。

> 　特別支援教育は，障害のある幼児児童生徒の自立や社会参加に向けた主体的な取組を支援するという視点に立ち，幼児児童生徒一人一人の教育的ニーズを把握し，その持てる力を高め，生活や学習上の困難を改善又は克服するため，適切な指導及び支援を行うものである。
> 　また，特別支援教育は，これまでの特殊教育の対象の障害だけでなく，知的な遅れのない発達障害も含めて，特別な支援を必要とする幼児児童生徒が在籍する全ての学校において実施されるものである。
> 　さらに，特別支援教育は，障害のある幼児児童生徒への教育にとどまらず，障害の有無やその他の個々の違いを認識しつつ様々な人々が生き生きと活躍できる共生社会の形成の基礎となるものであり，我が国の現在及び将来の社会にとって重要な意味を持っている。

＊1　文部科学省初等中等教育局長通知「特別支援教育の推進について（通知）」（19文科初第125号）2007年。

この通知は，2007年度から施行された改正学校教育法を踏まえ，特別支援教育は，通常の学級に在籍する発達障害のある児童生徒等も対象にしていること，そして共生社会の基礎づくりとしての意義があるとしています。

　この通知で使われている用語のうち，「教育的ニーズ」について，高倉誠一(2015)は，「『教育的ニーズ』は，国際的な観点では，子ども一人一人の『特別な教育的支援の必要性』と見るべきである」としたうえで，「現状で懸念されるのが，教育現場に『教育的ニーズ』を単なる実態把握と捉える傾向が見られることである」と述べており，かつ「『理念』が示す『(子どもの)主体的な取組を支援』するという視点から，教育的ニーズを把握するということは，子どもが学校生活や学習に主体的に取り組めるよう，教育的支援の必要性を把握するということである」としています。[*2]

　生活や学習上の困難を改善または克服するため，適切な指導及び支援を行う際には，現在の学習や生活に主体的な取り組みを促すことができるように，それぞれの児童生徒の状態を的確に把握する必要があります。

　また，文中の「その持てる力を高め」に特に留意する必要があります。「持てる力」という表現は，その程度にもよりますが，それがどのような形で個々の児童生徒に存在するのか，それを見極める力量が必要です。逆に言えば，もっていない力も的確に判断し，不必要な苦労を児童生徒に強要しないことが重要です。障害のある児童生徒にとっては，障害のない児童生徒よりも，できないことをさせられることの負担や辛さを十分に考慮すべきと思います。

　さらに，文中の「共生社会」ですが，これについては，中央教育審議会(2012年)が，「『共生社会』とは，これまで必ずしも十分に社会参加できるような環境になかった障害者等が，積極的に参加・貢献していくことができる社会である。それは，誰もが相互に人格と個性を尊重し支え合い，人々の多様な在り方を相互に認め合える全員参加型の社会である」としています。[*3]

---

*2　高倉誠一「『特別支援教育の理念』の解釈に関する考察——『特別な教育的ニーズ』概念の検討をもとに」『植草学園短期大学研究紀要』16，2015年，pp. 39-45。

*3　中央教育審議会「共生社会の形成に向けたインクルーシブ教育システムの構築のための特別支援教育の推進(報告)」2012年。

特別支援教育は,「共生社会」の基礎となることを十分に認識し,社会に開かれた教育を実現することが肝要であり,交流及び共同学習の充実した実践などが求められます。

2 特別支援教育の制度

1 特別支援教育の意義と制度

広義には,特別支援教育は,学校教育法等によって定められている特別支援学校や特別支援学級,通級による指導における教育,その他の教育環境における障害等のある児童生徒に対する教育や支援も含まれると考えられます。先述の特別支援教育の理念においても,「これまでの特殊教育の対象の障害だけでなく,知的な遅れのない発達障害も含めて,特別な支援を必要とする幼児児童生徒が在籍する全ての学校において実施されるものである」とされています。

ですから,特別支援教育は制度によって定められていることだけを実施すれば事足りるのではなく,どの教育においても,一人一人の障害等の状態に応じたきめ細かな指導や支援を行うことを忘れてはいけません。

2 小学校等における特別な支援が必要な児童生徒

特別支援学校や特別支援学級に在籍する児童生徒や通級による指導の対象児童生徒については,制度として特別な指導目標や指導内容を設定することが可能であり,一人一人の状態に応じた指導や支援が手厚く行えるようになっています。

一方,小学校学習指導要領(2017年告示)においては,特別支援学校に在籍する児童生徒を除く障害等のある児童についても,第1章の総則第4の2「特別な配慮を必要とする児童への指導」として述べられていることに留意が必要です。

その最初に,「(1)障害のある児童などへの指導」において「ア 障害のある児童などについては,特別支援学校等の助言又は援助を活用しつつ,個々の児童の障害の状態等に応じた指導内容や指導方法の工夫を組織的かつ計画的に行

うものとする」としており，特別支援学校の機能を生かすとともに，組織的な取り組みを求めています。

また，「エ　障害のある児童などについては，(中略)個別の教育支援計画を作成し活用することに努めるとともに，各教科等の指導に当たって，個々の児童の実態を的確に把握し，個別の指導計画を作成し活用することに努めるものとする」としており，一人一人に効果的な指導の実施を求めています[*4]。個別の教育支援計画とは，一人一人の障害のある幼児児童生徒について，乳幼児期から学校卒業後までの一貫した長期的な計画であり，学校が中心となって，医療，福祉，労働等の関係機関と連携して作成されます。これに対して個別の指導計画とは，幼児児童生徒一人一人の教育的ニーズに対応して，指導目標や指導内容，指導方法などを盛り込んだ学校における指導計画のことであり，単元や学期等ごとに作成されます。

続いて「小学校学習指導要領」第1章の第5「学校運営上の留意事項」の2のイにおいて，共生社会の実現を目指し，「障害のある幼児児童生徒との交流及び共同学習の機会を設け，共に尊重し合いながら協働して生活していく態度を育むようにすること」とされていますが，新たに「共に尊重し合いながら協働して生活していく態度を育む」を加え，その目的を明確にしています。

さらには，「小学校学習指導要領」第2章以下に示されている各教科等の指導において，「障害のある児童などについては，学習活動を行う場合に生じる困難さに応じた指導内容や指導方法の工夫を計画的，組織的に行うこと」としており，通常の学級に在籍する障害のある児童生徒に対して学校として指導の工夫を強く求めています。

3　特別支援学校の制度

①特別支援学校の目的

学校教育法第72条において，「特別支援学校は，視覚障害者，聴覚障害者，

＊4　「個別の教育支援計画」「個別の指導計画」の詳細については，本書第13章参照。

第2章 特別支援教育の理念と制度（2）

表2-1　学校教育法施行令による特別支援学校対象児童生徒の障害種と障害の程度

区　分	障害の程度
視覚障害者	両眼の視力がおおむね0.3未満のもの又は視力以外の視機能障害が高度のもののうち，拡大鏡等の使用によつても通常の文字，図形等の視覚による認識が不可能又は著しく困難な程度のもの
聴覚障害者	両耳の聴力レベルがおおむね60デシベル以上のもののうち，補聴器等の使用によつても通常の話声を解することが不可能又は著しく困難な程度のもの
知的障害者	1　知的発達の遅滞があり，他人との意思疎通が困難で日常生活を営むのに頻繁に援助を必要とする程度のもの 2　知的発達の遅滞の程度が1の程度に達しないもののうち，社会生活への適応が著しく困難なもの
肢体不自由者	1　肢体不自由の状態が補装具の使用によつても歩行，筆記等日常生活における基本的な動作が不可能又は困難な程度のもの 2　肢体不自由の状態が1の程度に達しないもののうち，常時の医学的観察指導を必要とする程度のもの
病弱者	1　慢性の呼吸器疾患，腎臓疾患及び精神疾患，悪性新生物その他の疾患の状態が継続して医療又は生活規制を必要とする程度のもの 2　身体虚弱の状態が継続して生活規制を必要とする程度のもの

出所：文部科学省「学校教育法施行令第22条の3」より筆者一部改変。

知的障害者，肢体不自由者又は病弱者（身体虚弱者を含む。以下同じ。）に対して，幼稚園，小学校，中学校又は高等学校に準ずる教育を施すとともに，障害による学習上又は生活上の困難を克服し自立を図るために必要な知識技能を授けることを目的とする」と規定されています。

②特別支援学校の対象

表2-1「学校教育法施行令による特別支援学校対象児童生徒の障害種と障害の程度」は，学校教育法施行令第22条の3に掲げられています。この表2-1により，特別支援学校の対象の障害の種類とその程度が規定されています。

③特別支援学校への就学に関する手続き

特別支援学校に就学する際には，市町村教育委員会が，就学支援委員会[*5]など

---

*5　**就学支援委員会**：福祉や医療，教育の関係者等で組織され，障害のある児童生徒やその可能性のある児童生徒の適切な就学について，教育委員会の諮問に応じ，調査・審議し，答申する委員会。教育支援委員会とも呼ばれている。特別支援学校だけでなく，特別支援学級や通級による指導の対象の可能性のある児童生徒についても調査・審議することも多い。

において，障害のある児童生徒の指導や支援に詳しい専門家の意見を聴取し，障害の状態や教育上必要な支援，その地域における教育体制の整備などの状況を勘案して，都道府県教育委員会に対象者を通知することが規定されています。

都道府県教育委員会は，その通知を受けて，就学する特別支援学校を決めます。しかし現在では，表2−1に示す障害の種類や程度に該当する児童生徒であっても，一般の学校において教育を受けられるかどうかを，市町村教育委員会が判断できるようになっています。つまり，表2−1に掲げられた障害の種類であって，その程度に適合していたとしても，小中学校における教育を受けるようにすることを，市町村教育委員会が決めることができるということです。

4　特別支援学校の教育課程

①特別支援学校の教育課程の特徴

特別支援学校においても，道徳や特別活動などの取り扱いは，基本的に小学校等と同様ですが，特別支援学校の独自の指導領域である「自立活動」が示されているほか，各教科の指導については，知的障害のある児童生徒のための教育課程が大きく異なること，一人一人の障害の状態等に応じた指導目標や内容が設定できることが特徴です。

②独自の指導領域としての「自立活動」

・「自立活動」の目標

特別支援学校の教育課程における独自の指導領域である「自立活動」の目標は，「個々の児童又は生徒が自立を目指し，障害による学習上又は生活上の困難を主体的に改善・克服するために必要な知識，技能，態度及び習慣を養い，もって心身の調和的発達の基盤を培う[*6]」とされています。この目標の表現ですが，障害そのものではなく，困難さの改善・克服を目指していることに留意する必要があります。

ここでいう「自立」とは，児童生徒がそれぞれの障害の状態や発達の段階等

＊6　「特別支援学校小学部・中学部学習指導要領」の第7章「自立活動」第1「目標」（2017年告示）。

に応じて，主体的に自己の力を可能な限り発揮し，よりよく生きていこうとすることを意味しています。そして，「障害による学習上又は生活上の困難を主体的に改善・克服する」とは，児童生徒の実態に応じ，日常生活や学習場面等の諸活動において，その障害によって生ずるつまずきや困難を軽減しようとしたり，また，障害があることを受容したり，つまずきや困難の解消のために努めたりすることを明記しています。

- 「自立活動」の内容

「自立活動」の内容は，「健康の保持」「心理的な安定」「人間関係の形成」「環境の把握」「身体の動き」「コミュニケーション」の6つが示されています。さらにこの6つの区分の下にそれぞれ項目が立てられており，合計で27項目が示されています。

実際の指導においては，6区分27項目のなかから，一人一人の児童生徒が必要とする事項を選定し，それらを相互に関連づけ，具体的な指導内容を設定し，個別の指導計画により指導を行うことになります[*7]。

③知的障害のある児童生徒のための各教科

知的障害のある児童生徒以外のための各教科は，基本的には一般の学校と同様ですが，知的障害のある児童生徒のための各教科は，独自性が高く，各教科の目標や内容は一般の学校とは大きく異なります。

知的障害のある児童生徒に対しては，知的障害のある児童生徒の学習特性に合わせるとともに，実生活に資することを考慮し，「特別支援学校小学部・中学部学習指導要領」(2017年告示)には，たとえば小学部の生活科の内容では「基本的生活習慣」として，以下のように示されています[*8]。

> 食事，用便，清潔等の基本的生活習慣に関わる学習活動を通して，次の事項を身に付けることができるよう指導する。

＊7 「個別の指導計画」の詳細については，本書第13章参照。
＊8 「特別支援学校小学部・中学部学習指導要領」第2章「各教科」第1節「小学部」第2款「知的障害者である児童に対する教育を行う特別支援学校」の第1「各教科の目標及び内容」「生活」の2「各段階の目標及び内容」の「○2段階」における「(2)内容」の「ア　基本的生活習慣」(2017年告示)。

> (ア) 必要な身辺処理が分かり，身近な生活に役立てようとすること。
> (イ) 身近な生活に必要な身辺処理に関する基礎的な知識や技能を身に付けること。

　また，中学部の職業・家庭科の「働くことの意義」として，以下のように示されています[*9]。

> 　働くことに対する意欲や関心を高め，他者と協力して取り組む作業や実習等に関わる学習活動を通して，次の事項を身に付けることができるよう指導する。
> (ア) 働くことの目的などを理解すること。
> (イ) 意欲や見通しをもって取り組み，自分と他者との関係や役割について考えること。
> (ウ) 作業や実習等に達成感を得て，進んで取り組むこと。

④教育課程編成の特例

　特別支援学校においては，一人一人の児童生徒の障害の状態等に応じて指導内容を設定するなど，特別な教育課程の編成が可能です。
　それらには，たとえば以下のことがあげられます。
・各教科等の授業時数を児童生徒に合わせること。
・各教科などの目標及び内容の一部を取り扱わないこと。
・各教科の目標及び内容を，その学年の前の各学年の目標及び内容に替えること。
・中学部の各教科の目標及び内容を，それぞれの教科に相当する小学部の教科の目標及び内容に替えること。
・知的障害のある児童生徒などには，各教科，道徳，外国語活動，特別活動，

---

*9 「特別支援学校小学部・中学部学習指導要領」第2章「各教科」第2節「中学部」第2款「知的障害者である生徒に対する教育を行う特別支援学校」の第1「各教科の目標及び内容」「職業・家庭」の2「各段階の目標及び内容」の「○2段階」における「(2)内容」の「職業分野」の「ア　働くことの意義」(2017年告示)。

自立活動を合わせて指導すること。
・各教科，外国語活動あるいは総合的な学習の時間の全部，または道徳あるいは特別活動の一部を自立活動に替えること。

⑤特別支援学校のセンター的機能

学校教育法第74条において，「特別支援学校においては，第72条に規定する目的を実現するための教育を行うほか，幼稚園，小学校，中学校，義務教育学校，高等学校又は中等教育学校の要請に応じて，第81条第1項に規定する幼児，児童又は生徒の教育に関し必要な助言又は援助を行うよう努めるものとする」と規定されています。「第72条に規定する目的」とは，特別支援学校の目的を示しています。「第81条第1項に規定する幼児，児童又は生徒」とは，小中学校における特別支援学級に在籍する児童生徒以外の障害のある児童生徒を指します。それらの児童生徒の教育について「必要な助言又は援助」を行うことを一般にセンター的機能と呼んでいます。

センター的機能の具体的内容としては，以下のようなものがあげられます。
・小中学校等の教員への支援機能
・特別支援教育等に関する相談・情報提供機能
・障害のある幼児児童生徒への指導・支援機能
・福祉，医療，労働などの関係機関等との連絡・調整機能
・小中学校等の教員に対する研修協力機能
・障害のある幼児児童生徒への施設設備等の提供機能

5 特別支援学校の教育環境

①学部の設置

学校教育法においては，「特別支援学校には，小学部及び中学部を置かなければならない。ただし，特別の必要のある場合においては，そのいずれかのみを置くことができる」（第76条第1項），「特別支援学校には，小学部及び中学部のほか，幼稚部又は高等部を置くことができ，また，特別の必要のある場合においては，前項の規定にかかわらず，小学部及び中学部を置かないで幼稚部又

は高等部のみを置くことができる」(同条第2項) と規定されています。

実際には,幼稚部を設置していたり,高等部のみ設置していたりする学校もありますが,多くは小学部と中学部そして高等部を設置しています。

②学校施設

文部科学省は,「特別支援学校施設整備指針」(2016年)において,「特別支援教育を推進するため,特別支援学校の施設整備については,障害の重度・重複化,多様化等の動向を十分踏まえつつ,障害のある幼児児童生徒の一人一人の教育的ニーズに対応した指導・支援を考慮した施設環境づくりを基本とすることが重要である。また,地域において特別支援教育を推進する体制を整備していく上で,特別支援学校が中核的な役割を果たすことができるような施設環境づくりを基本とすることが重要である」と述べています。

留意すべきは,障害のある児童生徒の指導や支援を効果的に実施するための方針のほか,地域の中核としての位置づけも考慮しつつ,施設環境を整えることが重要としていることです。

こうした方針を踏まえ,国は,「公立学校施設整備費負担金」を,学校を設置する自治体に拠出するために,「負担金対象事業」に取り組んでいます。これは,特別支援学校(小中学部)において教室不足を解消するため,校舎・屋内運動場(体育館)等を新築または増築する場合等に,その経費の一部を国が負担するものです。

③教員定数

特別支援学校の教員の人数は,基本的には小学校等と同様に算出します。ですから,教諭は学級数に応じて,その人数が決まります。しかし,特別支援学校では,1学級当たりの児童生徒数は大きく異なります。小中学部では,1学級の定数は6名で,高等部は8名です。障害が重複している児童生徒の場合は,どの学部も3名となります。また,自立活動担当教員[*10]が障害種別に学級数に応じて加算されることから,特別支援学校においては,教員数が多く,より手厚

---

*10 **自立活動担当教員**:特別支援学校においては,各教科等のほか独自の指導領域である「自立活動」の内容の指導を行うことが必要であることから,その担当者として障害種別に学級数に応じて加算される教員のこと。

い指導や支援が可能になっています。

④特別支援学校教員免許

　障害のある児童生徒に対する指導においては，一般の教育に必要な専門性に加えて，障害特性の理解や，それに応じた指導方法の工夫や配慮などのための専門性が必要です。

　そのため，「教育職員免許法」においては，特別支援学校に教員として勤務する場合は，特別支援学校教員免許を保有することが規定されています（第3条第3項）。しかし，同法律の附則16において，「幼稚園，小学校，中学校又は高等学校の教諭の免許状を有する者は，当分の間，（中略）特別支援学校の相当する各部の主幹教諭，指導教諭，教諭又は講師となることができる」とされています。

6　特別支援学級の制度

①特別支援学級の対象

　特別支援学級[*11]の対象者は，特別支援学校の対象者よりも障害の程度が軽い児童生徒です。特別支援学級対象の障害の種類については，学校教育法第81条第2項において，次のように示されています。

> 　小学校，中学校，義務教育学校，高等学校及び中等教育学校には，次の各号のいずれかに該当する児童及び生徒のために，特別支援学級を置くことができる。
> 　1　知的障害者　2　肢体不自由者　3　身体虚弱者　4　弱視者　5　難聴者　6　その他障害のある者で，特別支援学級において教育を行うことが適当なもの

　「6　その他障害のある者で，特別支援学級において教育を行うことが適当なもの」については，文部科学省が「言語障害」と「自閉症・情緒障害」と通

---

*11　「特別支援学級」については，本書第11章参照。

知しています。特別支援学級への入級については，学校長が判断しますが，多くは就学支援委員会の意見を踏まえて行われています。

②特別支援学級の教育課程

特別支援学級では，特別の教育課程の編成が可能であり，基本的には，在籍する児童生徒の障害の状態等に応じて，特別支援学校の教育を参考にするなどして編成されていますが，特別支援学校の指導領域である「自立活動」の内容は特別支援学級でも取り扱うことが義務づけられています。

また，特別支援学級では，たとえば，知的障害のある児童生徒に対して，特別支援学校小学部・中学部学習指導要領に示されている知的障害者用の各教科を活用しつつ，「自立活動」と組み合わせて指導がなされています。

7 通級による指導

通級による指導[*13]については，学校教育法施行規則第140条において，以下のように規定されています。

> 小学校，中学校若しくは義務教育学校又は中等教育学校の前期課程において，次の各号のいずれかに該当する児童又は生徒（特別支援学級の児童及び生徒を除く。）のうち当該障害に応じた特別の指導を行う必要があるものを教育する場合には，文部科学大臣が別に定めるところにより，（中略）特別の教育課程によることができる。
> 1　言語障害者　2　自閉症者　3　情緒障害者　4　弱視者　5　難聴者　6　学習障害者　7　注意欠陥多動性障害者　8　その他障害のある者で，この条の規定により特別の教育課程による教育を行うことが適当なもの

通級による指導とは，特別支援学級対象の児童生徒を除き，通常の学級に在

---

*12　文部科学省初等中等教育局長通知「障害のある児童生徒の就学について」（14文科初第291号）2002年，及び文部科学省初等中等教育局長通知「『情緒障害者』を対象とする特別支援学級の名称について（通知）」（20文科初第1167号）2009年参照。
*13　「通級による指導」については，本書第10章参照。

籍している障害の軽い児童生徒が多くの時間を通常の学級で通常の教育課程による指導を受け，一部の時間を通級指導教室等と呼ばれる特別の場所で，「自立活動」を参考とし，たとえば，正確な発音やソーシャルスキルなどに関する指導を受けることを指しています。近年，高等学校においても，通級における指導が可能となっています。

 まとめ

　本章では，特別支援教育の基本的な考え方と制度について説明しました。特別支援教育の基本的な考え方で，特に重要と思われることは，障害のある児童生徒のもてる力を高めることを目指していることです。ですから，障害のある児童生徒のできることを的確に把握することが必要です。

　特別支援学校等における，障害の状態等に応じた指導に関する種々の規定は，一人一人の児童生徒のもてる力を高めるための言わばアイテムです。特別支援教育においては，それらのアイテムを自在に活用し，評価をしながら，指導の質を向上させていくことが求められます。

 さらに学びたい人のために

○石橋由紀子・伊藤由美・吉利宗久・柘植雅義『新しい特別支援教育――インクルーシブ教育の今とこれから』ぎょうせい，2018年。
　　本書は，今日的な特別支援教育とインクルーシブ教育の課題やそれぞれの教育の場の特性等を，管理職などの責務も含めて論じており，具体的な実践例も豊富です。

○川合紀宗・若松昭彦・牟田口辰己（編著）『特別支援教育総論――インクルーシブ時代の理論と実践』北大路書房，2016年。
　　本書は，特別支援教育の仕組みや通常の学級での重要な取り組みを詳細に解説しており，教員に必要なインクルーシブ教育を展開するうえでの資質や力量にも言及しています。

第3章

通常の学級担任の気づきとアセスメント

● ● ● 学びのポイント ● ● ●

- 通常の学級における子ども理解のための気づきやアセスメントの重要性について理解しましょう。
- 子どもの日常の姿などから，どのようなつまずきが予測されるかを整理するための観察の仕方や，具体的なアセスメントの内容について理解しましょう。
- 「教師にとっては困った子ども」から「実はその子自身が困っている」への視点の転換の必要性について理解しましょう。
- 「学級経営や日常の授業づくり」と「特別支援教育」の強い結びつきについて理解し，通常の学級の担任としての指導・支援の基本を理解しましょう。

WORK　つまずきのある子どもの背景を考えよう

1. 気持ちの吹き出しの完成（5分）

    ① イラストは，ある中学生の授業中の姿です。この生徒の気持ちになって，吹き出しに言葉を記入してください。

    ② 書き終えたら，近くの学生と「これまでに，このような生徒が身近にいたかどうか」を話しましょう。そして，お互いに書いたものを通して共通点を話し合いましょう。

2. この生徒の過去を推測した話し合い（15分）

    ① イラストの生徒は，これまでの学校生活においてどのような経験を積んでここまで至ったかを話し合いましょう。以下のキーワードを参考にしてください。

    > 「どうせうまくいかない」「頑張ったってむだ」「無力感」「意欲の低下」「警戒心」「成功体験の乏しさ」「自尊感情の低さ」

    ② イラストの生徒が，「ぼくにもできる」「授業は楽しい」「このクラスで自分は必要とされている」と実感できるようにするために，あなたはどのように関わりますか？　日々の授業などを通してできることを話し合いましょう。

〈WORKの取り扱い〉
　本章は，子どもの姿からの気づきや客観的な視点をもって理解を深めることを大切にしている。表面的な姿から「怠けている」「ふざけている」などといった誤解をもたないためにも，背景を読み解こうとする気持ちを高めてほしい。

第3章 通常の学級担任の気づきとアセスメント

● 導 入 ●
　本章では，通常の学級における特別支援教育の在り方や担任の役割について，発達につまずきがある子どもへの気づきとアセスメントをテーマに解説します。
　通常の学級においては，子どものつまずきを読み解く「気づき」の視点と，的確につまずきの内容を把握する「アセスメント」が欠かせません。また，実際の指導場面においては，子ども一人一人の特性に合わせた支援を行う一方で，クラス内のすべての子どもに安心感がもたらされ，互いに認め合ったり支え合ったりできる学級集団づくりの視点も求められます。学級集団づくりは，それに特化された時間が設定されているわけではなく，日常の授業を通して行われます。したがって，日々の授業を分析し，改善するプロセスも重要になると言えます。
　このような背景を踏まえ，本章は，「学級経営や日常の授業づくり」と「特別支援教育」を両輪で進めていくことについて理解を深めることを目標とします。

1 通常の学級における特別支援教育の重要性

1　すべての学校・すべての学級で取り組む特別支援教育の展開

　従来の我が国の教育制度では，障害のある子どもの教育は対象が限定されていました。また，旧来の特殊教育は，特別支援学校（旧来は，養護学校とも呼ばれていました）や特別支援学級（旧来は，特殊学級，障害児学級などと呼ばれていました）などの特別な場において行うものといった認識が一般的でした。
　しかし，通常の学級にも，LD（学習障害）またはSLD（限局性学習症）やADHD（注意欠陥・多動性障害），ASD（自閉症スペクトラム障害），DCD（発達性協調運動障害），吃音，場面緘黙などの発達障害がある子どもが在籍し，特別な教育的支援を必要としています。また，診断はついていなくても上記のような状態像を示す子どももいます。特別支援教育は，こうした子どもたちも特別な支援の対象に含めます。そして，教育の場や支援の内容について校内で検討し，また関係機関とも連携しながら指導を続けていくことで，一人一人の子どもの

教育的ニーズに応じた教育を実現することを目指します。

　教育的ニーズのなかには，もちろん専門的な指導者が特別な場で行わなければならない内容が含まれることもありますが，それでも子どもたちは多くの時間を在籍する通常の学級で過ごします。したがって，すべての教師が，すべての学校・学級において，障害に由来する困難さや「うまくいかないこと」を把握し，適切な指導・支援を実践レベルで展開していかねばなりません。

　中尾繁樹ら（2013）は，特別支援教育について，「これまでの特殊教育からただ単純に看板がかけ替えられたというものではないし，新しい支援の対象が追加されただけのものでもない」と述べています。「すべての子どもの能力や可能性を最大限に伸ばす」[*1]という学校が本来もつ使命を再認識するとともに，関係機関等との連携を図りながら支援体制をつくることにもつながるものであるという理解が大切です。

2　特別支援教育の理念の普及・定着によってもたらされるもの

　昨今の教育課題として，いじめや不登校，学級崩壊（中学校や高校では，教師ごとに子どもが見せる姿が変わるため，「授業崩壊」と呼ばれます）などがよく取り上げられます。これらの問題には，発達障害等の特別な教育的支援を必要とする子どもの存在が関係していることがあります。

　たとえば，コミュニケーションのつまずきがあることで周囲の子どもからいじられたり，いじめの被害者になったりすることがありますし，言葉よりも手が出やすいといった衝動的な姿がいじめの加害者として誤解されてしまうこともあります。また，授業中の私語を「不規則発言」と見なされてしまったり，離席を「授業妨害行為」と捉えられてしまったりすることがあります。周りの人間の不適切な関わりから，大人への不信感や自己否定などの二次的な問題を引き起こしているケースも少なくありません。これらは，特別支援教育についての理解がある教師ならば，いじめ問題の解決に向けてソーシャルスキルを具

＊1　中尾繁樹（編著）『通常学級で使える「特別支援教育」ハンドブック——これ1冊で基礎知識から実践スキルまで』明治図書出版，2013年，p. 9．

体的に教えたり，私語や離席を子どもの問題にせず，退屈でつまらない授業をしてきた教師側の問題であることを見つめ直したりする契機とするはずです。実際に，特別支援教育についての理解が深い教師とそうでない教師が同じクラスの授業をする場合を比較すると，クラス全体の落ち着きや授業の進み具合，そして子どもたちどうしの関わり方の質などに大きな差が生まれます。種々の教育課題の解決のためには，やはり特別支援教育の視点が不可欠だと言っても過言ではないでしょう。

　ところが残念ながら，いまだに特別支援教育についての理解は普及・定着の途上にあります。担任の力量だけに任せられているケースもいまだに見られます。また多くの学校現場では，「○○ができない」という表面的な状態を羅列した実態把握にとどまっているのが現状であり，その背景要因にまで目を向けることができていません。表層的な理解は，かえって当事者である子どもの状態を悪化させることもあります。特別な教育的支援を必要とする子どもたちの実態把握，具体的な指導とその評価，そしてそれらを授業づくりや学級経営に生かせる専門性の向上こそが急務だと言えるでしょう。

2 子どもをより深く理解するアセスメント

1 アセスメントとは

　アセスメント（assessment）とは，直接的には，評価・評定・診断等のことを言います。学校教育現場においては，「子どもをより深く理解するために，その子に関する情報を様々な角度から集め，その結果を総合的に整理・分析・解釈していくプロセス」のことと捉え直すことができます。医学的な検査や本人に直接実施する心理検査を行うことだけを指し示すのではなく，「適切に捉えること」全般を言います。指導の前段階では，その子どものつまずきを見立てるために行われますし，指導の途中では，その見立ての適切さや一定期間の指導の経過，指導や支援の内容の見直しなどを確認するために行われます。

　指導や支援の前段階のアセスメントでは，その問題の背景にどのような要因

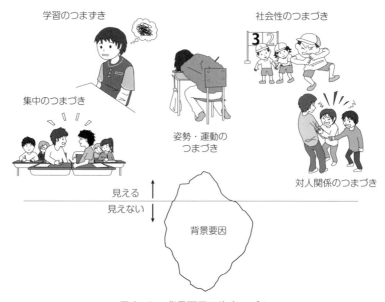

図3-1 背景要因の氷山モデル

出所:川上,2015年より。

があるのか,どのようなニーズをもっているのかなどを推測します。これを「仮説立て」と呼びます。背景要因は,図3-1に示すような氷山モデルにたとえられ,*2 表面的には理解されにくいことが少なくありません。そのため,問題や教育的ニーズのすべてを完璧に分析・整理するということは不可能です。むしろ完全に把握できたと話す人の場合は,「こうにちがいない」という思い込みや決めつけに陥ることがないよう,「こうではないか」と仮説を立てながら,その子の状態像を丁寧に分析するようにします。

2 アセスメントの意義と目的

アセスメントは何のために行われるのでしょうか。様々な見解がありますが,

---

* 2 川上康則「個別支援とアセスメント」梅永雄二・島田博祐(編著)『障害児者の教育と生涯発達支援(第3版)』北樹出版,2015年,pp. 35-45。

筆者は「疑問（謎解き）」と「探求心（宝探し）」のために行うものだと考えています。「なぜ，○○してしまうのだろうか」という疑問，そして「どうすればその子を輝かせることができるだろうか」という探求心がなければ，せっかくのアセスメントも「空回り」してしまうことが少なくないからです。ましてや，その子の「できない部分」ばかりを羅列するようなチェックリストをつけて，問題の「発掘作業」的にアセスメントを用いることだけは厳に慎まねばなりません。

アセスメントの多くは，「発達の状況」を読み解くものです。普段見られる子どもの行動の様子や学力の状況，提出物などを子どもから発信される「信号」と捉え，その子の得意なところや苦手なところを読み解きます。それらの信号を意味がある情報として読み解くためには，ただ眺めているだけでは糸口はつかめません。発達についての「ものさし」や「手がかり」が不可欠です。

アセスメントは，子どもの側に立って，発達の程度・状況・特性に配慮した学習場面を確実に提供するためのものです。指導者・支援者の勝手な解釈，独善に陥らないようにするためにも，改めて「ものさし」や「手がかり」が重要だと言えるでしょう。

3　行動観察等による気づきと仮説立て

アセスメントには，子どもと対峙し，直接的に標準化された検査等を行う場合と，授業中や休み時間の様子，関係者（教師や保護者）からの聞き取り，テストやノート・作品などに表現されているものなどからつまずきを読み解く「行動観察」に大別されます。いきなり別室で個別的に検査をするというわけにはいかないので，多くの場合，まずは行動観察から始めることになります。

通常の学級においては，普段の子どもの行動や発言，そして作品などから多くの情報を得られます。表3－1は，行動観察の際の主な観点を整理したものです。たとえば，文字の大きさやバランスなどが整っていない場合，それに関連して絵の構成や色の塗り方の丁寧さにも着目します。そして拙さや粗雑さが見られるようであれば，運動の不器用さや形の構成力の弱さなどがうかがわれ

表3-1 行動観察における主な観点

文字	字の大きさ・バランス，線の滑らかさ，筆圧，形の正確さ，表記の正確さ，消し方
作文	長さ・量，内容（テーマ，文法，語い，表現技法，展開），紙の扱い方（折り方や貼り方など）
絵・作品	テーマ，形の取り方，構成，作業の正確さ・丁寧さ，色彩
姿勢・運動	姿勢の正しさや持続，身体の動きの滑らかさ，道具（筆記用具・楽器・はさみなど）の扱い方，運動技術，他者との距離
身だしなみ	洋服の着方，靴や靴下の履き方，髪型，名札のつけ方
持ち物管理	ロッカー・机の中の状態，机の上の物の状態，提出物の管理
意欲・積極性	自発的な取り組みの程度，指示への対応の程度
注意・集中	注意の向け方，持続の程度
教師との関係	教師からの働きかけに対する反応，子どもから教師への働きかけの内容や様子
友達との関係	友達の言動に対する反応の内容や適切さ，相手への関わりの内容や適切さ，班やチームでのやりとりや協力の様子
学習中の様子	指示や内容の理解，記憶の保持の程度，発言（発音，内容，説明の仕方），音読の流暢さ・正確性，筆算の位取り，計算の際の様子（指を使うかなど），手順や段取りなど

出所：名越，2012年より筆者一部改変。

ます。そこで，友達との身体的な距離感の取り方や，衣服の着方，机の上や周辺の物の整理などにも注目して，課題を関連づけながら，より精度の高い仮説を立てられるようにします。

4 行動観察を進める際に留意しておきたい4つの軸

通常の学級における行動観察を考える場合，木村順（2015）が提案するような「時間軸・空間軸・対人関係軸・状況軸」の4つの座標軸でアセスメントしていくことが求められます[*4]。

[*3] 名越斉子「学力のアセスメント」一般社団法人特別支援教育士資格認定協会（編），竹田契一・上野一彦・花熊暁（監修）『特別支援教育の理論と実践（第2版）Ⅰ概論・アセスメント』金剛出版，2012年，pp. 153-164。

[*4] 木村順『実践家（教師・保育者・支援者）へのメッセージ 発達支援実践講座——支援ハウツーの編み出し方』学苑社，2015年，pp. 65-68。

①時間軸

　クラスのなかになかなかルールが守れない衝動性の高い子どもがいるとします。その行動が幼児期から続いているようであれば，おそらく行動の修正には相当の時間がかかるはずです。関わる教師側の心得として「長期的な戦略」が必要になるでしょう。その行動がここ数週間のあいだに始まったのであれば，何か納得のいかない出来事がきっかけとなったのかもしれません。その場合は，行動そのものをどうにかしようとするのではなく，理由を丁寧に掘り下げることが指導の糸口になります。

　このように，その瞬間だけを見て判断をするのではなく，時間の経過のなかで読み取っていくことが「時間軸」で子どもを見るという考え方です。過去の情報を踏まえる場合は，「生育歴」「既往歴」「教育相談歴」「幼稚園・保育園・各学校からの申し送り事項」なども参考になります。

②空間軸

　場所によって，態度や行動が変わる場合もあります。たとえば，家では落ち着いているのに，学校では荒れた行動が出やすいという場合があります。この背景には，学校に居場所がないと感じていたり，周囲から自分に不本意な関わりをされて緊張感が高まっていたりするといった要因があるかもしれません。逆に，家では保護者が先回りしてなんでもやってくれるため，何一つ不自由さを感じないことが，学校との行動の落差を生み出しているかもしれないという見方もできます。「実は，その場で瞬間的に見せる姿だけでは判断できないこともある」という認識が必要です。

③対人関係軸

　そもそも子どもは，教師に見せる顔，親に見せる顔，友達に見せる顔……とそれぞれ相手によって異なる姿を示すものです。A先生の前ではとてもしっかりした印象なのに，B先生の前では床に寝そべったり，ネガティブな発言が多かったり……といった様子が見られることもあります。特定の人に対してだけ限局的に暴言や暴力が出る子どももいるのです。対人関係という軸で分析することで，関わる大人（教師・支援員・保護者）側の対応の「在り方」の変容や学級集団づくりの方向性の見直しが必要なケースも見えてきます。

④状況軸

イレギュラーな予定変更が苦手な子どもにとっては，運動会や宿泊行事などが大きな混乱を引き起こすことがよく知られています。台風の前後で気圧の変動が大きいときや，春先の花粉アレルギーが強い時期，そして気温が高く蒸し暑い日などに，情緒的な不安定さを示す子どももいます。また，音楽の授業で楽器の自由演奏になると耐えられなくなるといった，聴覚的な情報の処理の困難さを示すこともあります。これらは，特定の状況によってつまずきが顕在化してくるケースです。

アセスメントの出発点は，なんといっても行動観察による気づきです。しかし，観察する側に4つの座標軸がないままだと，見かけや事前の情報に振り回され，主観的な印象によって行動に間違った意味づけをしてしまうことがあります。[*5] 偏った見方に陥らないようにするためには，その場の限定的な状況だけを見て判断を下さないこと，そして自分自身のアセスメント力を常に見つめ直す謙虚さが求められます。

5　アセスメントの領域と内容

行動観察等の結果から，子どものつまずきへの気づきが生まれ，知能や認知特性などについての仮説を立てられるようになってはじめて，目的に合った検査を選ぶことができます。教育や発達支援などの場でよく使われている検査について，領域と内容を表3-2に整理しました。[*6]

検査では，その子どもの情報の受け止め方，感じ方，理解の仕方などの認知的な特性などの詳細を把握することができます。特性は，「個人内差」という言葉で表されます。子どもそれぞれに得意な部分や苦手な部分があり，それらを把握することによって，より適切な指導や支援につなげることができるので

[*5] 心理学者のエドワード・ソーンダイク（Edward L. Thorndike）は，こうした傾向のことを「ハロー効果（Halo Effect）」と呼んでいる。
[*6] 岡崎慎治「総論──アセスメント」一般社団法人特別支援教育士資格認定協会（編），竹田契一・上野一彦・花熊暁（監修）『特別支援教育の理論と実践（第2版）Ⅰ概論・アセスメント』金剛出版，2012年，pp. 81-94．

表3-2 アセスメントの領域と内容

領域	内容
発達	【目的】後述の知能検査・認知過程等を把握する検査では評価できない段階で発達水準を把握する ● 新版K式発達検査2001 ● 乳幼児精神発達診断法　など
知能	【目的】知能の水準や個人内の偏りを把握する ● ウェクスラー式知能検査（WISC-Ⅳなど） ● 田中ビネー知能検査Ⅴ　など
認知過程等	【目的】認知過程を包括的に分析したり、想定される困難さ（聴覚音声系・視覚運動系）に特化して発達水準を把握したりする ● カウフマンアセスメントバッテリ（KABC-Ⅱ） ● DN-CAS認知評価システム ● ITPA言語学習能力診断検査 ● 絵画語い発達検査（PVT-R） ● フロスティッグ視知覚発達検査 ● グッドイナフ人物画知能検査（DAM）　など
学力	【目的】学力の習得状況やつまずき方を分析する ● LD判断のための調査票（LDI-R）　など
行動・社会性	【目的】障害に特有の状態を把握するなど、気づきや観察からさらに焦点を絞った評価を行う ● 新版S-M社会生活能力検査 ● ADHDの診断基準に基づく「ADHD-RS-Ⅳ」 ● 自閉症スペクトラム指数（AQ）日本版 ● ソーシャルスキルの評定尺度 ● TOM心の理論課題検査　など

出所：岡崎，2012年より筆者作成。

す。たとえば、その子の得意なところは、学習の導入時のきっかけづくりや、興味・関心を高め意欲の向上につなげるなど、活躍の場の設定に役立てることができます。一方、その子の苦手なところを把握することで、つまずきのメカニズムを知ることができ、指導上の配慮点や支援の具体的な手立てにつなげることができます。

　種々の検査の実施は、子ども理解をより豊かにすることができる一方で、学校現場では「検査をすれば何か問題が明らかになるのではないか」といった「まず検査ありき」のような考え方が根強く存在しています。検査は「万能薬」でも「絶対的な存在」でもありません。検査を通して、適切な指導や支援につ

ながることこそが大切なのであり，子どもたちの笑顔が広がることを目指すのが特別支援教育なのだということを心に留めておく必要があります。

3 「困った子ども」から「困っている子ども」へ

1 「熱心な無理解者」

　授業中の離席や私語がなかなか止められない子どもがいます。その背景には，「何をしてよいかわからない」「課題が難しすぎる」といったその子のなかに潜在するつまずきがあるかもしれません。また，「指示や説明が回りくどい」「授業が面白くなくて退屈」といった教師側の授業の進め方にこそ問題があるかもしれません。いずれにしても，「教師にとって困った子ども」と見えていた姿が，実は「その子自身が困っている」姿であるという理解が欠かせません。

　ところが，学校現場にはいまだに，「態度が悪い」「意欲が低い」と決めつけ，熱心にその姿を正そう，直そうとする教師が少なからず存在します。こうした人のことを，児童精神科医であった故・佐々木正美氏は「熱心な無理解者」と呼び，やや皮肉めいた言い方で非難しました。

　つまずきはその子だけの「持ち物」ではありません。関わる教師もまたその状況を生み出すことがあるという自覚が求められます。その子を変えようとするよりも前に，自分の「見方」の変容を考えることが大切なのです。

　高学年になってくると，突っ伏して声をかけても起きない，友達との協働的な学習の場面を放棄するといった姿が見られることがあります。このような姿は，「できない」「わからない」といったうまくいかないことの歴史を物語っているとも考えられます。教師の言葉を子どもたちが受け入れようとしないとき，「その子が悪い」と見なすのか，授業を見つめ直す絶好の機会と捉え直すのか，今，教師の在り方が問われています。特別支援教育の視点が広がることで，後者のように考える教師が増えていくことを願っています。

| ・学力が低い子
・指示が入らない子
・自分の考えが書けない子 | | ・クラスで一番努力している子
・教師の教育技術を伸ばしてくれる子 |

図3-2　スローラーナーの子のリフレーミング
出所：筆者作成。

2　発達につまずきのある子どもの輝かせ方の基本

　見方が変わると、意識や関わり方も変わります。たとえば、時間をかけてゆっくり学びたいという教育ニーズがある子を「スローラーナー」と呼ぶことがあります。「指示が入りにくい」とか「自分の考えがなかなか書けない」と言われてしまうことが多く、「低学力」と表現されることもあります。しかし、彼らは、「本来の能力以上のことを日々求められている子どもたち」であると見ることもできます。つまり、視点を変えることで、クラスのなかで「一番努力している子」と捉え直すことができ、彼らの存在があるからこそ教育技術を磨かねばという意欲が生まれます。

　図3-2に示すように、見方の枠組みを変えることを「リフレーミング」と言います。上手なリフレーミングができるようになると、その子の問題点よりも、その子のプラスの場面が目につきやすくなります。

　リフレーミングは、以下のように関わり方を変える第一歩になります。

　①些細なことでも、できていることは認められるようになる

　「それくらいできて当たり前」ではなく、小さな一歩として認められるようになります。子どもの自尊感情の向上につなげることができます。

　②タイミングを逃さず、適切に評価できるようになる

　好ましい行動を定着させるためには「即時評価」が重要だと言われています。リフレーミングによって好ましい行動に着目する習慣が身につき、タイミングを逃さずに評価することにつながります。

　③子どもたちどうしが互いに認め合う学級集団になる

　教師の関わりは、子どもたちの行動のモデルになります。頑張っている姿や

役割を果たす様子などに着目することで，子どもたち同士が互いに存在を認め合い，必要とし合う仲間づくりにつなげることができます。

4 通常の学級での支援と授業づくり・学級経営の実際

1　対象児A児の実態

A児（小学校3年・通常の学級に在籍）は，知識が豊富で言葉が非常に達者な一方で，授業ではほとんどノートを取ろうとしません。担任が一生懸命にうながしても「疲れるから」「面倒くさいから」と言います。また，不器用なところがあり，運動全般に苦手意識があります。整理整頓も苦手で，授業中も机の上はたくさんの文房具が広がってしまいます。また，授業中は文房具で遊ぶ姿がよく見られます。クラスメイトのなかには，弁が立つA児の様子にイラ立ちを隠せない子もいますが，最近はA児を真似て，同じような行動をとる子も出てきました。

A児の実態整理表は表3-3に示す通りです。

2　行動観察・検査等から読み解くつまずき

知能検査 WISC-Ⅳ[*7]では，全体的な知的水準は，「平均から平均の上」の範囲です。知識が豊富で弁が立つ様子は，言語理解（言語概念形成，言語による推理力・思考力，言語による習得知識）に関する指標が，「平均の上〜高い」の範囲にあることも関連しているのではないかと思われます。

その一方で，処理速度に関する指標は，「低い（境界域）から平均の下」の範囲にあることが把握できました。処理速度は，見た情報を速く正確に処理する力や筆記技能を測定します。そのため，授業でノートを取らないように見える

＊7　WISC（Wechsler Intelligence Scale for Children）は，アメリカのウェクスラー（Wechsler, D.）によって開発された個別知能検査。5〜16歳11か月に適用できる。10の基本検査と5つの補助検査で構成され，全体的な認知発達や認知特性を把握することができる。

表3-3 A児（小3）の実態整理表

記入者：○○　　記入日：○○年○月○日

領域	現在の児童・生徒の様子
学習 ・得意な内容 ・苦手な内容	・知識が豊富で，発言内容から鋭い視点をもっていることがうかがえる。 ・手先のコントロールが難しく，大変筆圧が強い。 ・ノートテイクなど，苦手なことははじめからやろうとしない。 ・理科の観察記録などで，色の塗り方のはみ出しが多い。
対人関係 集団参加	・集団参加は可能で，授業中の離席はない。 ・じっとしていられず，文房具で遊ぶ時間が多い。 ・怖い先生の前ではおとなしい姿を見せることがある。
運動・動作	・休み時間に外に出て遊ぶことは嫌いではない。 ・体がかたく，不器用で，運動全般に苦手意識がある。 ・授業中の姿勢は崩れやすく，椅子を傾ける遊びが多い。 ・よく人にぶつかってトラブルになる。
言語 コミュニケーション	・弁が立つが，会話は一方的なことが多い。 ・子ども同士よりも大人との会話を好む。 ・ときどき冗談を言って友達を笑わせることがある。
生活習慣	・整理整頓が苦手で，机の周辺は散らかっている。 ・靴のかかとを常に踏んでいる。 ・給食のおかわりの際，盛りすぎて食べきれないことがある。
情緒 ・自信・意欲 ・感情コントロール	・不安定になることは少ない。 ・自分の思いを通そうとして，「面倒くさい」と言い訳したり，言葉でごまかしたりすることが多い。
検査・診断 専門家からの助言	・医学的な診断，専門家の助言等は特にない。 ・WISC-Ⅳ実施（○○年○月○日） 　全検査（FSIQ）：112，言語理解（VCI）：120，知覚推理（PRI）：108，ワーキングメモリ（WMI）：115，処理速度（PSI）：78。
保護者の願い	・もうすこし素直な子になってほしい。 ・人に迷惑をかけないような生き方をしてほしい。
主訴	・Aくんが自信をもって学校生活を送ることができるように，どのような手立てがあるかを知りたい。

出所：筆者作成。

姿は，もしかしたら「ノートをとることが難しい」と捉え直したほうがよいかもしれません。また，この処理速度の指標は，日常生活では，視覚情報と運動の協応にも関連しますので，あわせて運動面の不器用さや授業中の注意の持続の難しさなども説明できそうです。そうした背景が「面倒くさい」という言い方になっているであろうことは，想像に難くありません。

A児のように，言語でのやりとりが活発な子どもは，実は，表出言語の豊かさに周囲が混乱させられることがあります。上手くできないことを「面倒くさいから」とか「疲れるから」と言い訳したり，言葉でごまかしたりすることが少なくないからです。「わがままな子」といった誤解を受けやすい一面もあります。A児がもし，自分の認知特性を知りたいという気持ちがあれば，自身のつまずきを前向きに受け止め始めようとしていると捉え，個別的に結果をフィードバックし，自己の特性を日常生活に生かすことを支援する必要があります。

　その一方で，クラスのなかで，A児だけを特別扱いするような指導・支援は避けなければなりません。A児はクラスに負の影響を与えることが多く，個別性の高い支援をすれば，周囲の友達に「なぜA児だけは許されるのか」といった気持ちを抱かせてしまいかねません。検査の結果をすぐに個別的な支援に結びつけてしまうのは，時に，学級をさらなる混乱状態に陥らせる危険もあります。そこで，筆者は，助言者・協力者として，A児の支援と担任の学級経営のサポートを行い，学級経営と授業づくりを見直すことから始めました。次に，その実践例を示します。

3　学級経営と授業づくりの見直しの実際

　A児の担任は，学習に向かおうとしない姿勢を憂慮するあまり，細かく注意したり，うながしたりしていました。「ダメなものはダメ」という指導がかえって反発を誘発しているようにも思われました。

　そこで，信頼関係を構築し直すことを進めました。信頼は，教師と子どもたちとの相互理解から生まれます。A児のつまずきを理解し，その一方でA児を含むクラス全員に対してのポジティブな関わりを大幅に増やしました。

　まず，不適切な言動への着目を止め，「問題のない場面こそ認めどころ」と捉え直すようにしました。具体的には，「それでいいんだよ」という言葉を増やし，クラスに安心感をもたらすようにしました。

　また，授業では，書くことよりも，理解にエネルギーを使うことを大切にしました。ノートに書いてあることだけを評価の対象とするのではなく，発言か

ら理解度を確かめるようにしました。そのため，30秒～1分程度のペアトークの時間をこまめに設けるようにしました。

以下に，具体的な授業の進め方を整理します。

①小刻みに「考える」「話す」場面をつくり，参加感を高める

授業中の手遊びや意欲に欠けた発言など，逸脱的な言動が出る場面を分析すると，担任が一方的に指示・説明をし，子どもに何とかして話を聞かせようとしていることが多いということがわかりました。そこで，話を聞かせようとする授業よりも，主体的で対話的な学習場面を小刻みに設定するようにしました。たとえば「ペア学習で自分の考えを一言で伝えあう」「隣の人の考えや発言を聞き，聞き手側が発表する」「答えがわかっている子には，部分的なヒントや考えるきっかけとなるワードだけを示してもらう」などのようにして，子どもたち同士が互いに考え，支え合う場面を意図的につくりました。

②授業のねらいを「子どもたちのもの」にするために工夫を加える

授業がわかりにくく，退屈であることもA児のつまずきを助長していました。たとえば「○○について考えよう」という曖昧なねらいでは，学習につまずきのある子どもの多くは授業の見通しが立てられません。ねらいが「自分たちのもの」になっていないため，集中も途切れやすく，結果的に学ばせたい内容に迫りきれずに終わってしまいます。そこで，「中心人物の変化は（　　　）がきっかけだ」と黒板に書き，（　　　）内を自分の言葉で言えるようになることをねらいとしたり，「実験の結果を○○と予想した人がいます。あなたも同じですか」などのように，何が授業のゴールとされているかを明確に示したりするようにしました。こうすることで，教える側にとっても，何を教えたいのか焦点を絞ることができました。

③発言の機会を賞賛の機会にする

全体の前で発言できることは大きな自信につながります。クラスのなかの発言が心配な子にとっては，発問にいきなり答えさせるよりも「自分だったらどう答えるか，隣の人と確認してみましょう」と全体に投げかけ，ペア学習で練習させるようにします。こうすれば事前の発表練習になり，全体の前での発言は「再現活動」にできます。こうしたペア学習の場面は，A児のように弁が立

つ子どもにとってはいわゆる「ガス抜き」のような役割があり，集中を持続させることにつながります。いずれのケースにとっても，発言の場を安心と賞賛の機会にするための工夫が必要だと言えます。

④さりげない支援を心がける

個別に特化した支援は，あくまでも子どもの自尊感情を損なわないように，さりげなく行うようにすることが大切です。たとえば机間指導を行う場合，担任の立場からすれば，真っ先にノートテイクの困難度が高いA児を支援したいという気持ちが働くものです。しかし，それがかえって恥をかかされたという気持ちを抱かせることもあります。回る順番や個別的に関わる時間の長さなどに配慮するようにしました。また，ヒントカードやヘルプカードのような支援教材を用意する場合も，特定の子どもだけに使用させるのではなく，クラス全体で使用できるようにし，自分の意思で選択できるようにしました。

これらの配慮によって，A児の行動を認める場面が増え，A児の学習に対する意欲的な姿勢が出てきました。また，クラス全体が担任から認められる場面が増え，学級が少しずつ温かい雰囲気になっていきました。

＊本事例は，使用について本人・保護者及び当時の担任より承諾をいただいています。また検査の結果は数値の一部を変更して使用しました。取り組みの詳細は，川上康則（2015）[*8]，川上康則（2017）[*9]で紹介したものを再構成しました。

まとめ

本章では，通常の学級における特別支援教育の在り方や担任の役割について説明しました。

まず，子どものつまずきを読み解く「気づき」の視点をもちながら行動観察等を進めること，そして的確につまずきの内容を把握する「アセスメント」を通して子ども理解を深めることの大切さを整理しました。

---

*8 　川上康則「発達障害と実際におきる国語科指導におけるつまずき」石塚謙二・名越斉子・川上康則・家田三枝子（編著）『発達障害のある子どもの国語の指導——どの子もわかる授業づくりと「つまずき」への配慮』教育出版，2015年，pp. 2-5。

*9 　川上康則「学習意欲が低く，"面倒くさい"が口癖な子がいるクラスの学級経営と授業づくり」桂聖・廣瀬由美子・川上康則・日本授業UD学会（編著）『授業のユニバーサルデザイン Vol. 10』東洋館出版社，2017年，pp. 70-71。

実際の指導場面においては，子ども一人一人の特性に合わせた支援を行う一方で，通常の学級においては個別に特化した支援だけを行うことの難しさもあります。そのため，クラス内のすべての子どもに安心感がもたらされ，互いに認め合ったり支え合ったりできる学級集団づくりの視点が求められます。学級づくりは日常の授業を通して行われますので，日々の授業を分析し，改善するプロセスについても事例をあげて紹介しました。

 さらに学びたい人のために

○小貫悟・桂聖『授業のユニバーサルデザイン入門――どの子も楽しく「わかる・できる」授業のつくり方』東洋館出版社，2014年。
　　教科教育と特別支援教育の融合を考える際に最適な書。「つまらない授業でつまらない顔ができる発達障害のある子は貴重」（同書 p. 120）など，現場に役立つ視点が満載です。

○川上康則『〈発達のつまずき〉から読み解く支援アプローチ』学苑社，2010年。
　　障害名や専門用語を用いていないので，わかりやすい構成になっています。イラストが豊富で，2〜4ページの読み切りのスタイルになっていますので，無理なく子ども理解の視点を広げていくことができます。

○川上康則『通常の学級の特別支援教育　ライブ講義　発達につまずきがある子どもの輝かせ方』明治図書出版，2018年。
　　特別支援学校の地域支援コーディネーターとの「対話」と，話題となるトピックの「解説」で構成されています。一話ごとに完結しており，少しずつ理解が深まるように6つのステージを設定しています。

第4章
発達障害の心理特性（1）
── LD，ADHD ──

● ● ● 学びのポイント ● ● ●

- LDのある子どもがもつ「認知，学習，および行動特性」について心理学的な面から理解しましょう。
- LDのある子どもへの基本的な対応や環境調整について知るとともに，学校における「合理的配慮」の実施について知りましょう。
- ADHDのある子どもがもつ「認知，学習，および行動特性」について心理学的な面から理解しましょう。
- ADHDのある子どもへの基本的な対応や環境調整について知るとともに，学校における「合理的配慮」の実施について知りましょう。

WORK　LDとADHDを理解する

1．漢字とLDのある子ども（10分）

① 「薔薇」という漢字を書く自信がありますか？
② この漢字を覚えるコツを隣同士で話し合って考えましょう。

図a　漢字の覚え方

2．授業とADHDのある子ども（10分）

① 図bは，授業中に先生が説明をしているときのADHDのある子どもです。先生の話を聞いている様子がなく，鉛筆をコロコロ転がしています。まず個人で，なぜこのような様子を示すのか考えてみましょう。
② 隣同士で，この様子の背景にある「彼なりの理由」について話し合ってみましょう。

図b　授業に向かえない子ども

〈WORKの取り扱い〉

　本章は，LDやADHDのある子どもの特性理解から，支援・配慮を考える内容となっている。彼らの授業中の困難さや学習上のつまずきをイメージすることから，学習に入るようにしたい。

第4章　発達障害の心理特性（1）

● 導　入 ● ● ● ●
　本章では，「LD（学習障害）」や「ADHD（注意欠陥・多動性障害）」と診断された子どもが示す「認知，学習，行動上の特性」を理解して，学校における彼らへの「合理的配慮」へつなげることの重要性について説明します。
　発達障害は，見えにくい障害と言われるように，周囲から気づかれにくく，理解されにくいことから，支援・配慮の必要性が認識されないこともあります。また，発達障害のある子どもたちは，苦手なことと得意なことの差が大きいのも特徴的です。支援・配慮を考えるにあたって，彼らの特性を考慮した学習環境を整えることが大切であることを理解します。

1　LDの特性理解と対応

1　認知特性・学習・行動特性

　LD（学習障害）には，医学的な診断に加えて教育における定義があります。診断においては，読字，書字，算数の領域において，それぞれ限局的に学習上の障害が認められます[*1]。教育においては，知的な障害がないにもかかわらず，聞く，話す，読む，書く，計算する，または推論することにおいて，つまずきが生じている状態です[*2]。LDは，学校での教科学習を行っていくうえで土台となるスキルや能力に課題をもっている状態です。

　視覚障害や聴覚障害は，主に光や音を受容する感覚器官の異常が原因で発生しますが，LDは大脳皮質での機能不全が原因と考えられています。大脳皮質には，感覚情報を認識して統合する中枢が存在し，意味理解，思考，概念化など高次機能を司っています。また，中枢神経系の機能が階層的に構成されてい

---

*1　医学的な診断において日本でも広く使用されている米国精神医学会による診断マニュアル「DSM-5」では，「限局性学習症」または「限局性学習障害」とされている（米国精神医学会『DSM-5 精神疾患の分類と診断の手引き』医学書院，2014年）。
*2　学習障害及びこれに類似する学習上の困難を有する児童生徒の指導方法に関する調査研究協力者会議「学習障害児に対する指導について（報告）」文部科学省，1999年。

るのに対応して，LDも様々な認識のレベルで生じます。たとえば，「聞く」では，音レベルでの音声認識，単語の意味，文の規則（文法），ストーリー（文脈）の理解，意図の理解それぞれで障害が起こる可能性があります。

　一般に，障害は文化や言語に影響されないで生じると考えられがちですが，LDは，その国で求められる教育内容や言語体系と密接な関係にあります。英語圏では，読字に困難のある学童期の子どもの割合は10％程度と推定され，もっともポピュラーな学習上のつまずきと見なされているのに対して，漢字やかな文字を使用する我が国ではその半分の5％程度と考えられています。英語の場合，単語のスペルに音を結びつける規則が複雑なために，この学習が難しく読字に障害が生じやすいのです。

　日本語のかな文字では，基本的に一文字一音対応ですので，読みの習得は容易ですが，拗音などが含まれる特殊音節の読みは比較的難しくなっています。また，複雑な漢字になると「書く」ことにおいて，障害が目立ちやすくなります。これは，形態や位置の認知が弱い子どもでは，漢字の視覚情報を処理することに困難さが大きいためです。

　「計算」することにおいても，その認知的背景は様々です。聴覚的なワーキングメモリ（図4-3参照）が弱いために，九九を覚えられない，繰り上がりの数を忘れやすいこともあれば，空間的な不注意があるために計算式を揃えて書くことができないこともあります。また，ワーキングメモリは，ストーリーを読むときに前後関係をつなぎ合わせる役目，つまり文脈形成にも関与しています。このため，文脈を読むことが必要な文章理解や，作文を書くことにおいても重要な役割を果たしています。できるだけ，このような認知要因を特定したうえで，指導方法を工夫していくことが肝要です。

＊3　他者の意図を理解することは，「語用論」的な問題でもある。語用論は，言語学の研究領域で，社会状況に応じた言葉の実際的運用を扱う。知的に問題がなくても，自閉症スペクトラム障害のある子どもは，語用論的な障害をもっている。
＊4　読字障害の定義や年齢によって，出現率は異なる。
＊5　特殊音節には，「きゃ」「きゅ」「きょ」などの拗音のほかにも「っ」のような詰まる音（促音）や伸ばす音（長音）もある。
＊6　ワーキングメモリ：能動的に覚える記憶のことである。また，何かの課題や作業時に使う記憶であるので，作業記憶と呼ばれることもある。

2 基本的な指導・対応

通級指導教室などで，個別的な指導が可能な場合には，子どものつまずきの実態を踏まえた指導が行えます。これに際して，認知的背景を知るためのアセスメント情報を得ることも大切です。フォーマルなアセスメント*7として代表的なものに，WISC-ⅣやKABC-Ⅱなどの個別式知能検査があります。KABC-Ⅱには習得尺度が用意されており，語彙，読み，書き，算数習得について情報を得ることができます。このほかに，たとえば，視知覚の認知能力を把握するためのツールとして，「WAVES」が出版されています。*8

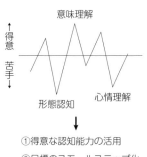

図4-1　LDのある子どもへの指導原則
出所：筆者作成。

知能検査や認知発達検査を実施すると，指導対象の子どもの認知的な強みと弱みを知ることができます。発達障害のある子どもは，個々の認知能力の平均は他の子どもと変わりませんが，これら強み・弱みの乖離が大きいのです。つまり能力の山と谷の差が激しいのが特徴的です。

まず，指導上の第一の原則は，苦手さへ配慮し，得意を活用する「バイパス」つまり，迂回路を考えることです（図4-1）。漢字の形を書いてドリル的に覚えるやり方では書字が定着しにくい場合には，他のルート，たとえば唱えて聴覚的に覚える，漢字のパーツがもつ意味からストーリーをつくって覚えることが効果的かもしれません。文章題を理解するとき，言語的に理解が難しければ，テープ図でイメージ化して考えることも有効でしょう。

＊7　フォーマルアセスメントでは，実施手順が決められており，その結果について，数値に基づいた客観的な評価を行うことができる。インフォーマルなアセスメントには，チェックリストなどがある。

＊8　竹田契一（監修），奥村智人・三浦朋子『「見る力」を育てるビジョン・アセスメント WAVES』学研プラス，2014年。

第二の原則は,「スモールステップ」化です。学習に苦手さを感じている子どもが,クラスの授業で同じ学習目標へ向けてがんばるのは,とても大変なことです。目標が高すぎて,当初から勉強していくのをあきらめてしまうかもしれません。このようなことを考えると,達成目標を段階に分けて少しずつ指導を進めていくことが必要です。子どもは,それぞれの段階で,達成感を得ることができます。このスモールステップ化にあたっては,目標までの学習プロセスを分解して考えておきます。たとえば,LDの「推論する」領域のつまずきに,複雑な図形の面積を求めることができない,どの公式に当てはめて解けばよいのかがわからない,があります。図形の面積を求める場合であれば,①内部に補助線を引いて単純な長方形の形にしてみる,②それぞれの長方形の面積を計算する,③長方形の面積を合計するという手順になりますので,このステップごとに順番に取り組んでいきます。

　第三の原則に,「モジュール」化するアプローチがあります。これは,指導の長期目標を達成するために,学習内容をモジュールつまり構成要素に分けて,それぞれを短期目標にするということです。達成された短期目標が多くなれば,長期目標に近づくことになります。物語文の読解（長期目標）が苦手な子どもをイメージしてみましょう。物語文を読むにあたって,必要となる学習のモジュール（短期目標）には,①エピソードのつながりや関係を把握する,②登場人物の心理描写が明示的でないときに気持ちを推測する,③比喩的な表現を理解する,④二重否定がわかる,などが想定されます。①文脈理解や②心情理解では,視覚的な認知・理解が得意であれば,イラストや表情絵などをバイパス法的に活用するのがよいでしょう。

　通常の学級における対応としては,バイパス法,スモールステップ化,モジュール化の考え方を授業の工夫として取り入れて,クラス全体の子どもへ効果があるようにします。漢字の覚え方は,子どもによっていろいろですから,授業のなかで唱えて書く方法やストーリーつくりなど多様な方法を示します。スモールステップ化の例として紹介した面積を求めるプロセスは,そのままのかたちで授業に取り入れることができるでしょう。モジュール化についても,たとえば,物語文を扱う国語の時間では,心情理解などのモジュールを,その

第4章　発達障害の心理特性（1）

【対象児童のニーズ】
言語理解は良好であるが，計算障害があるために，文章題で正解できない。

【保護者からの要望】
本人が算数の勉強を苦手としているので，授業で配慮してほしい。

【本人からの希望】
算数の勉強ができるようになりたい。
計算でいつも間違ってしまうので，何とかしたい。

【担任の考え】
文の理解は良好で，国語は得意だが，算数については苦手意識が強い。
彼のつまずきはよく理解できるので，電卓使用を認めていきたい。

【合理的配慮の実施内容】
文章題などで計算する際に，電卓を使用することを認める。また，対象児童が電卓を使うことに，クラスの子どもから理解が得られるように説明する。

図4-2　LDのある児童への合理的配慮の実施例
出所：筆者作成。

時々に取り入れればよいでしょう。

3　合理的配慮の実際

　計算障害があるために，文章題につまずきが生じていた児童についての合理的配慮の実施例を図4-2に示します。対象児童は，問題文の言語的理解には問題がありませんでした。実施の背景には，保護者から，本人が算数の勉強が苦手なので，授業での配慮を求められていたこと，本人も努力家で，算数の勉強ができるようになりたいと希望していたことがあります。

　担任も，彼の言語理解は良好であるにもかかわらず，文章題で正解できない実態を理解していました。本人に確認したところ，授業中に電卓を使用することに，抵抗感は感じないとのことでした。保護者からも，電卓を使用することについて了解が得られたことから，クラスの他の児童へ，彼が計算に困難さが大きいこと，電卓を使えば文章題を解けることを説明していくことになりました。このような配慮を実施すると，文章題にもっと取り組んでみたい，との本人の発言につながりました。

2 ADHDの特性理解と対応

1 認知特性・学習・行動特性

　診断上，ADHD（注意欠陥・多動性障害）は不注意と多動性・衝動性を特徴とする発達障害とされます[*9]。この2つの特徴は，分けて考えられますので，両方の特徴をもつ子どももいれば，いずれか1つの特徴が目立つ子どももいます。

　ADHDの不注意には，話を聞いていないように見える，ケアレスミスが多いなど一般的な不注意も含まれますが，計画性がない，必要な物をなくしやすいなどの特徴もここに含まれます。彼らは，注意それ自体はできるのですが，自分でこれをコントロールすることが苦手です。

　多動性・衝動性は，学校生活をうまく送ること，友達関係を築く場面で問題となりがちです。多動性には，とにかく動き回る，じっとしていない状態と，座っているけれどもそわそわしている，良い姿勢を保てない状態があります。小学校くらいまでは，動き回る多動性が目立ちますが，中学校以降になるとそわそわして落ち着きがない多動性へ移行する傾向があります。衝動性は，よく考えないで手が出たり，しゃべってしまうことです。また，列に並ばずに割り込んでしまうことも衝動性と関係があります。

　必要なものをなくしやすいことや，指示されたことを忘れやすいことがありますが，この特徴はワーキングメモリの容量が小さいために起こります。ワーキングメモリは[*10]，言わば，頭のなかのホワイトボードのような存在で，聴覚，視覚，エピソードの3つの種類があり（図4-3），短い時間だけ覚えているメモのような記憶です。

　計画的に段取りよくやっていくことは，学習や生活をするうえで重要なこと

＊9　DSM-5において，ADHDの診断基準が示されており，我が国でもこれに準拠して診断が行われる。小児期に，診断項目に該当する行動特徴が見られることが求められる。なお，DSM-5においては，「注意欠如・多動症」もしくは「注意欠如・多動性障害」という。

＊10　ワーキングメモリは，前頭葉の働きである。ADHDでは，前頭葉の機能低下や発達の遅れがあると考えられている。

第4章 発達障害の心理特性（1）

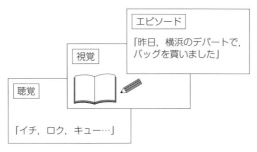

図4-3　3種類のワーキングメモリ
出所：筆者作成。

ですが，ADHDのある子どもは，これがうまくできません。このような働きは，実行機能と呼ばれます。実行機能は，目標を設定して，これを達成するための計画を立て，実際にやってみたときに，うまくいっているかどうか判断します。この機能のおかげで，われわれは経験から学習したり，新しい環境に適応していくことができるのです。

衝動性をもっている背景には，ADHDのある子どもが我慢することが苦手，つまり自分の行動を抑えにくいことがあります。小さい子どもは，思い通りにならないと泣いたり，不平・不満を言いがちですが，彼らはこのような行動を抑制するのが発達的に遅れた状態にあります。

学習と行動の両方に関連したことでは，動機づけの問題もあります。彼らが，勉強の課題をやり遂げられないことには，注意の問題もありますが，興味・関心が高まりにくいということがあります。自分の興味のあることには取り組むけれども，そうでないとやらないこともしばしばあり，特に努力が必要な学習はやりたがりません。

＊11　実行機能も前頭葉の働きであり，いわゆるPDCA（計画－実行－評価－再実行）を脳のなかで担っている。
＊12　行動抑制ができないことが，ADHDの本質的障害と考える研究者もいる。ルールの学習は，基本的に自分がしたいことを我慢することにほかならない。
＊13　ADHDの原因に神経伝達物質ドーパミンの機能異常説がある。ドーパミンがうまく働かないと動機づけに影響が出る。ADHDのある子どもは，遠い将来にもらえる大きなごほうびよりも，すぐにもらえる小さなごほうびを好む。この結果，将来を見越して日々努力していくことが難しくなっている。

59

2 基本的な指導・対応

　不注意への対応には，大きくは教室環境の整備と動機づけを高める2つの方法があります。前者では，授業中に目にとまってしまう余分な刺激や情報を取り除き，できるだけ整理整頓された学習環境を整えます。教室の前面掲示は少ないほうがよいですし，個別的指導の場では周囲をつい立てで囲みます。後者では，子どもの興味・関心を引く授業づくりを行うことで，注意力を高めます。答えは何だろうと期待を高めることも効果的ですし，ビデオなど動きのある教材を提示することもよいでしょう。

　実行機能が弱いことは，見通しをもちにくいことにつながっていますので，今日のスケジュールや授業のめあてをわかりやすく示すことが必要です。目標を自分で発見する，設定することが苦手ですし，クラスのほかの子どもと同じ目標が本人には高すぎることがあります。目指すことの選択肢を提示して選んでもらったり，目標を段階ごとに分けたり（スモールステップ）しましょう。実際に課題をやってみて，上手くいっているか自分自身で把握することも難しいので，周囲からわかりやすくフィードバックすることも大切です。

　彼らは，学校でのルールをしばしば守れません。この際に，ADHDのある子どもを叱ったり，注意することはあまり良い結果を生みません。怒られても，どうすべきかわからないのです。その場所で，あるいは特定の状況で何をすべきか，わかりやすく簡潔に，できれば視覚的に示すことが大事です。あらかじめ，やってよいこと，よくないことを具体的に決めて，本人にも同意してもらい，守れたらきちんとほめる，守れなかったら約束と違うことを説明してどうすべきか教えましょう。もし，怒られたとしても，彼らなりに納得できることが必要です。

　思春期になっても，彼らには，自らの興味・関心から，進んで勉強する，探求していくことがあまり見られない特徴があります。また，それまでに成功した体験が少なく，やればできそうという自信（自己効力感）も失いがちです。しかし，教師や親からすぐにほめてもらえたり，小さくてもごほうびをもらえると，俄然がんばる姿が見られます。ごほうびにつながるシールでも効果があ

第4章　発達障害の心理特性（1）

【対象児童のニーズ】
作文を書くのが苦手で，調べ学習をして，まとめたことを発表するのが苦手。

【保護者からの要望】
発表原稿をきちんと作成して，まとめることが，どうしてもできないので，タブレット端末を使用することを認めてほしい。

【本人からの希望】
家でタブレット端末は使っているので，操作には慣れている。
他の生徒とは違ったやり方でもよいので，まとめたことを上手く発表したい。

【担任の考え】
全員分のタブレット端末は用意できないが，彼だけが使用することに本人の抵抗感がなければ認めたい。

【合理的配慮の実施内容】
対象生徒にタブレット端末を貸与して，使用してもらう。この際に，写真の基本アプリを利用して，収集した画像などのデータを整理し，スライドショー機能で発表する。

図4-4　ADHD のある生徒への合理的配慮の実施例
出所：筆者作成。

ります。また，シール帳は，彼らのがんばり度合いの見える化になり，動機づけが高まりやすくなります。

3　合理的配慮の実際

図4-4に，ADHD のある生徒を対象とした合理的配慮の実施例を示します。本生徒（中学1年，男子）は，まとまった文章を書くことに苦手意識が強く，授業中にイライラすることが多くなっていました。国語科担当者の指示に従えず，教室を出て行ってしまうこともありました。

このような状況のなかで，保護者からの要望として，授業中にタブレット端末の使用を認めてほしいとの話がありました。生徒本人も，タブレット端末を使用することに抵抗感がありませんでした。学校としても，彼が使うタブレット端末を用意できる状況にありましたので，社会科や理科などの授業における調べ学習で使用を認めることにしました。

教科担当者は，特別支援教育コーディネーターとも相談して，基本アプリの写真機能を使って，画像データなどを簡単に整理し，スライドショーで発表で

きるように準備を行いました。配慮を実施すると，授業中，楽しそうにタブレット端末で学習する様子が頻繁に見られるようになりました。

 まとめ

本章では，LDやADHDのある子どもがもちやすい認知，学習，行動上の特性について説明して，基本的な対応・指導法について述べました。彼らの特性を理解して，得意を活かした指導や支援を実施するとともに，彼らにとって学びやすい学習環境を整えることが大切です。

学校においては，彼らの特性や個別ニーズを把握したうえで，合理的配慮の実施へ向けて，保護者や本人と合意の形成を図っていくことが求められています。

 さらに学びたい人のために

○市川宏伸（編著）『発達障害の「本当の理解」とは──医学，心理，教育，当事者，それぞれの視点』金子書房，2014年。
　　この書籍は，発達障害の理解について，医学など多方面での研究成果を踏まえて説明されているのに加えて，学校教育における支援にあたっての現状と課題，当事者や保護者からの文章も掲載されています。

○塩川宏郷（監修）『発達障害を持つ子どものサインがわかる本──自閉症・アスペルガー症候群・ADHD』主婦の友社，2012年。
　　この書籍は，特に幼児期における発達障害のある子どもが示す特徴を具体的に説明して，場面ごとに気になる子どもへの対応方法についてわかりやすく解説しています。

○宇野宏幸・井澤信三・小島道生（編著）『発達障害研究から考える通常学級の授業づくり──心理学，脳科学の視点による新しい教育実践』金子書房，2010年。
　　この書籍は，発達障害についての心理学や脳科学の知見と関連づけて，通常学級での授業づくりや学級経営の工夫について，実践例を紹介しながら説明しています。

第 5 章

発達障害の心理特性（2）
―― ASD，軽度知的障害 ――

●　●　●　学びのポイント　●　●　●

- ASD のある子どもの「認知特性，学習や行動特性」について心理学的な面から理解しましょう。
- ASD のある子どもへの基本的な対応や環境調整について知るとともに，学校や授業における「合理的配慮」の実施について知りましょう。
- 軽度知的障害のある子どもの「認知特性，学習や行動特性」について心理学的な面から理解しましょう。
- 軽度知的障害のある子どもへの基本的な対応や環境調整について知るとともに，学校や授業における「合理的配慮」の実施について知りましょう。

WORK　共感から理解を深めよう

1．ASDの子どもの状況理解（15分）

① このイラストを見て，「何をしていますか？」と問われたら，何と答えますか？「あいさつ」以外にどのような答えがあるでしょうか。ペアまたはグループで話し合ってみましょう（5分）。
② ASDの子どもが「トンネル」と答えました。どのような捉え方で「トンネル」と答えたのか考えてみましょう（5分）。
③ 状況を流れや文脈で捉える視点と，形や位置で捉える視点があることについて意見交換しましょう（5分）。

2．知的障害のある子どもが困っていることは？（15分）
① これまで知的障害のある人と関わってきた経験がありますか。関わったことがあれば，そうした経験を振り返り，知的障害のある子どもは何に，どんなことに困っているかについて考えてみましょう（5分）。
② 知的障害のある子どもが何に困っているか，考えたことをもとに，ペアやグループで共有し，「困っていること」に対してどうすればよいかについての案を出し合ってみましょう（5分）。
③ 出し合った案をグループで発表者を決めて発表しましょう（5分）。

〈WORKの取り扱い〉
　本章は，ASDや軽度知的障害のある子どもの特性理解から，支援・配慮を考える内容となっている。日常生活や対人関係，授業場面で困っていることに気づき，イメージすることから学習に入るようにしたい。

第 5 章　発達障害の心理特性（2）

● 導　入 ●

　本章では，「ASD（自閉スペクトラム症／自閉症スペクトラム障害）」や「軽度知的障害」と診断された子どもが示す「認知特性，学習，行動特性」を理解して，学校生活や授業における「合理的配慮」にどのようにつなげていくかについて説明します。

　ASD や軽度知的障害の子どもの認知面，学習面，行動面の状態は，それぞれの発達の状況や，その場の環境，学級集団の状況によっても特性が顕在化したり，潜在化することがあります。そのため，診断名（障害）でひとくくりに理解し，指導・支援していくことには無理があります。配慮や支援を展開していくにあたり，一人一人の実態や特性を理解し，子どもの強みを生かした指導・支援を進めていく観点と，子どもが安心できる集団づくりや学習環境を整える観点の両面が大切であることを理解します。

1　ASD の特性理解と対応

1　認知特性・学習・行動特性

① ASD とは

　自閉スペクトラム症／自閉症スペクトラム障害（ASD: Autism Spectrum Disorder）は，米国精神医学会の診断と統計マニュアル「DSM-5[*1]」において神経発達症群に分類された診断概念です。自閉症の特徴であるコミュニケーションや言語に関する症状に，知的障害の有無などを含めた状態を連続体（スペクトラム）として包含する診断名になりました。そのため，これまで用いられていた広汎性発達障害，アスペルガー症候群，小児期崩壊性障害，特定不能の広汎性発達障害などの複数の診断名が，「自閉スペクトラム症／自閉症スペクトラム障害：ASD」に包括されることになりました。

＊1　米国精神医学会『DSM-5　精神疾患の分類と診断の手引』医学書院，2014年。

② ASDの認知特性・学習・行動特性

ASDの特徴として,「社会的コミュニケーションや社会的相互作用が様々な状況で困難なこと」と「限定された反復的な,行動,興味,活動や感覚の過敏性」の2点があげられます。

「社会的コミュニケーションや社会的相互作用が様々な状況での困難」の例としては,無表情で視線を合わせない,相手と同じ言葉を繰り返して言う（反響言語：エコラリア),文脈や流れなどの状況を踏まえず一方的に話すため会話が難しい,言葉を字義通りに受け止めてしまうため冗談が通じない,流暢な会話はできているが相手の心情や意図を理解できていないため勘違いや思い込みをしてしまう,丁寧な言葉で抑揚のない話し方をするなどが特徴としてあげられます。こうした背景には,他者の心情や意図を直感的に理解してしまい,他者の視点で捉えることが難しいことや,自分の気持ちを表現することに困難があることが想定されています。

「限定された反復的な,行動,興味,活動や感覚の過敏性」の特徴的な例としては,常に手を叩いたりひもを振っている,いつものスケジュールへのこだわり,特定の物の収集,同じ場所を何度も往復する,玩具を一列に並べる,印象的な言葉を繰り返す,何度も同じ質問を繰り返す,特定のことに対する知識の蓄積などがあげられます。また,特定の音（聴覚)や視覚情報,触覚などの感覚刺激に対する過敏性または鈍感,運動や手指操作の不器用なども特徴です。こうした背景として,状況に応じて予定や環境の変化を柔軟に受け止めたり,対応の仕方を広げたり修正していくことが難しいことから,これまでの自分のイメージ通りに対処せざるを得なくなり,そのことが「こだわりや感覚過敏」を強くしていると想定されています。

③「心の理論」について

ASDの認知や行動特性について,バロン‐コーエン（Baron-Cohen, S.）ら（1985）は,他者の信念や心の動きを捉える「心の理論[*2]」の獲得の難しさから生じているという仮説を立てて,「サリーとアンの課題」を考案し,検証しま

---

*2　心の理論：自分や他者の目的・知識・信念・思考・推測・好みなどの「心の状態」を理解する能力のこと。

第5章　発達障害の心理特性（2）

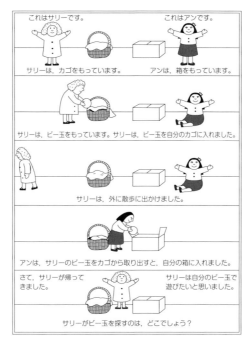

図5-1　サリーとアンの課題
出所：ウタ・フリス，富田真紀・清水康夫（訳）『自閉症の謎を解き明かす』東京書籍，1991年より。

した。図5-1のように，対象児に2つの人形（サリーとアン）が提示されます。サリーは大好きなビー玉を自分のカゴに入れて，その部屋から離れました。それを見ていたアンは，サリーのいない間にビー玉をカゴから箱の中に移し替えて，その場から立ち去りました。そこにサリーが帰ってきました。ここで，「サリーはどちらからビー玉を取り出そうとするでしょうか？」という信念の質問をします。対象児が，サリーの，自分が入れたカゴにビー玉があるという信念（サリーからすれば誤っていない）を理解して，サリーが最初に置いた場所（カゴ）を指摘できれば正答となり，「実際ビー玉がある場所（箱）」を指摘すれば，誤答となります。この研究から，4歳児の定型発達の子どもやダウン症児群の正答率は80％以上でしたが，自閉症児群の正答率は20％という結果でした。

こうした研究の知見から，ASDは他者の心の状態を読み取る「心の理論」

の獲得に課題があることが示され,「他者の心を読み取りにくいこと」が中核的な特性の1つと捉えられるようになりました。ASDの子どもは,こうした他者の言葉や行動の背景にある真意を想像することが難しい（または時間がかかる）ことから,社会的な相互交渉や,良好な対人関係を築くことが難しくなっていることが多くみられています。

④子どもの認知特性を把握し,指導・支援につなげる

さらに,ASDの認知特性として,聴覚的な情報の処理に比べ,視覚的な情報の処理に優れている（聞くこと＜見ること）ことがあげられます。しかし,逆に視覚情報が多すぎると情報過多になってしまい整理ができないといった側面もあります。また,音声や文字等の情報を用いて,課題を順序立てて解決していく「継次処理能力」と,絵や写真等の視覚情報を用いて,課題を全体的に捉えて解決していく「同時処理能力」においては,ASDの子どもは,同時処理能力の方が圧倒的に高いとされています。このことが根拠となって,ASDの子どもには視覚的な情報提供として絵や写真カードを用いることが有効とされています。また,同時処理能力が強いという認知特性によって,以前の印象的な場面が思い出され,急に怒り出す,笑い出す,泣き出すなどのフラッシュバック[*3]につながることもあります。

ASDの学習については,まず,環境整備が重要で,聴覚・視覚情報が多過ぎないように,また,聞くこと,書くこと,話すことを同時に提示しないように心がけることが大切です。ASDの子どものなかには,LDを合わせもつ子どもが多いことから,LDの子どもへの読み・書き等への支援内容を適用していくことが必要になります。

2　基本的な指導・対応

ASDの子どもの指導・支援については,子どもの特性や発達状況などを把握するアセスメントと,子どもが参加する集団のアセスメントを前提に,子ど

＊3　フラッシュバック：悲しいこと,辛いこと,納得いかないことなどの体験（心的外傷）を受けたことで,後になってその記憶が,突然に,鮮明に思い出されること。

第5章　発達障害の心理特性（2）

図5-2　写真や絵カードによる視覚化の例
出所：筆者作成。

図5-3　タイムタイマーを用いた時間の構造化の例
出所：筆者撮影。

も自身のスキルアップと，集団や学習場面の環境調整の両面から考えていくことが大切です。

①「視覚化」「構造化」の活用

ASDの基本的な指導・対応は，「視覚化」と「構造化」が重要なキーワードとなります。「視覚化」は，言葉だけでなく文字や絵・写真カード，動画，実物などを活用することで，より理解しやすくなるとともに，言語的・聴覚的な情報活用が苦手なASDの子どもにとっては，聴覚記憶の軽減にもなる不可欠な指導・対応法になります（図5-2）。「構造化」は，タイムタイマー[*4]（図5-3）などを用いて，あと何分かを視覚的に示すなどの「時間の構造化」，課題を実施する場所を固定したり，机の周りに衝立を置くことで環境の変化や刺激を少なくすることなどの「場所の構造化」，そして，授業の展開をパターン化して見通しがもてるようにするなどの「方法の構造化」があります。この「視覚化・構造化」によって，授業の流れや行事の全体イメージ，今すべきことや次への見通しを視覚的に明確に示す指導・対応は，ASDの子どもにとって安心できる学習環境になります。

②コミュニケーションに関する指導・対応

子どもの言語理解や表出の実態を踏まえ，音声言語，身振り，文字や絵・写真カード，タブレットなどを活用して，場面や状況に応じたコミュニケーショ

＊4　**タイムタイマー**：時間を視覚的に示すことができるタイマーで，すべての子どもにとって見通しがもちやすくなることから，通常の学級でも活用されている。

図5-4　絵カードを用いた役割交代
　　　　「会話学習」
出所：筆者作成。

図5-5　動画を用いた役割交代
　　　　「会話学習」
出所：筆者作成。

ンが取れるようになることを目指します（図5-4）。具体的な指導場面では，子どもに「できるところまでやってね」などの曖昧な言葉かけは理解に戸惑うことから，「○番から○番までやってね」などのように明確に意図を伝えることが大切です。基本的な会話学習として，5W1Hの質問-応答学習において，質問者（聞き手）と応答者（話し手）の役割を交代しながら，その立場に立った会話学習を進めていく方法もあります（図5-5）。

　③ソーシャルスキルの指導・対応

　ASDの子どもは，他者の心情や状況理解が難しいことから，発達段階やニーズに応じたソーシャルスキルを計画的に学んでいく必要性があります。具体的には，人と関わる基本スキル（挨拶・お礼・あやまる・ヘルプを求める，など），自分の気持ちを伝えるスキル，他者からの挑発にのらないスキル，他者の意見を受け入れて同意するスキル，遊びや活動の社会的ルールを守るスキル，困ったときの相談スキル，などがあげられます。

　指導・対応においては，絵カードや手順・約束表などを用いる，ゲームでの場面を活用する，グループによるロールプレイをするなどが主な方法ですが，動画を活用して「こんなときどうしますか？　AとBをくらべましょう」と望ましい場面と望ましくない場面をくらべて考えていく方法もあります。

　④問題となる行動への指導・対応

　問題となる行動の大部分はコミュニケーションの役割（機能）をもつ行動であることから，その行動の機能（背景要因）を分析し，その行動と同じ機能をもつ望ましい行動に置き換える指導や対応を考えていくことが有効です。たとえば，「人を叩く」行動が人に興味をもってきたことによるものであれば，「叩

くことはダメ」というメッセージは「人に関わることがダメ」という指導になってしまいます。そんなときは,「叩く」という関わりを「ハイタッチ」という関わりに置き換えることができれば,その子どもの他者に「関わりたい」という気持ちを表す機能も維持されることになります。

　また,他者の心情や状況理解が難しいことから,他者とのトラブルや失敗経験を不合理に思ったままずっと引きずってしまい,情緒の不安定につながっていることもあります。そのため,流れに沿って振り返るなかで,勘違いや不安・疑問を解いておくことも重要な対応になります。

　さらに,ASDの子どものなかには,他者に言葉で意思を伝えきれないときに,パニック状態になる子どもがいます。その際,子どもが心身の緊張(テンション)*5を高めたときに,指導者も同時に緊張を高めて関わると,双方が混乱する悪循環になります。子どものテンションが上がったとき,指導者のテンションは下げることを心がけて,子どもが落ち着いてから丁寧に説明対応することが大切です。

⑤感覚過敏への対応

　感覚過敏は,心理状況や環境によっても違うなど個人差が大きいことを理解しておくことが大切です。その対応には,刺激を減らしたり避けること(耳栓,イヤーマフ,サングラスなど)により感覚過敏による混乱を防ぐことが大切です。また,刺激の発生源や意味合いを認識できると過敏性が軽減されることもあります。さらに,刺激に一定程度慣れることも必要な場合もありますが,その際には恐怖を感じないように段階的に感覚に慣れていくプロセスが大切です。

　以上のように,ASDの子どもへの基本的な指導・対応をあげましたが,子どもが参加・活動していく集団がどのような集団であるかの影響要因も大きく影響することから,「安心できる集団づくり」が重要な課題になっています。安心できる集団とは,違いを認め合う,失敗を認め合える,否定的に捉えないことが実践されていて,学級集団や学校の環境調整を行っていくことが重要です。

＊5　**テンション**：精神的な緊張や不安感のことで,高くなるとパニック状態になることもある。

〈A児の概要〉
◇通常の学級に在籍（1年生）。自閉症スペクトラム障害の診断（4歳）
◇知的発達水準は高いが，多くの音（声）が一斉に聞こえたり，急に大きな音が聞こえる場面では，手で耳を塞いで，独り言が多くなり，その場から離れてしまうことが増えてきた。

↓

【保護者の思い・要望】
以前から聴覚過敏があったが，最近はより顕著になってきている。安心できる学校生活であってほしいので，予測される場面で，イヤーマフや耳栓を使うことを認めてほしい。

【本人の願い】
大きな音やいろいろな音が一気に入ってくると辛くなるが，みんなと一緒に居たいので，イヤーマフや耳栓を使うことを試してみたい。

【学級担任の思い・要望】
聴覚過敏が強いので，イヤーマフや耳栓を使って音刺激を自分で調整できるようになってほしい。周りの子どもにもA児の聴覚過敏の特性について理解啓発していきたい。

↓

〈通常の学級における合理的配慮の実践例〉
◇音の刺激に応じて，イヤーマフまたは耳栓を活用する。
◇学年や全校集会の際に座る場所を最後方にする。

図5-6　ASDの子どもへの合理的配慮の実施例

出所：筆者作成。

3　合理的配慮の実際

　図5-6に，ASDのA児を対象とした合理的配慮の実践例を示します。A児は通常の学級に在籍している1年生の男子で，4歳のときにASDの診断を受けています。知的発達水準は高いものの，多くの音（声）が一斉に聞こえたり，急に大きな音が聞こえる場面では，手で耳を塞いで，独り言が多くなり，その場から離れてしまうことが増えてきました。

　このような状況から，特別支援教育コーディネーターと，保護者，学級担任，学年主任による校内支援委員会が開催されました。保護者からは，「以前から聴覚過敏があったが，最近はより顕著になってきているように思う。安心できる学校生活であってほしいので，音の刺激が予測される場面では，イヤーマフや耳栓を使うことを認めてほしい」との要望が出されました。またA児本人からの，「大きな音やいろいろな音が一気に入ってくると辛くなるが，みんなと一緒に居たいので，イヤーマフや耳栓を使うことを試してみたい」，という願いが保護者を介して伝えられました。学級担任としては，聴覚過敏が強いので，

これからもイヤーマフや耳栓を使って音刺激を自分で調整できるようになってほしいので，使用を認めたいとのことでした。またその際，周りの子どもにもA児の聴覚過敏の特性について理解啓発を進めていきたいと考えていました。

こうした校内支援委員会で，A児への合理的配慮として，①音の刺激や場面に応じて，イヤーマフまたは耳栓を活用する，②学年や全校集会の際に座る場所を最後方にする配慮を実施することになりました。

2 軽度知的障害の特性理解と対応

1 認知特性・学習・行動特性

①知的障害の概要

知的障害は，同年齢の子どもと比べて，「認知，記憶，言語，思考，学習，推理，想像，判断などの知的機能」が著しく遅れ，「社会生活に必要な身辺自立，意思の交換，安全，仕事，余暇利用などについての技能獲得や適応能力」に困難性があることから，特別な支援や配慮が必要な状態とされています。その状態は，環境的・社会的条件で変わり得る可能性があります。集約すると，知的障害は，知的機能の発達に明らかな遅れと，適応行動の困難性を伴う状態が，発達期に起こるものということになります。

表5-1は，知的障害の程度を知能指数で分類したものですが，「軽度」の占める割合が大きい（80％程度）と推定されています。

②軽度知的障害の認知特性・学習・行動特性

軽度知的障害のある子どもの認知特性・学習・行動特性として，次のようなことがあげられます。

・軽度知的障害の子どもは，「何でみんなわかるのかなあ」「漢字が覚えられない」「計算がわからない」「友達と話が続かない」「いつも注意される」等と認識していても，自分の気持ちを上手に言語化して他者に伝えることができないため，すぐに意思の表出を諦めてしまい，その結果，消極的な

表 5-1　知能指数による知的障害の程度

障害の程度	
境界域	知能指数は71〜85程度。 知的障害者とは認定されない場合が多い。
軽　度	知能指数は51〜70。
中　度	知能指数は36〜50。
重　度	知能指数は21〜35。
最重度	知能指数は20以下。

出所：厚生労働省「知的障害児（者）基礎調査」より筆者作成。

行動様式になっていく場合が多く見られています。
・学習によって得た知識や技能の一つひとつを関連づけて活用・応用することが難しく，実際の生活に生かすことに困難さが見られます。
・自分で「できた」「やり遂げた」という達成感・成就感・成功体験を実感することが少ないことから，主体的に活動に取り組む意欲が十分に育っていない場合があります。
・聞いたり，見たことをしばらくすると忘れてしまう認知面の課題があります。短期記憶[*6]しておくための方略を立てることが難しく，「頭のなかのメモ」に相当するワーキングメモリ[*7]の容量が小さいことも特性としてあげられます。
・行動や生活範囲が限られ，新しい体験や社会的な体験をする機会が少ないことから，抽象的な内容よりも，生活に生かせる具体的な内容の指導が適しています。

こうした軽度知的障害の特性を理解し，子どもが困っている状態に適切な指導や対応がなされなければ，自信を失って自己肯定感が低下し，不登校や引きこもり，周囲への反発，学習意欲の低下，いじめなどの二次的な諸問題に展開してしまうこともあるので，留意する必要があります。

＊6　**短期記憶**：覚えたことを数秒から数十秒，短期的に保持する記憶のこと。
＊7　「ワーキングメモリ」については，本書第4章参照。

2 基本的な指導・対応

①子どもの行動を理解し，対応するために

行動の問題性は，人や場面を含む環境との相互関係で捉えていくことが大切です。子どもの行動を理解するためには，まずその行動の背景要因を捉えることが重要になります。背景要因には，「逃避的な行動」「注目を要求している行動」「物や活動を要求している行動」「反復的な感覚行動」などがあります。どの要因が強いのかを検討して特定していくことによって，背景要因に即した指導・対応が可能になります。指導・対応においては，不適切な行動をどうやめさせるかよりも，望ましい・新しい行動を増やしていくという視点のほうが大切です。また，子ども自身が困っていることを「誰に」「どのように」相談するとよいのかなどの，相談スキルや適切な依存の方法を身につけていくことが，問題行動の予防に役立ちます。

②子どもの認知特性を理解するために

子どもの認知特性を把握するためには，客観的な指標となる諸検査の活用が有効とされています[*8]。しかし，検査をすぐに実施できない場合には，図5-7のようなアセスメントツールの活用も有効になります。たとえば，このツールでは，聞くことと見ることの両面の実態把握ができます。子どもと指導者が1対1で向かい合って実施します。質問は，「太郎くんの家を探してください。太郎くんの家は，2階建てで，えんとつがあって，玄関にお花が植えてあります。さてどれでしょうか」という内容です。3つのヒントを覚えて探したら，上の左端の家しかありません。ヒントをいくつ聞いていたか，見比べができていたか，などの観点から，誤答であれば，この子どもへの指示は複数ではなく一つひとつにすること，また，一斉の説明の後に，個別に説明する必要があることがわかります。こうしたすぐにできるアセスメントツールを利用していくことが有効です。

＊8 諸検査については，本書第3章参照。

図5-7　アセスメントツール
出所：筆者作成。

③個に応じた指導・支援を進めるために

　子どもの良さと課題の両面を捉えて，個別の指導計画を作成します。この計画は，集団指導のなかでの配慮や個別的な指導も含み，一人一人の教育的ニーズに応じて作成します。子どものストロングポイント（強み）が生かされた元気の出る個別の指導計画の作成が望まれます。これは，通常学級の担任と特別支援学級担任が子どもの目標・内容，関わり方などを共通理解するなどの連携に不可欠なツールになります。

④子ども同士のコミュニケーションを促進していくために

　軽度知的障害の子どものなかには，発音が不明瞭なため，他児に意思が伝わらないことが続くと，子ども同士のコミュニケーションを回避してしまう場合があります。そのため，教員や支援者が，言葉（表出言語）だけでなく，身ぶりや手ぶり，絵や写真カードなどの多様な手段を活用するコミュニケーションモデルを示していくことが大切です。

　また，子ども同士の関わりが充実していくためには，自分の意思で選択・決定し，行動できるようにしていくことが大切です。そのためには，特別支援学級で学んだ，言葉や身振り，絵カードなどによる子どもの実態に即した自己選

＊9　「個別の指導計画」については本書第13章参照。

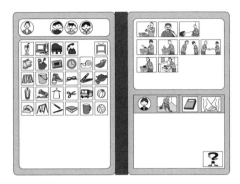

図5-8　コミュニケーションノート
出所：筆者作成。

択・自己決定の方法を，通常の学級での子ども同士の関わりに生かせるようにしていくことが有効です。言葉だけのコミュニケーションが難しい場合には，図5-8のようなコミュニケーションノートを活用して，他者との質問‐応答をしていくことで，他児との関わりが増えてきた事例もあります。

⑤効果的な指導・支援に向けて

子どもの成功体験を大切にする指導・支援方法として，スモールステップの考え方があります。最初から最終目標を目指すのではなく，目標を細かく分けて１つずつ小さな目標を達成していくプロセスを大切にしながら，最終の目標に近づけていきます。スモールステップの手順は，通常では手順の１番最初から徐々にできるように積み上げていくことになりますが，知的障害のある子どもには，その逆の手順として，目標に近い手順から開始し，徐々に最初の手順に戻っていくという進め方を適用することもあります。子どもが成功・達成感をもちやすく，できたことをほめながら進めることができる方法が，子どものみならず，教員（支援者）の意欲の向上にもつながることになります。

3　合理的配慮の実際

図5-9に，軽度知的障害のあるB児を対象とした合理的配慮の実践例を示します。B児は小学校の特別支援学級に在籍している２年生の女児で，軽度知

```
〈B児の概要〉
◇小学校の特別支援学級に在籍（2年生）。軽度知的障害（療育手帳B2）
◇特定の教科以外は通常の学級で学んでいる。急な予定変更や行事等でいつもの流れ
  と違うことになったことを口頭で伝えると，見通しがもてず混乱して泣き出すこと
  が頻繁に見られるようになってきた。
```

↓

【保護者の思い・要望】	【本人の願い】	【学級担任の思い・要望】
就学前に発達支援センター（療育園）で文字や絵カードを活用した療育を受けてきた。小学校生活でも予定変更などによる混乱を軽減するために，視覚情報を活用してほしい。	急に予定が変わると驚いて混乱するので，予定変更があるときは，言葉での説明だけでなく，文字や絵カードを使って，事前に教えてほしい。	聞くことが苦手なことから，文字や絵カードの視覚情報を用いて，事前に予定変更や流れを示していきたい。不安になったら，自分から相談する力も付けていってほしい。

↓

```
〈通常の学級における合理的配慮の実践内容〉
◇文字や絵・写真カードを用いて，場所・時間・内容，順序等の予定変更を事前に伝
  え，視覚的に流れを見通せるようにする。
```

図5-9　軽度知的障害の子どものへの合理的配慮の実施例

出所：筆者作成。

的障害と診断を受けています。国語と算数以外の多くは通常の学級で学んでいます。最近は，急な予定変更や行事等でいつもの流れと違うことになったことを口頭で伝えると，見通しがもてず混乱して泣き出すことが頻繁に見られるようになってきました。以前に比べると，周りの子どもの動きに敏感になってきて，自分がわからないことに不安をもつようになってきたことが，予定変更等への不安が高まってきたことにつながっていると考えられます。

このような状況から，特別支援教育コーディネーター，保護者，特別支援学級の担任，通常の学級担任，学年主任による校内支援委員会が開かれました。保護者からは，「就学前に発達支援センター（療育園）で文字や絵カードを活用した療育を受けてきたので，小学校生活でも予定変更などによる混乱を軽減するために，視覚情報を活用してほしい」との要望がありました。B児本人からも，「急に予定が変わると驚いて混乱するので，予定変更があるときは，言葉での説明だけでなく，文字や絵カードを使って，事前に教えてほしい」との願いがあることを保護者から表明されました。通常の学級の担任としても，B児が聞くことが苦手で，視覚優位なことから，文字や絵カードの視覚情報を用い

て，事前に予定変更や流れを示していきながら，B児にとって安心できる学習環境をつくっていきたいとの考えが伝えられました。そのうえで，見通しがもてずに不安になっているときは，自分から学級担任に聞いたり，相談できるようになってほしいとの考えも伝えられました。

こうした校内支援委員会で，通常の学級におけるB児への合理的配慮として，文字や絵・写真カードを用いて，場所・時間・内容，順序等の予定変更を事前に伝え，視覚的に流れを見通せるようにする配慮を実施することになりました。こうした配慮により，見通しがもてずに混乱することは少なくなり，安心して集団に参加できるようになってきました。

 まとめ

　本章では，ASDや軽度知的障害のある子どもの認知特性，学習，行動特性について説明して，基本的な指導・対応の考え方と具体的方法について解説しました。子どもの特性を理解して，よさや得意な側面を活かした指導や支援を実施することとともに，子どもにとって安心して学べる集団づくりの視点も考えていくことが大切です。

　学校や授業においては，子どもの特性や個別ニーズを把握したうえで，集団参加していくために必要な合理的配慮の実施へ向けて，保護者や本人と合意の形成を図って進めていくことが求められています。

 さらに学びたい人のために

○榊原洋一『自閉症スペクトラムの子どもたちをサポートする本』ナツメ社，2017年。
　　この書籍は，自閉症スペクトラム障害の特徴・原因・診断等の基礎知識，様々な支援方法，家庭や学校での効果的なサポート例を図解によってわかりやすく説明されています。

○菊地哲平『自閉症児における自己と他者，そして情動――対人関係性の視点から探る』ナカニシヤ出版，2009年。
　　この書籍は，自閉症児における心の理解，そのなかでも情動や対人関係性に

視点を当てた研究成果をまとめた内容ですが，自閉症研究の歴史とその変遷がわかりやすく掲載されています。

○有馬正高（監修）『知的障害のことがよくわかる本』講談社，2007年。
　　知的障害の原因や特徴についての基礎知識と，子どもの能力を引き出す指導・支援法，就労や社会参加していくために必要な力とその支援策について，図解を用いてわかりやすく解説されています。

第 6 章
二次障害の理解と対応

・・・ 学びのポイント ・・・

- 二次障害が出現する経過とその要因を理解しましょう。
- 二次障害に併存する症状について，精神障害との関連をよく理解しその対応について理解しましょう。
- 発達障害と不登校との関連を理解し，学校での対応の在り方と関係機関との連携について理解しましょう。
- 二次障害の行動問題を生徒指導の視点から考え，学校における生徒指導の在り方を予防的，問題解決的視点で理解しましょう。
- 発達障害の二次障害に関する予防的対応は発達障害の特性の気づきから始まること，子どもの安心できる環境づくりが大切であることを理解しましょう。

WORK 二次障害の事例から,学級での対応について考えよう

　ASDとADHDをあわせもつ小学5年生の男児がいます。彼は現在,不登校気味で,朝になるとお腹が痛くなり登校ができなくなってしまいます。彼を取りまく環境は以下の図のようになっています。

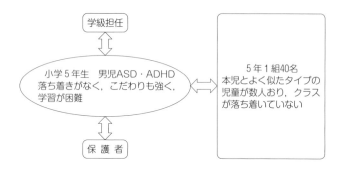

1．個人で考えてみよう（5分）
　事例の朝の状態を想像してみましょう。主たる障害がASDでありADHDの場合,予想されるクラスのなかでの問題はどんなことが考えられるでしょうか。考えられる問題を書き出してみましょう。

2．グループで考えてみよう（15分）
　① あなたがクラスの一員ならば,事例の子どもにどのように関わりますか。また,学級担任ならばどのように対処しますか。グループで話し合ってみましょう。
　② 不登校状態が起こらないようにするには,どんな方法が考えられますか。グループで話し合ってみましょう。

〈WORK の取り扱い〉
　本章は,二次障害の出現経過とその要因を理解し,あわせて発達障害と不登校との関連から学校での対応や予防的対応を検討するため,児童生徒の状況から学級での対応をイメージして講義に入ることを勧めたい。

● 導　入 ●

　本章では，発達障害における「二次障害」を環境と子どもの相互作用から捉えます。そして，二次障害の出現過程とその要因，発達障害支援における二次障害への対応とその予防的対処について考えていきます。
　発達障害の二次障害を，精神医学的に別の診断名がつけられる症状の併存精神障害と発達障害の人に高い頻度で見られる関連症状から捉え，特にASD（自閉症スペクトラム障害）やADHD（注意欠陥・多動性障害）の二次障害の症状とその対応について理解します。
　また，「発達障害と不登校」，「発達障害と行動問題」についての理解を深め，二次障害への予防的対応の在り方について考えていきます。

1　二次障害とは

　発達障害において「二次障害」とは，本来の障害による困難さに加えて，出生直後から始まる養育環境やそれ以外の環境と，子どもとの相互作用から生じる新たな困難や問題を言います。本来の障害特性の影響以上に情緒や行動上の問題が起こり，日常生活に支障をきたすことになると言えます。
　二次障害の捉え方として，「発達障害と情緒障害の関連と教育的支援に関する研究」研究成果報告書（2012年）では，「①本来見られる症状が悪化する場合（例：ADHDの落ち着きのなさがエスカレート），②本来の症状にはない症状が見られてくる場合（例：ADHDに反抗的言動），③本来の症状にはない症状に併存症として診断がつく場合（例：ADHDに併存症としての反抗挑戦性障害，ADHDに合併症としての不安障害，強迫性障害），④併存症がある上で，さらなる症状の悪化が見られる場合[*1]」をあげています。その対応は，本来の症状への対応，併存症・合併症などの併存障害への対応，さらなる症状の悪化への対応をすべて含めて，総合的に対応することが重要であると論じています。

＊1　国立特別支援教育総合研究所「発達障害と情緒障害の関連と教育的支援に関する研究──二次障害の予防的対応を考えるために」『研究成果報告書』2012年，p. 83.

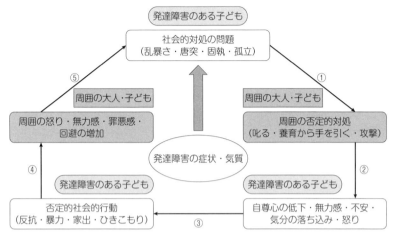

図 6-1　二次障害出現の悪循環
出所：齊藤，2009年より筆者一部改変。

1　環境と子どもとの相互作用

　乳幼児期は，親や保育者を中心とする養育環境が中心です。発達を促す関わりや発達を抑制する関わりの両者から強い影響を受けながら子どもの個性は成長していきます。学童期では，養育環境に学校環境が加わり，その両者から影響を受けながら成長を続けていくのです。

　次に，図6-1を参考にしながら二次障害を，発達障害のある子どもと養育者との相互作用から考えていきます。たとえば，ADHD（注意欠陥・多動性障害）によく見られる行動の乱暴さや衝動的な唐突さ，ASD（自閉症スペクトラム障害）の特性である固執や孤立は（①），周囲の大人や子どもが発達障害のある子どもに対して，よく叱る，養育から手を引いてしまう，攻撃する（②）などの否定的な反応をとってしまいがちになります。そのことは，発達障害のある子どもの自信を失わせ，自尊心を低下させ，無力感や空虚感，不安や気分の落ち込みを引き起こしてしまうのです（③）。このような自己感をめぐる混乱状態は，反抗，暴力などの反社会的行動やひきこもりなどの非社会的行動を誘発することにもなります（④）。そして，子どものネガティブな行動の増加が，

周囲の人間の怒りを引き起こし子どもをより一層叱ることになるのです（⑤）。発達障害のある子どもと周囲の人との緊張関係が，発達障害のある人の社会的対処法の問題をより難しくしてしまうと考えられます。

2　二次障害のタイプ

齊藤万比古（2009）は，二次障害を，「外在化障害」と「内在化障害」に分けて，ケアとサポートについて論じています[*2]。

外在化障害とは，反抗や非行を含む行動上の問題を通じて葛藤を表現する特性があり，この障害（併存精神障害）については後述します。こういった症状を示す子どもは，家族機能の乏しい家庭の子どもであることが多く，児童福祉機関（児童養護施設，児童心理治療施設，児童自立支援施設[*3]など）への入所が必要な場合があります。精神科医療機関では，薬物療法を含めた攻撃性のケアと管理や，随伴する不安や抑うつなどへの薬物療法や心理療法などのケアを行います。

内在化障害は，不安，抑うつ，強迫，解離[*4]などの神経症の症状を通じて葛藤を表現する障害の総称です。対応は，養育者に対するサポート，子ども本人への心理療法，家族そのものを対象とした家族療法，薬物療法を組み合わせたケアなどがあります。

2　発達障害の関連症状と併存精神障害

古荘純一（2014）は発達障害の二次障害のうち，診断には必要な症状ではないが発達障害の人に高い頻度で見られる症状を関連症状，精神医学的に別の診

[*2] 齊藤万比古「発達障害における二次障害をどうとらえるか」齊藤万比古（編著）『発達障害が引き起こす二次障害へのケアとサポート』学研プラス，2009年，pp. 12-39．
[*3] 児童養護施設，児童心理治療施設，児童自立支援施設は，児童福祉法第7条に規定されている児童福祉施設である。それぞれの施設の目的については，児童養護施設は同法第41条，児童心理治療施設は同法第43条の2，児童自立支援施設は同法第44条に規定されている。
[*4] **解離**：過去の記憶，同一性と直接的感覚，及び身体運動のコントロールの間の正常な統合が部分的，完全に失われることである（融道男・小見山実・大久保善朗『ICD-10精神および行動の障害――臨床記述と診断ガイドライン（新訂版）』医学書院，2005年）。

断名がつけられる症状を併存精神障害と呼んでいます[*5]。

併存精神障害について以下に9つ紹介します。

1　併存精神障害

①不安障害

人や物事，状況に関してはっきりした対象のない恐れを不安と呼び，対象がはっきりしている場合を恐怖と言います。不安障害は，その恐怖や不安が過剰であり，不適切と思えるほど持続して存在し続ける症状のことです。

②強迫性障害

強迫とは，自分でもその内容が無意味，不合理でばかばかしいと思っていても自己の意思に反して繰り返しわき上がる考え方（強迫観念）と，その考えを振り払うために繰り返しその行為を行う（脅迫行為）のことです。強迫性障害とは，強迫観念及び脅迫行為のために日常生活に支障をきたす状態のことをいいます。

③うつ病

うつ病とは単なる気分の落ち込みではなく，特定の症状がまとまって存在することで診断される精神疾患です。うつ病は抑うつ気分，または興味や喜びの喪失のどちらかが存在する場合診断されます。うつ状態になると対人関係をより一層避け，こだわり行動が増えていきます。

④反抗挑戦性障害

反抗挑戦性障害は，目上の人に対しての拒絶，反抗，不従順で挑戦的な行動を繰り返すことが特徴とされます。9歳前後で認められるようになることが多く，同年代の子どもの行動範囲の限度を明らかに超えた行動が見られます。

⑤行為障害

成長と共に反抗挑戦性障害の子どもの問題行動がエスカレートし，万引きなどの触法行為，人や動物に対する過度の攻撃性や暴力，重大な規則違反などが

＊5　古荘純一「神経発達症（発達障害）の二次合併症」古荘純一（編著）『神経発達症（発達障害）と思春期・青年期──「受容と共感」から「傾聴と共有」』明石書店，2014年，pp. 56-65。

見られ，もはや反抗挑戦性障害ではなく，非行とほぼ同義で扱われる行為障害となってしまうことがあります。これをDBD（破壊的行動障害）と言います。また，小児期のADHDに始まり，思春期には反抗挑戦性障害から行為障害の経過をたどるという連続性をもったDBDマーチが見られることがあります。

⑥チック障害

チックは不随運動の一種で，突然出現し不規則な間隔で繰り返す，持続時間の短い急速な運動または発声です。チックにより社会的，職業的，またはほかの重要な領域での機能の著しい障害が引き起こされると「チック障害」として治療の対象になります。

⑦睡眠障害

睡眠障害は，睡眠と覚醒に関する様々な障害です。現在，子どもの3〜4人に1人が睡眠の問題を抱えているといわれています。発達障害と睡眠障害は密接に関連し，睡眠障害により発達障害のような状態を呈したりします。

⑧てんかん

てんかんは，てんかん発作をきたし得る状態が持続している脳疾患であり，神経生物学的，認知的，心理的，及び社会的な影響をきたすことで特徴づけられます。発達障害のある子どものてんかん発作の合併は多く，定型発達児と比べて数倍から十数倍の発症率が推測されます。

⑨反応性愛着障害

生後5歳未満までに親やその代理となる人と愛着関係がもてず，人格形成の基盤において適切な人間関係をつくる能力の障害が生じるに至ったものです。他者との安定した関係をもつことができず，他者に対して無関心を示すことが多い抑制型と，部分的な愛着関係の状態に取り残され，他者に対して無差別的に強い愛着を示す脱抑制型があります。

2 ASD・ADHDの二次障害

①ASDの二次障害

ASDの関連症状は，幼児期には，不注意，衝動性・多動性，日常生活の問

題（偏食・不眠・衛生習慣の異常）・パニック・かんしゃく・自傷行為[*6]などが見られ，学童期には，学習の問題，不器用さ，不安，トラウマ体験，不登校，集団不適応などが加わり，思春期ではファンタジーの世界への没頭などが見られます。ASD の併存する精神障害は，不安障害・強迫性障害・気分障害，うつ・睡眠障害・てんかんなどがあげられます。

② ADHD の二次障害

ADHD の関連症状は，幼児期に言語発達の問題，協応運動の問題，過食などの健康上の問題，事故に遭遇する危険などがあげられます。学童期には，家族内葛藤，学業不振，不眠などがあり，思春期以降はアルコール依存，薬物乱用，早期からの喫煙，親になった際に子どもを虐待する可能性などがあげられます。ADHD に併存する精神障害は，チック障害，てんかん，強迫性障害があげられ，行動・精神面の問題として外在化障害である反抗性挑戦障害，行為障害，18歳以上では反社会性人格障害[*7]などがあげられます。

3 発達障害と不登校・行動問題

1 発達障害と不登校

①特徴と対応

発達障害のある子どもは，対人関係面でうまく意思疎通ができなかったり，学習面での遅れに対して適切な指導が行われなかったりするなどの理由から，学校生活で不適応状態を起こし不登校になることがあります。

不登校になると，学校生活経験が少なくなりコミュニケーションを学ぶ機会が減り，学習面でも遅れが生じ再登校を阻害するという悪循環に陥ってしまい

[*6] **自傷行為**：自己の肉体の一部を傷つける行為である。自傷行為自体完結した行動であるため，必ずしも傷は致命的な箇所に加えられるとは限らない（大原健士郎（編）『メンタルヘルス解説事典』中央法規出版，1987年）。

[*7] **反社会性人格障害**：行動と一般的な社会的規範の間の不一致のために，注意を惹く人格障害である（融道男・小見山実・大久保善朗『ICD-10精神および行動の障害——臨床記述と診断ガイドライン（新訂版）』医学書院，2005年）。

第6章　二次障害の理解と対応

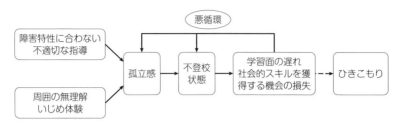

図6-2　発達障害における不登校のメカニズム
出所：米山, 2016年より。

ます。周囲からいじめを受け, 教師やクラスメートの無理解から孤立感が生じ不登校状態になり, そのままひきこもりに移行する場合もあります[*8]（図6-2）。

これまでの不登校の子どもに対する支援では, 教育支援センター（適応指導教室）やフリースクールなどの居場所をつくる, 登下校の時間を自由にする, 集団参加を強制しないなどの受容的な対応をしてきました。しかし, 発達障害のある児童生徒にとって本人の意思に任されることが多く枠組みが明確でない環境は, 活動内容や参加の仕方がわかりにくく, 状態の改善に至りにくい場合が多く見られました。

発達障害のある児童生徒の不登校への対応について, 渡辺圭太郎（2012）は次のように提案しています。「①アセスメントから個のニーズを捉え, 問題の本質を見立て, 適切な対応をするといった流れが重要であること, ②休んでいる児童生徒を学校に登校させる局面だけを取り上げるのではなく, 予防・登校渋り・休みがちになったときの支援, 登校しなくなってしまった時期の支援, 学校に戻ろうとするときの支援, 不登校状態が大きく改善しないまま卒業を迎えるケースの支援など, それぞれの局面での対応を考えておくことが重要です[*9]」。また, 本人への対応としては, 未学習の指導や対人関係面などの学校生活に必要なスキルの習得を目指すことと, さらに, 周囲には障害に関する理解

[*8] 米山直樹「発達障害と不登校・いじめ」日本LD学会（編）『発達障害辞典』丸善出版, 2016年, pp. 282-283。
[*9] 渡辺圭太郎「二次障害を考える──困難さと対応」『発達障害と情緒障害の関連と教育的支援に関する研究　研究成果報告書──二次障害の予防的対応を考えるために』2012年, pp. 79-82。

啓発を行い，クラスの一員としての本人の居場所のある学級経営を図ることがあげられます。

②事例1──ASD傾向のある15歳の男児

小学校入学後，いつもの状況でないとこだわって動けない場面が多く見られ，3年生では学校生活の不安から登校を渋りだし，6年生になるとほとんど学校に行けなくなってしまいました。中学校進学の際は，最初の1週間はがんばって登校しましたが，その後の授業はまったく受けられませんでした。

この事例では，巡回相談員，中学校（担任と学校長），保護者，教育支援センター担当者との月1回の支援会議を行い，本児への支援と家族支援を行いました。まずは，本児のものの捉え方や考え方，人との関わり方，こだわりの状況についての共通理解から始めました。この時点では医学的な診断を受けていなかったので，本児の生活場面のエピソードから具体的な対応について考えていきました。

6年生から家にひきこもった状態であったので，教育支援センターの担当者の家庭訪問から母親と担当者の関係を深めるなかで，本児と担当者が関わる場面をつくっていきました。その関係を軸に，巡回相談員と中学校の担任が家庭訪問できる関係づくりを行い，そのなかで本児に「できる自分」が実感できるように学力の向上に取り組みました。算数・国語等の小学校卒業段階までの基礎学力をつけるために，小学校の教科指導ソフトを使いました。

このように少しずつ本人の学習への抵抗感を少なくしながら，学級担任が学校行事への参加を促していきました。その結果，中学2年生の段階で体育祭，音楽会，校外学習等に少しずつ参加できるようになり，就労体験学習では本児が希望する本屋で働くことができました。3年生では学校へ行くことだけを目標とするのではなく，高校進学を目指し，本児の認知特性をよく理解し対応できる塾へ通うことにしました。塾での学習の積み上げを行いながら，学校へ行くことのできる日も増え，本児が納得した高校への進学につなげることができました。

この事例は，本児を取り巻く周囲の人に，本児の特徴を理解する環境調整を行ったこと，本児の多くの成功体験から自己有能感をもたせていったことが，

高校進学へとつながっていったと考えられます。

2　発達障害と行動問題

①特徴と対応

　発達障害の特性は，本質的には病的な興奮や暴力を引き起こすことはないと考えられ，反抗的態度に興奮や暴力などを伴う場合は，必ず環境的な要因が背景にあると思われます。多動性や衝動性などの行動面に課題のある ADHD の場合，学童期に見られる行動問題は思春期になりその症状が緩和し，セルフ・コントロールによりかなり落ち着いてくることが多いとされています。しかし，不適切な環境要因により，反応性愛着障害や分離不安障害，反抗挑戦性障害，行為障害のような二次障害が見られる場合があります。

　行動の問題は，学校では生徒指導上の課題としてあげられます[*10]。特に発達障害のある児童生徒の場合は，特性の理解がまず必要です。また，児童生徒の服装や言葉遣い，友達関係や人間関係，学校での生活態度，持ち物，家庭での様子などを通して問題行動の早期発見のサインを見逃さないことも重要です。発達障害を含め児童生徒の課題は，多様化，複雑化しています。予防を前提とした学校の組織的対応と，家庭・地域・関係機関との連携を図りながらの対応が求められています。

②事例２──LD・ADHD をあわせもつ14歳の男児

　幼児期より，かんが強く夜泣きが激しい子どもでした。保育所に入所する際から多動が目立ち始め，集団行動が困難な状況でした。そのため，外出するとスーパーなどで常に目の離せない子どもでした。父親は，幼児期から多動な本児に対して，しつけと称して暴力をふるうことが多かったと言います。小学校の低学年のときは離席を繰り返し落ち着いて学習することが困難で，小学校3年生のときには学習の遅れも目立つようになり，授業中はよく教室を抜け出していました。教師が父親にこのことを報告すると，父親は本児を激しく暴力的

[*10] 問題行動については，文部科学省「生徒指導提要（平成22年3月）」においても提示されている。

に叱ったのでした。それ以降徐々に教師にも反抗的な態度を示すようになり，中学生になると校内を徘徊し，けんかをする，人のものを盗む，万引きするなどの問題行動を繰り返しました。その都度，父親はひどく本児をせっかんし，そうすることでさらに本児の行動は悪化するばかりでした。

　知能検査は正常の範囲でしたが，学習面では算数の繰り上がりの計算ができず，漢字の習得状況も小学校2〜3年生レベルでした。病院での検査では，うつ傾向が認められました。その対応として学習面・行動面の自信をもたせて，「できる自分」の実感から自己コントロール力の向上を図るために，不安を和らげる抗うつ作用のある薬を服薬したところ，いらいらすることが少なくなりました。

　学習面では，取り出し指導[*11]を受けました。徐々に学習内容がわかるようになり，意欲的に勉強するようになりました。運動面では学級担任が顧問をする部活動を勧めると，本人は素直に聞き入れて入部し熱心に取り組み始めました。このことにより，本人の問題行動は著しく減少し，今まで厳しかった父親との関係も改善されていきました。

　この事例では，学校と医療がうまく連携し，学習面・運動面において「できる自分」を実感することにより，問題行動が軽減し父親との関係が改善していきました。その際，取り出し指導や担任が顧問をする部活の活用など，誰の支援を受けるのか，どの機関を活用するのかなどの柔軟な対応を行ったことが本児の改善につながったと考えられます。

3　発達障害と自己肯定感

①特徴と関わり

　発達障害のある人と保護者への関わりにおいて，①我が子が発達障害であると指摘されてから，子どもの障害を認め，受け止めるまでの親への寄り添い，②本人自身が自分の障害をどう捉え自己実現していくか，その経過のなかで本

＊11　**取り出し指導**：通常の授業以外で特別な場や時間を設けて行われる個別指導（一般社団法人日本LD学会（編）『LD・ADHD等関連用語集（第4版）』日本文化科学社，2017年）。

人への寄り添いが，重要なポイントです。親の障害理解が進まないと，子どもの抱えるコミュニケーションや人との関係の難しさに対する支援がスムーズに進んでいきません。発達障害のある人が様々な体験をしていくなかで自己肯定感をもてるかどうか，周りの人から認められた経験をもてるかどうかが自己実現に大きく影響を及ぼすと考えられます。早期から発達障害がわかって対応してきたASD青年の事例から，チーム支援と自己肯定感を高める取り組みを考えていきます。

②事例3――就労に向けた取り組みを始めた19歳のASDの男性

幼稚園の入園時から，こだわりと落ち着きのなさが目立っていました。小学校へ入学してからもこだわりと落ち着きのなさにより，集団生活がスムーズにできない状態が続きました。しかし，巡回相談員の個別相談とソーシャルスキル教室に参加するようになってから，徐々に落ち着きが出てくるようになり集団生活も可能になってきました。中学校では，友達関係など本人にとって辛く感じる場面も多くありましたが，希望する高校に入学することができました。高校では部活での人間関係がうまくいかなかったり，本人が望むように学習理解が進んでいかないこともあり，不安傾向が強くなり本人の気持ちは落ち込んでいきました。そのため医療機関を受診したところ不安障害と診断され，投薬が開始されました。しかし，本人にとってうまくいかないと感じることがあると，母親に暴言を吐くなど落ち着かない状況が続きました。「できない自分」が認められず，そのいらいらした気持ちを他者にぶつけるのでした。大学進学においては，成績状況と希望校との差が大きすぎるのにもかかわらず，「自分の今の実力」が認められず，強く自分の思いを押し通そうとしました。しかし結局，自分の希望していた大学ではなくほかの大学に進学しました。大学ではサポーターの大学院生の支援を受けていたのですが，講義や定期テストの不安が徐々に大きくなり大学に行けなくなってしまいました。

このような状態で母親の不安がさらに強まり，本人の家での状況も安定しなくなり，状況がより厳しくなったため，地域の発達支援センターを活用することになりました。母親へのカウンセリングは発達支援センターの臨床心理士，本人には医師と病院のカウンセラー，発達障害児が通う学習支援室の担当者が

対応することになりました。それぞれの担当者は，本人に対して「自分を知る」ことと「自分を認める」ことができるようになることが重要であることを共有して確認し，支援者同士互いに情報交換しながら支援に取り組みました。発達支援センターは，母親に対して不安に関するカウンセリングと本人が精神障害者福祉手帳を取得するように勧めること，また，医師は本人が自分の障害と向かい合うために診断の説明をし，投薬を行うこと，さらに学習支援教室では手帳取得による福祉・就労サービスのトライアル雇用[*12]を活用し，本人に対して教室スタッフの補助という就労支援の場を提供したのでした。授業を受け，気持ちも安定し，自分のできる仕事体験から少しずつ自己肯定感が高まっていきました。そして大学は退学し，本人は就職に向けて取り組み始めたのです。

4 二次障害への対応

1 思春期・青年期と発達障害

　思春期・青年期は，身体の変化の受容，性的エネルギーの適度のコントロール，アイデンティティの確立など多くの発達課題を抱える時期です。若者の多くは，葛藤を伴う変化に関して仲間と情報を共有することで不安に対処しています。しかし，発達障害，特にASDのある人は，仲間関係をもつことが苦手で，仲間との情報共有や不安の処理をしにくくなり，衝動性の高い人は性的エネルギーのコントロールが困難になりやすくなります。思春期を迎えた自分の身体の発達に，強く戸惑うこともあります。また，他者との違いを意識するようになると自分自身について戸惑うことにもなり，アイデンティティの獲得の困難性も出てくることになります。

　以上のように，様々な心理的負担が生じやすい時期であり，抑うつ，不安障

---

*12　**トライアル雇用**：障害者を原則3か月間試行雇用することで，適性や能力を見極め，継続雇用のきっかけとする制度である（厚生労働省「『障害者トライアル雇用』のご案内」https://www.mhlw.go.jp/file/06-Seisakujouhou-11600000-Shokugyouanteikyoku/0000103771.pdf（2018年11月4日閲覧））。

害，強迫症状などの精神症状が現れることもあります。対応としては，大人がサポーターとなり仲間集団との間を調整し，同年代の集団活動が困難な場合では代理の仲間として一緒に行動するなどの適切な支援を提供することです。サポーターの存在により他者と折り合いをつけるスキルを学び，他者と生きることへの肯定的な感情を形成することができれば，就労をはじめとした現実的な人生の選択においてサポーターと共に，課題に前向きに取り組むことができると考えられます。また，ADHDが反抗挑戦障害を併存したり，行為障害へと進展してしまう場合もあるため，親子関係の修復やソーシャルスキルトレーニング，ADHD症状に対する薬物治療が必要になることもあります。

2 二次障害への予防的対応

　発達障害の二次障害に関する予防的対応は，発達障害の特性にまず気づくことです。特性への気づきとは，発達障害の症状とその関連する症状や子ども個人の特性を把握することです。二次障害は環境との相互作用の悪循環により，さらに状態を悪化させるのです。子どもの不適応状態が悪化し，これまで見られなかった症状が見られた場合は，子どもの症状だけに注目せず，それに影響を与える環境要因にも目を向けることが大切です。

　学校での二次障害への対応について奥野誠一（2009）は，「①問題でない部分に注目する（望ましい行動をしているときに，ほめる，励ます），②情緒の安定を図る（カウンセリング・プレイセラピー，話を聴く，子どもの感情を推測して言語化する），③学級集団全体に配慮する（日常的に，小さな望ましい行動に注目した働きかけを全体に行う），④学校全体で取り組む（子どもの状態や対応方針を共有する，役割分担に沿って対応する）」と述べています。[13] 学校は以上のような子どもへの対応を行い，保護者と日常的に情報交換をし，保護者と教師が互いに話しやすい関係をつくっておくことが大切です。学校の考えを一方的に押しつけるような対応ではなく，保護者の考えを十分に受け止めながら，子どもの情報を共有し

＊13　奥野誠一「学校ができる二次障害への支援」齊藤万比古（編著）『発達障害が引き起こす二次障害へのケアとサポート』学研プラス，2009年，pp. 76-94。

適切な対応について一緒に考えていくことです。保護者や教師が一人で問題を抱えることがないように，子どもの状態を複数の目で見ることができるように，支援者も含め日頃から情報交換を密に行い，チームで支援できる体制づくりが大切であると考えられます。

 まとめ

本章では，発達障害における二次障害を，環境と子どもの相互作用から捉え，二次障害の出現過程と併存精神障害と関連症状を説明しました。また，二次障害のなかで不登校と行動の問題に焦点を当て，事例をあげて実態把握と支援の在り方について言及しました。特に，思春期・青年期に二次障害が起こりやすいため，学校における予防的対応を環境調整とチーム支援の重要性から論じていきました。

 さらに学びたい人のために

○齊藤万比古『発達障害が引き起こす二次障害へのケアとサポート』学研プラス，2009年。

　この書籍は，発達障害児・者の人生を包括的に評価しサポートするためには，中核となっている障害像だけではなく，そこから派生する二次障害にも目を向ける必要があり，多様な方向から発達障害の全体像にアプローチすることを実践的に論じています。

○古荘純一（編著）『神経発達症（発達障害）と思春期・青年期──「受容と共感」から「傾聴と共有」』明石書店，2014年。

　この書籍は，発達障害の二次障害を思春期だけに限定せず，青年期・成人期も視野に入れて解説し，事例を多くあげ当事者の視点を加えて論じています。特に共著者が発達障害である当事者であることが特徴です。

第7章
様々な障害の理解と対応

●●● 学びのポイント ●●●

- 視覚障害，聴覚障害，知的障害，肢体不自由，病弱・身体虚弱それぞれの障害の特性を理解しましょう。
- 一人一人の障害の状態に応じた指導・支援の考え方を理解しましょう。
- 特別支援学校等における「自立活動」等の指導の実際を理解しましょう。

WORK　喪失と悲しみの疑似体験

この WORK は，5～6人のグループで以下の作業をします。
① グループごとに自己紹介をし，ファシリテーターを決めて，司会・進行をしてもらいます。次に，A3の用紙を16等分したカードに，自分が愛している人や大切にしているものやこと（最大16個）を決められた時間内（3～5分程度）で書きます。
② 書き終わったら，各人があげた事物が「自分にとってどのような価値のある存在なのか」ということを簡潔にグループの人に説明します。
③ 各自16の項目から4つを自分で取り除く作業をします。その際にマスに×印をつけます（図参照）。グループの全員がこの作業を終えたら，自分の人生からこれら4つのものを取り除いたらどう感じるかを想像し，お互いにその気持ちを話し合ってみましょう。
④ グループ以外の人にさらに4つのものを取り除いてもらいます。そして，自分の人生からこれら4つのものを取り除いたらどう感じるかを想像し，その気持ちを話し合ってみましょう。

図　WORK 資料

　最後に，自分で項目を取り除いたときと，事情を知らない他人に取り除かれたときとではどのような違いがあるのかを話し合いましょう。

〈WORK の取り扱い〉
　身体障害のある児童生徒の状態は，視覚や聴覚，身体機能を制限することによって，擬似的に体験できることがある。しかし，たとえば，病弱・身体虚弱のある児童生徒の心情などを想像することは難しい。そこで，WORK で喪失と悲しみのダイナミックな関係を疑似体験し，その辛さややるせなさを感じ取れるようにしたい。そうした状態の児童生徒を十分に気遣い，きめ細かな指導の必要性に気づけるようにしてもらいたい。なお，この WORK は，キャサリン・レイ，菅晴彦（監訳）『死にゆく人への援助――ホスピスワーカー・ハンドブック』雲母書房，2000年を参考に，武田鉄郎（本章第5節執筆）が改変したものである。

● 導　入 ●・・・・・・・

　本章では，視覚障害，聴覚障害，知的障害，肢体不自由，病弱・身体虚弱は，それぞれどのような障害なのかを踏まえつつ，その特性と指導上の配慮について解説します。
　これらの障害のある児童生徒で，その障害が重い場合には，特別支援学校または特別支援学級において，障害の状態を含めて個に応じた指導目標や指導内容，指導方法による教育がなされています。

・・・・・・・・・

1　視覚障害

1　視覚障害とは

　視覚は，主に眼球・視神経・視覚中枢の3つの働きによって，外界からの光を刺激として生じる感覚です。私たちは，見えない，あるいはよく見えないというと，視力の程度のことを問題にしがちですが，実際に見え方を規定している視機能には，視力に加え，視野，色覚，光覚，暗順応・明順応，屈折・調節，眼球運動，両眼視などといった諸機能があります。視点を変えれば，たとえ視力が同じであったとしても，実際の見え方はそれぞれで異なっていると言えます。
　見えない，不十分にしか見えないということは，これら諸機能のうちの1つ，あるいは複数の機能が働かない，または不十分にしか働かない状態のことです。そして，視覚障害とは，これらの視機能の永続的低下を意味します。視機能に低下があっても，それが治療等によって短期間に回復する場合は，教育的に見た場合の視覚障害とは言いません（図7-1）。
　なお，2013年に示された「教育支援資料」には，「視覚障害とは，視機能の永続的な低下により，学習や生活に支障がある状態をいう。学習では，動作の模倣，文字の読み書き，事物の確認の困難等がある。また生活では，移動の困

```
□視覚
    眼球・視神経・視覚中枢の働き
□視機能
    視力, 視野, 色覚, 光覚, 暗順応・明順応,
    屈折・調節, 眼球運動, 両眼視, 等

これらの働きが永続的に十分ではない場合に視
覚障害となる
```

図7-1 視覚障害とは
出所：筆者作成。

難, 相手の表情等が分からないことからのコミュニケーションの困難等があ
る」とされています。[*1]

2　視覚障害のある子どもの発達と学習上・生活上の困難

　視覚とはどのような感覚でしょうか。視覚は, 触覚や味覚といった接触感覚とは異なり, 離れた場所の情報を入手できる遠隔感覚です。しかも一度に広い範囲の情報を得ることができます。また, 視覚から入手できる情報の種類としては, 光・色・形態であり, もの（物, 人）の位置やもの同士の位置関係, 時々刻々の状況の変化などがあります。

　ここで人間の行動を視覚の観点から考えてみましょう。たとえば, あなたが未知の場所に行かなければならないとき, どのようにしますか。まず, 私たちは, その場所の行き方についてインターネットで検索したり, 人に尋ねたり, パンフレットを見たり, 様々な方法で下調べをします。そしてその結果をもとに行動に移します。その行動の過程では, 通過点を確認し, さらに新たな情報を入手したり, 修正したりしながら目的地へ向かいます。このように私たちは, 周囲の状況から適切な情報を得て, その情報に基づいて行動し, その結果をフィードバックして, さらに行動を調整していきます。これらすべての過程において視覚が関わっているのです。視覚は, 情報入手のための重要な感覚であり,

---

*1　文部科学省初等中等教育局特別支援教育課「教育支援資料——障害のある子供の就学手続と早期からの一貫した支援の充実」2013年, p. 74.

第7章　様々な障害の理解と対応

図7-2　人間の行動
出所：筆者作成。

諸所の行動の遂行に大きく関与していると言えます（図7-2）。

　私たちは，この情報入手のための重要な感覚である視覚が遮断されることによって，つまり，視覚障害になることによって様々な困難がもたらされることになります。

　その主たるものとして，次の3点をあげることができます。1点目は，周囲の状況がよくわからないことにより，目的の場所へ移動することが困難になります。2点目は，文字の読み書きや図形・絵の読み取り，また，その表現が困難になります。そして，3点目は，食事，衣服の着脱，買い物などの日常生活を円滑に遂行することが困難になります。

　このような視覚障害の特性を考えると，その障害が先天的であった場合は，出生時からその発達に大きな影響を与えることになります。いくつか例をあげて解説していきます。視覚障害のある子どもは，外界に働きかけるきっかけとなる情報が得られない，あるいは得られにくい状況に置かれており，積極的な探索行動を始める時期が障害のない子どもよりも遅れると言われています。また，運動の領域では，たとえば歩行の発達について障害のない子どもの場合よりも始歩が見られる時期が遅れることがあります。これは，運動機能としてはすでに歩けるようになっていても，視覚障害によって周囲の状況がわからず，歩行の目標となるものが得られないことや，不安感などの理由によると考えられます。

　さらに視覚障害のある子どもは，視覚的な模倣が不可能または困難であるため，障害のない子どものように見様見真似で日常生活や運動に必要な動作を自

然に身につけることが難しくなります。

では，他者との関係づくりについてはどうでしょうか。誰がどこにいて，その人が何をしているのか，さらには，その表情などから，その人がどのような状態にあるのかといった対人認知について，視覚障害がある場合は困難なことが多いと言えます。言語発達においても視覚の影響は大きく，事物や事象の認知が視覚的に困難な場合，適切な指導が行われなければ，語彙力豊かに円滑に話しているように見えても，言葉に対応した概念が極端にあいまいであったり，あるいは，まったく違ったイメージをもっていることも少なくありません。

また，空間概念の形成についても，たとえば「身体の前にあるものは，身体を右へ90度回転させれば左にある」といった視点転換に伴う空間関係の理解について，視覚に障害がなければ自然に理解されることが，特に先天性の盲児の場合，理解が難しいことがあります。

このように見えない，見えにくいという状況は，視覚障害のある子どもの発達に大きな影響を及ぼすことになるのです。

3 視覚障害のある子どもに対する特別の指導

では，視覚障害のある子どもの発達上の課題や学習上・生活上の困難に，どのように対応したらよいのか考えてみましょう。

これまで見てきたように，視覚は情報入手のための重要な感覚であり，人間の行動に大きく関与しています。視覚に障害のある子どもたちの教育においては，本来視覚から得られる様々な情報等の不足分について，教材教具の工夫や指導上の配慮，「自立活動」の指導などで補っていくことが重要となります。そしてそれは可能な限り早期から行っていくことが必要です。

一般に視力（両眼の矯正視力）が0.3未満になると，黒板に書かれた文字や教科書の文字などを見るのに支障をきたすようになり，教育上特別な配慮が必要となります。そして，学習の場面で主として視覚を用いることが可能かどうかで盲と弱視に分けられます。[*2]

盲である児童生徒に対する指導を行うにあたっては，凸図や模型などの触覚

表7-1　視覚障害教育の全般的な配慮事項

1. 保有する感覚の最大限の活用と予測と確かめの力の育成
2. 指導内容の精選と配列の工夫
3. 自立活動の時間における指導と個別の指導計画による各教科と自立活動との関連性
4. 体験的な活動の重視と自主的・自発的な学習の促進
5. 交流及び共同学習の一層の推進

出所：筆者作成。

教材や音声教材を活用して，視覚的な情報を触覚や聴覚で把握できるようにしたり，モデルを示したりするなど，指導内容・方法を工夫することが大切です。

　弱視である児童生徒に対する指導は，視覚の活用が中心となりますが，ほかの感覚器官の活用もあわせて考える必要があります。また，弱視児童生徒の見え方は様々であり，視力のほかに，視野の広さ，色覚障害の有無，眼振やまぶしさの有無などの影響を受けます。そのため，指導の効果を高めるためには，一人一人に適した大きさの文字や図の拡大教材や各種の弱視レンズ，拡大読書器などの視覚補助具を活用したり，机や書見台，照明器具等を工夫して見やすい環境を整えたりすることが大切です。

　それでは，具体的に視覚障害教育における全般的配慮事項について5点あげて概説していきます（表7-1）。

　1点目は，児童生徒の実態やニーズを適切に把握するとともに，保有する感覚を最大限に活用し，予測と確かめの力を育成することです。予測と確かめの力とは，これまで学習してきた知識をもとに，新たな事象に応用していく力，つまり「これまでの知識や経験から考えて，この事象はたぶんこうだろう」と予測して，確かめていく力のことです。特に，「自立活動」において培った予

＊2　学校教育法施行令第22条の3において，障害の程度が「両眼の視力がおおむね0.3未満のもの又は視力以外の視機能障害が高度のもののうち，拡大鏡等の使用によつても通常の文字，図形等の視覚による認識が不可能又は著しく困難な程度のもの」が特別支援学校の対象となると規定されている。

測と確かめの力が日常的な学習や生活場面で活用できるようにすることが大切です。

2点目は，視覚障害の状態等によって学習の困難を伴う内容について，基本事項の理解や導入段階の指導に重点を置くなど，指導内容の精選と配列に工夫をすることです。

3点目は，学習の基礎となる能力を「自立活動」の時間の指導において重点的に指導するとともに，各教科と「自立活動」との関連性を個別の指導計画等で具体的に示すことです。

4点目は，各教科等の指導にあたっては，視覚を含めほかの感覚も有効に活用し，体験的な活動を重視するとともに，児童生徒の自主的・自発的な学習が促されるよう工夫することです。

そして，5点目は交流及び共同学習の一層の推進を図る工夫をすることです。交流及び共同学習では，同年代の児童生徒，異年齢の児童生徒，さらには地域の人たちと互いの知見や考えを伝え合ったり議論したり協働したりすることで，自分の考えを広げたり，深めたりすることが可能となります。交流及び共同学習の実施にあたっては，評価の観点を明確にして，交流を通して学習の成果が得られるよう内容・方法等を工夫することが大切です。

以上のように，見えない，見えにくいという医学的な状態を改善することはできなくても，教育的，環境的な配慮によって，これらの要因を最低限に抑え，視覚障害のある児童生徒の発達を支援していくことが重要です。

4 視覚障害のある子どもに対する合理的配慮

視覚障害のある子どもに対する合理的配慮として，表7-2に3観点11項目を示します。

第7章　様々な障害の理解と対応

表7-2　視覚障害の合理的配慮

観点		配慮の例
①教育内容・方法	①-1 教育内容	①-1-1　学習上又は生活上の困難を改善・克服するための配慮 見えにくさを補うことができるようにするための指導を行う。（視覚補助具の効果的な活用，他者へ積極的にかかわる意欲や態度の育成，見えやすい環境を知り自ら整えることができるようにする等）
		①-1-2　学習内容の変更・調整 視覚情報が得にくいことを考慮した学習内容の変更・調整を行う。（状況等の丁寧な説明，複雑な図の理解や読むことに時間がかかること等を踏まえた時間延長，観察では必要に応じて近づくことや触感覚の併用，体育等における安全確保等）
	①-2 教育方法	①-2-1　情報・コミュニケーション及び教材の配慮 見えにくさに応じた教材及び情報の提供を行う。（聞くことで内容が理解できる説明や資料，拡大コピー，拡大文字を用いた資料，触ることができないもの（遠くのものや動きの速いもの等）を確認できる模型や写真　等）また，視覚障害を補う視覚補助具やICTを活用した情報の保障を図る。（画面拡大や色の調整，読み上げソフトウェア　等）
		①-2-2　学習機会や体験の確保 見えにくさからの概念形成の難しさを補うために，実物や模型に触る等能動的な学習活動を多く設ける。また，気づきにくい事柄や理解しにくい事柄（遠くかったり大きかったりして触れないもの，動くものとその動き方など）の状況を説明する。さらに，学習の予定を事前に知らせ，学習の過程や状況をその都度説明することで，主体的に状況の判断ができるように指導を行う。
		①-2-3　心理面・健康面の配慮 自己の視覚障害を理解し，眼疾の進行や事故を防止できるようにするとともに，身の回りの状況が分かりやすい校内の環境作りを図り，見えにくいときには自信をもって尋ねられるような雰囲気を作る。また，視覚に障害がある子供等が集まる交流の機会の情報提供を行う。
②支援体制		②-1　専門性のある指導体制の整備 特別支援学校（視覚障害）のセンター的機能及び弱視特別支援学級，通級による指導等の専門性を積極的に活用する。また，眼科医からのアドバイスを日常生活で必要な配慮に生かすとともに，理解啓発に活用する。さらに，点字図書館等地域資源の活用を図る。
		②-2　子供，教職員，保護者，地域の理解啓発を図るための配慮 その子特有の見えにくさ，使用する視覚補助具・教材について周囲の子供，教職員，保護者への理解啓発に努める。
		②-3　災害時等の支援体制の整備 見えにくさに配慮して災害とその際の対応や避難について理解できるようにするとともに，緊急時の安全確保ができる校内体制を整備する。
③施設・設備		③-1　校内環境のバリアフリー化 校内での活動や移動に支障がないように校内環境を整備する。（廊下等も含めて校内の十分な明るさの確保，分かりやすい目印，段差等を明確に分かるようにして安全を確保する等）
		③-2　発達，障害の状態及び特性等に応じた指導ができる施設・設備の配慮 見えやすいように環境を整備する。（まぶしさを防ぐために光の調整を可能にする設備（ブラインドやカーテン，スタンド等）必要に応じて教室に拡大読書器を設置する等）
		③-3　災害時等への対応に必要な施設・設備の配慮 避難経路に明確な目印や照明を設置する。

出所：文部科学省初等中等教育局特別支援教育課「教育支援資料——障害のある子供の就学手続と早期からの一貫した支援の充実」2013年，p. 72より筆者作成。

2 聴覚障害

1 聴覚障害とは

　聴覚障害とは，「聴覚機能の永続的低下の総称」のことをいいます。具体的には，「聴力障害，聴覚過敏，錯聴，耳鳴りなどがこの中に含まれ，聴覚感度の低下を示す聴力障害がほとんどであるため，一般的に聴覚障害といえば聴力障害のこと」です。また，「このような状態が乳幼児期に起こると，時期や程度，あるいは医療や教育においてどのように対応したかによってもまちまちですが，言語発達やコミュニケーション技能上に，また，社会性や情緒などの知的・精神的な発達の面に種々の課題が生じる[*3]」ことになります。

　聴覚障害は，外耳・中耳の異常で聴力低下となった伝音難聴と，内耳から聴覚野までに異常が生じ音の聞こえが悪くなった感音難聴に大別されます（図7-3）。また，「どの部位に障害があるかによって，聞こえの状態が異なり，一般に伝音難聴では，音が小さく聞こえるだけ」ですが「感音難聴では，音がひずんで聞こえることが多い」とされています。聞こえの程度によっては「身の周りの音や話し言葉が聞こえにくかったり，ほとんど聞こえなかったりする状態[*4]」となるため，できるだけ早期から適切な対応を行い，音声言語をはじめそのほか多様なコミュニケーション手段を活用して，その可能性を最大限に伸ばすことが大切です。特別支援学校（聴覚障害）の対象は，「両耳の聴力レベルがおおむね60デシベル以上のもののうち，補聴器等の使用によっても通常の話声を解することが不可能又は著しく困難な程度のもの[*5]」となります。

---

* 3　国立特別支援教育総合研究所『特別支援教育の基礎・基本』ジアース教育新社，2015年，p. 325。
* 4　文部科学省初等中等教育局特別支援教育課「教育支援資料——障害のある子供の就学手続と早期からの一貫した支援の充実」2013年，p. 85。
* 5　学校教育法施行令第22条の3。

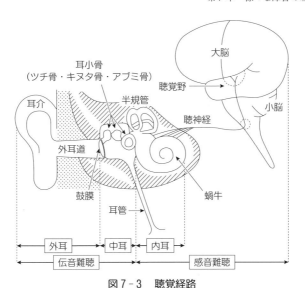

図7-3　聴覚経路
出所：藤本裕人「聴覚障害児・者の理解と心理的援助」古賀清治・田中新正（編著）『障害児・障害者心理学特論（新訂版）』放送大学教育振興会，2013年。

2　聴覚障害のある子どもの学習上・生活上の困難

　聴覚に障害がある場合には，聞こえにくいという特性があり，音・音声情報を受け取りにくいことから，次のような困難が生じます。
・聴覚を通して得る情報の不足
・言語概念の形成の困難
・言語の受容・表出の困難
・自分の音声の聴覚フィードバックが困難なことによる発音の不明瞭さ
・言葉による意思疎通の困難

　そのため，乳幼児期から小中学校・高等学校年齢まで，個々の児童生徒等の発達と生活場面の背景を踏まえた教育が必要となります。
　聴覚に障害のある児童生徒は，聴力がまったく失われていることはまれであり，多かれ少なかれ聴力を保有しており，その保有する聴力の程度によって，補聴器を活用して，音や音声を聞く態度を育てることが必要になります。

人工内耳[*6]の施術の場合は、病院と連携を密にしながら、必要に応じて学校での教育的対応を細かく行うことが大切です。保護者が聴覚障害者である場合には、家族のコミュニケーション（手話等）を十分配慮して、子どものコミュニケーションの力を育てることが大切になります。

3　聴覚障害のある子どもに対する特別の指導

聴覚に障害のある場合には、特別な指導として、特別支援学校（聴覚障害）では、「自立活動」における「健康の保持」「心理的な安定」「人間関係の形成」「環境の把握」「身体の動き」「コミュニケーション」の区分を踏まえ[*7]、個々の幼児児童生徒の実態に即して、「聴覚活用」「発音指導」「言語指導」「コミュニケーションの指導」「障害認識」などの指導を行います。指導内容は個別の指導計画[*8]を作成して指導を行います。

①聴覚活用について

特別支援学校（聴覚障害）での聴覚活用に関する指導は、乳児期（0～2歳）、幼児期（3～5歳）、学齢期（小学部）、中・高等部年齢で、それぞれの成長・発達段階に応じて指導を行います。補聴器や人工内耳装用開始時期からの聴覚学習では、音に気づくこと、音の弁別などを促進する指導が行われ、様々な音や音楽の聞き分け、言葉の聞き取りへと指導内容を積み上げていきます。聴覚活用を行うためには、実態把握として聴力検査（学校教育では「聴力測定」という）を行います。純音聴力検査[*9]・語音聴力検査[*10]・補聴器装用閾値検査[*11]などの検査結果を把握し、医療・療育機関・補聴器専門店・保護者と連携をとりながら、保有する聴覚を活用する聴覚学習に取り組みます。教科指導の場面においては、

＊6　**人工内耳**：音を電気信号に変換し、これを蝸牛に埋め込んだ電極に伝えて、神経を電気で刺激して音を聴かせる装置のこと。
＊7　「自立活動」については、本書第9章参照。
＊8　「個別の指導計画」については、本書第13章参照。
＊9　**純音聴力検査**：純音を用いて最小可聴（域）値を測定する検査。
＊10　**語音聴力検査**：日本聴覚医学会で作成された検査リスト（語音）を用いて行う検査（聴取閾値検査や弁別検査）。
＊11　**補聴器装用閾値検査**：補聴器を装用した状態での聞こえの状態を把握する検査。

授業で補聴器や人工内耳がどの程度活用できるのかを把握することはきわめて重要になります。

主な指導内容は，補聴器や人工内耳の取り扱い，音・音楽の聞き取り（音のON-OFF），音源探し，音遊び（椅子取りゲーム等），言葉の聞き取り・聞き分け（違う・同じ），オージオグラム[*12]の見方，騒音計を使って学校内の音調べなどを行います。

②発音指導について

聴覚障害教育での発音指導は，従前から声帯振動を手で触って感じたり，呼吸の強さや舌の位置を感じたりしながら指導が行われてきました。補聴器・人工内耳が開発された現在では，自己音声のフィードバックをもとに発音指導を行ったり，音の大きさや高低，音色をICT機器による視覚情報（音の波形）を活用したりして指導を行うことが増えてきています。

主な指導内容は，声帯を振動させずに安定して息を出したり，声帯を振動させて母音を出したりする練習を行います。母音と子音の練習を行った後は，滑らかに発音できるように，単語や文章を声に出して読みます。

③言語指導について

聴覚障害教育における言語指導（国語の習得を図るための指導）は，きわめて重要な指導です。言語指導は，「自立活動」の時間のみで行われているわけではありません。「言語指導は，まず，話し言葉によって言語習得および言語概念の形成を図り，次いで，教科指導に入って，話し言葉から確実な表記の書き言葉へ移行」[*13]し，書き言葉の内容の理解を図る読みの指導を積み上げていくことになります。たくさん会話をして，間違いを修正したり言葉を補いながら正しい日本語の会話と文章表記ができるようにしていきます。教科指導で理解が困難な言葉については，「自立活動」の時間に事前学習を行ったり，正しく表現できるようにしたりするための言語指導を繰り返すことが重要になります。

---

*12　**オージオグラム**：聴力検査の結果を所定の検査用紙に表したもの。
*13　文部省『聴覚障害教育の手引き――多様なコミュニケーション手段とそれを活用した指導』海文堂出版，1995年，p. 13。

④コミュニケーションの指導について

　聴覚障害のある幼児児童生徒の「自立活動」では，すべての活動でコミュニケーションに関する内容が深く関係します。特徴的な指導内容は，口形を読んだり補聴器や人工内耳を活用したりして会話をする言語の受容（聞く）と，発音練習をして声に出して喋る表出（話す）に関すること，主に聴覚と音声を使うのか手話を使うのかというコミュニケーション手段の選択と活用に関すること，筆記用具で会話をする方法としての筆談などに慣れておくことなどがあります。

⑤障害認識の指導について

　「障害認識」の教育的な意味づけは，「積極的社会参加と自己像の確立に向けての認識」[*14]を育てることを意図しています。指導内容は，聴覚障害についての理解，補聴器等のこと，身体障害者手帳や福祉制度のこと，将来について，情報補償について，聴覚障害者の歴史，コミュケーションなどになります。

4　聴覚障害のある子どもに対する合理的配慮

　聴覚障害のある子どもへの指導にあたっては，学習の場の基礎的環境整備，保有する聴覚の活用状況，コミュニケーション手段などを踏まえ，本人・保護者との話し合いを経て，各学校で合理的配慮を行うことになります。表7-3に「聴覚障害児への合理的配慮」を示します。

[*14] 国立特別支援教育総合研究所「聴覚障害児の障害認識と社会参加に関する研究——様々な連携と評価を中心に（平成13〜15年度）」2003年，p. 2.

表7-3 聴覚障害の合理的配慮

観点			配慮の例
①教育内容・方法	①-1 教育内容		①-1-1 学習上又は生活上の困難を改善・克服するための配慮
			聞こえにくさを補うことができるようにするための指導を行う。(補聴器等の効果的な活用,相手や状況に応じた適切なコミュニケーション手段(身振り,簡単な手話等)の活用に関すること 等)
			①-1-2 学習内容の変更・調整
			音声による情報が受容しにくいことを考慮した学習内容の変更・調整を行う。(外国語のヒアリング等における音質・音量調整,学習室の変更,文字による代替問題の用意,球技等運動競技における音による合図を視覚的に表示 等)
	①-2 教育方法		①-2-1 情報・コミュニケーション及び教材の配慮
			聞こえにくさに応じた視覚的な情報の提供を行う。(分かりやすい板書,教科書の音読箇所の位置の明示,要点を視覚的な情報で提示,身振り,簡単な手話等の使用等)また,聞こえにくさに応じた聴覚的な情報・環境の提供を図る。(座席の位置,話者の音量調整,机・椅子の脚のノイズ軽減対策(使用済みテニスボールの利用等),防音環境のある指導室(必要に応じてFM式補聴器等の使用 等)
			①-2-2 学習機会や体験の確保
			言語経験が少ないことによる,体験と言葉の結び付きの弱さを補うための指導を行う。(話合いの内容を確認するため書いて提示し読ませる,慣用句等言葉の表記と意味が異なる言葉の指導 等) また,日常生活で必要とされる様々なルールや常識等の理解,あるいはそれに基づいた行動が困難な場合があるので,実際の場面を想定し,行動の在り方を考えさせる。
			①-2-3 心理面・健康面の配慮
			情報が入らないことによる孤立感を感じさせないような学級の雰囲気作りを図る。また,通常の学級での指導に加え,聴覚に障害がある児童生徒等が集まる交流の機会の情報提供を行う。
②支援体制			②-1 専門性のある指導体制の整備
			特別支援学校(聴覚障害)のセンター的機能及び難聴特別支援学級,通級による指導等の専門性を積極的に活用する。また,耳鼻科,補聴器店,難聴児親の会,聴覚障害者協会等との連携による,理解啓発のための学習会や,子供のための交流会の活用を図る。
			②-2 子供,教職員,保護者,地域の理解啓発を図るための配慮
			使用する補聴器等や,多様なコミュニケーション手段について,周囲の子供,教職員,保護者等への理解啓発に努める。
			②-3 災害時等の支援体制の整備
			放送等による避難指示を聞き取ることができない子供に対し,緊急時の安全確保や避難誘導等を迅速に行うための校内体制を整備する。
③施設・設備			③-1 校内環境のバリアフリー化
			放送等の音声情報を視覚的に受容することができる校内環境を整備する。(教室等の字幕放送受信システム 等)
			③-2 発達,障害の状態及び特性等に応じた指導ができる施設・設備の配慮
			教室等の聞こえの環境を整備する。(絨毯(じゅうたん)・畳の指導室の確保,行事における進行次第や挨拶文,劇の台詞(せりふ)等の文字表示等)
			③-3 災害時等への対応に必要な施設・設備の配慮
			緊急情報を視覚的に受容することができる設備を設置する。

出所:文部科学省初等中等教育局特別支援教育課「教育支援資料——障害のある子供の就学手続と早期からの一貫した支援の充実」2013年,p. 92より筆者作成。

3 知的障害

1 知的障害とは

　知的障害とは，一般に同年齢の子どもと比較して，「認知や言語などに関わる知的機能」と「他人との意思の交換，日常生活や社会生活，安全，仕事，余暇利用などの適応行動」が十分ではない，つまり，適応能力が育っていないことから，特別な支援や配慮が必要な状態と説明されており，児童相談所における判定や医療機関における診断などにより判断されます。[*15]

　法令には知的障害の一般的な定義はありませんが，特別支援教育の対象者としての知的障害者については，法令でその目的に応じた定義がなされています。

　知的障害として判断する際に基準を示す場合には，①発達期（おおむね18歳未満）で遅滞が生じ，②それが明らかであること，③遅滞により適応行動が困難であることを要件とするものが多く，知的機能の遅滞の判断には，「標準化された知能検査で知能指数が70以下のもの」とされていることもあります。[*16]

2 知的障害のある子どもの学習上・生活上の困難

①知的障害のある子どもの困難の理解

　知的障害のある子どもに対する教育を行う特別支援学校の対象は，学校教育法施行令第22条の3に以下のように示されています。

> 1　知的発達の遅滞があり，他人との意思疎通が困難で日常生活を営むのに頻繁に援助を必要とする程度のもの
> 2　知的発達の遅滞の程度が前号に掲げる程度に達しないもののうち，社会生活への適応が著しく困難なもの

[*15] 文部科学省初等中等教育局特別支援教育課「教育支援資料──障害のある子供の就学手続と早期からの一貫した支援の充実」2013年，p. 107。
[*16] 厚生労働省「知的障害児（者）基礎調査」における定義など。

「他人との意思疎通が困難で」とは、知的機能の遅滞を前提にしており、特別な配慮なしに、その年齢段階に標準的に要求されるコミュニケーション能力が身についていないため、一般的な会話で話された内容を理解することや自分の意思を伝えることが困難であり、他人とのコミュニケーションに支障がある状態を示しています。

「社会生活への適応が著しく困難」とは、たとえば、低学年段階では、他人と関わって遊ぶ、自分から他人に働きかける、友達関係をつくる、簡単な決まりを守って行動する、身近な危険を察知し回避する、身近な日常生活における行動が特に難しいことなどが考えられます。

年齢が高まるにつれても、たとえば、社会的なルールに沿った行動をしたり、他人と適切に関わりながら生活や仕事をしたり、自己の役割を知り責任をもって取り組んだりすることが難しいことが考えられます。また、失敗体験等により自信を失ってしまい、もっている学習能力を十分に発揮することが難しい状態なども考えられます。

②知的障害のある子どもの困難の把握

知的障害のある子どもの困難を的確に把握する際には、①知的機能、②日常生活習慣（食事、排せつ、衣服着脱、清潔行動等）、③社会生活能力（買物、乗り物の利用、公共機関の利用等）などのほか、必要に応じて、④運動機能（協調運動、体育技能、持久力等）、⑤生育歴及び家庭環境、⑥身体的状況（てんかんやアレルギー等）、⑦学力などの状態について検査や調査を行うことが必要となります。

客観的な情報を得るためには、知的機能の状態については、標準化された個別式の知能検査や発達検査などを用いることとなります。知能検査や発達検査の結果は、知能の発達の程度を年齢で示した精神年齢（MA: Mental Age）または全体的な発達の程度を年齢で示した発達年齢（DA: Developmental Age）、知能検査による知能の程度を示した知能指数（IQ: Intelligence Quotient）または標準と比較して全体的な発達の程度を示した発達指数（DQ: Developmental Quotient）などで表されます。また、検査によっては、同一の年齢集団内の知能の相対的位置を示した知能偏差値（ISS: Intelligence Standard Score）で表されることもあり、今日的には、偏差によって知的機能の状態を把握することが主流

になってきています。

　適応行動の困難性に関しても，標準化された検査を用いることができます。標準化された検査の結果は，対人関係等の社会性の程度を示す社会性年齢（SA: Social Age）と社会性指数（SQ: Social Quotient）で表されます。社会性年齢（SA）や社会性指数（SQ）と精神年齢（MA）や知能指数（IQ）または発達年齢（DA）や発達指数（DQ）などを対比することにより，発達の遅れの状態や環境要因の影響などが明らかになることがあります。

3　知的障害のある子どもに対する特別の指導

①知的障害のある子どもの学習上の特性と指導の基本

　知的障害のある子どもの学習上の特性としては，習得した知識や技能が偏ったり，断片的になりやすかったりすることがあげられます。そのため，習得した知識や技能が実際の生活には応用されにくい傾向があり，また，抽象的な指導内容よりは，実際的・具体的な内容が習得されやすい傾向があります。

　このような特性を踏まえ，特別支援学校小学部・中学部学習指導要領解説各教科等編には指導の基本が示されていますので以下に概説します。

(1)知的障害の状態，生活年齢，学習状況や経験等を考慮して教育的ニーズを的確に捉え，指導内容のより一層の具体化を図る。

(2)望ましい社会参加を目指し，日常生活や社会生活に生きて働く知識及び技能，習慣や学びに向かう力が身につくよう指導する。

(3)職業教育を重視し，将来の職業生活に必要な基礎的な知識や技能，態度及び人間性等が育つよう指導する。

(4)生活の課題に沿った多様な生活経験を通して，日々の生活の質が高まるよう指導する。

(5)自発的な活動を大切にし，主体的な活動を促すようにしながら，課題を解決しようとする思考力，判断力，表現力等を育むよう指導する。

(6)自ら見通しをもって主体的に行動できるよう，日課や学習環境などを分か

りやすくし，規則的でまとまりのある学校生活が送れるようにする。
(7)生活に結びついた具体的な活動を学習活動の中心に据え，実際的な状況下で指導するとともに，できる限り成功経験を豊富にする。
(8)興味や関心，得意な面に着目し，教材・教具，補助用具等を工夫するとともに，児童生徒の学習活動への意欲が育つよう指導する。
(9)一人一人が集団において役割が得られるよう工夫し，その活動を遂行できるようにし，活動後には充実感や達成感などが得られるように指導する。
(10)一人一人の発達の側面に着目し，意欲や意思，情緒の不安定さなどの課題に応じるとともに，児童生徒の生活年齢に即した指導を徹底する。

②特別支援学校等における指導

　知的障害のある子どもを対象とする特別支援学校等の教育課程や指導計画は，子どもの発達段階や経験などを踏まえ，実生活に結びついた内容を中心に構成され，そのうえで一人一人の状態に応じて指導目標や指導内容が設定されます。

　各教科については，知的障害のある子どもの指導に必要な各教科が小学校等とは別に設定されています。たとえば，生活科の内容として「食事や用便等の生活習慣に関わる初歩的な学習活動を通して，次の事項を身に付けることができるよう指導する。(ア)簡単な身辺処理に気付き，教師と一緒に行おうとすること。(イ)簡単な身辺処理に関する初歩的な知識や技能を身に付けること」[*17]などと知的障害の子どもに必要な内容が示されています。

　知的障害のある子どもの指導においては，小学校等とは異なる指導形態があります。それは，「各教科等を合わせた指導」と呼ばれており，「日常生活の指導」「遊びの指導」「生活単元学習」「作業学習」などとして実践されています。

　「日常生活の指導」は，日常生活が充実し，高まるように日常生活の諸活動を適切に指導するものです。「遊びの指導」は，遊びを学習活動の中心に据えて取り組み，身体活動を活発にし，仲間との関わりを促し，意欲的な活動を育

＊17 「特別支援学校小学部・中学部学習指導要領」の第2章「各教科」第1節「小学部」第2款「知的障害者である児童に対する教育を行う特別支援学校」の第1「各教科の目標及び内容」「生活」の2「各段階の目標及び内容」の「○1段階」における「（2）内容」の「ア　基本的生活習慣」(2017年告示)。

表7-4　日常生活の指導（帰りの会）の展開例

学習内容及び活動	指導の手立て・留意点等	準備物等
1．掃除（20分） (1)はじめのあいさつ (2)教室掃除 ・机運び ・床をはく ・雑巾がけ ・机運び (3)おわりのあいさつ	・言葉や写真で掃除の順番と役割を確認する。 ・机や椅子の持ち方に注意して運ぶ。 ・机や椅子を一人で運ぶことが難しい場合は，教師と一緒に運ぶ（A君）。 ・バケツの水量，ほうきやモップを持つ位置に印をつける。 ・雑巾がけをする。膝を上げて雑巾がけをする。 ・何をがんばったのか発言する機会を設ける。 ・言葉で伝えるのが難しい場合は，写真を指差しする（B君）。	・掃除の順番表 ・新聞紙 ・掃除用具
2．帰りの準備（15分） (1)排せつ (2)着替え (3)荷物の整理	・男子便器の前で，立ち姿勢をとるよう促す（C君）。 ・トイレや手洗いが終わるまで，教師は教室の入り口で待つ。 ・着替えの順番表を見ているか確認する（A君）。 ・次の活動を指差しや声掛けで示す（B君）。 ・準備が早く終わった児童は，全員が終わるまで音楽やパズル等を選択して休憩する。	・着替えの順番表 ・音楽 ・パズル　等
3．帰りの会（10分） (1)はじめのあいさつ (2)今日の振り返り (3)明日の連絡 (4)歌 (5)帰りのあいさつ 4．玄関への移動	・係の児童が自分の役割を意識するように写真に注目を促す（B君）。 ・写真や具体物で振り返りをする。 ・明日の授業内容を写真や具体物で伝える（D君）。 ・「起立」の後は椅子をしまう，「着席」の後は姿勢を正して座ることに注意する。 ・一列に並び，前の人を確認する。 ・教師の「出発」の合図で移動を開始する。右側を通るように注意する。	

出所：筆者作成。

み，心身の発達を促していくものです。「生活単元学習」は，生活上の目標を達成したり，課題を解決したりするために，一連の活動を組織的に経験することによって，自立的な生活に必要な事柄を実際的・総合的に学習するものです。そして，「作業学習」は，作業活動を学習活動の中心にしながら，働く意欲を培い，将来の職業生活や社会自立に必要な事柄を総合的に学習するものです。

表7-4は「日常生活の指導」（帰りの会）の展開例で，実際的な活動を中心とし，主体的な活動を促す指導の手立てが個別的に講じられています。

4　知的障害のある子どもに対する合理的配慮

通常の学級における知的障害のある子どもに対する合理的配慮として，表7-5のように観点が示されています。これらを常に確認しつつ，知的障害のある子どもが学習上・生活上の困難を極力低減することが求められます。

第 7 章　様々な障害の理解と対応

表 7-5　知的障害の合理的配慮

観点		配慮の例
①教育内容・方法	①-1 教育内容	①-1-1　学習上又は生活上の困難を改善・克服するための配慮 できるだけ実生活につながる技術や態度を身に付けられるようにするとともに、社会生活上の規範やルールの理解を促すための指導を行う。 ①-1-2　学習内容の変更・調整 知的発達の遅れにより、全般的に学習内容の習得が困難な場合があることから、理解の程度に応じた学習内容の変更・調整を行う。(焦点化を図ること、基礎的・基本的な学習内容を重視すること、生活上必要な言葉等の意味を確実に理解できるようにすること　等)
	①-2 教育方法	①-2-1　情報・コミュニケーション及び教材の配慮 知的発達の遅れに応じた分かりやすい指示や教材・教具を提供する。(文字の拡大や読み仮名の付加、話し方の工夫、文の長さの調整、具体的な用語の使用、動作化や視覚化の活用、数量等の理解を促すための絵カードや文字カード、数え棒、パソコンの活用　等) ①-2-2　学習機会や体験の確保 知的発達の遅れにより、実際的な生活に役立つ技術や態度の習得が困難であることから、調理実習や宿泊学習等の具体的な活動場面において、家庭においても生かすことのできる力が向上するように指導するとともに、学習活動が円滑に進むように、図や写真を活用した日課表や活動予定表等を活用し、自主的に判断し見通しをもって活動できるように指導を行う。 ①-2-3　心理面・健康面の配慮 知的発達の遅れ等によって、友人関係を十分には形成できないことや、年齢が高まるにつれて友人関係の維持が困難になることもあることから、学級集団の一員として所属意識がもてるように学級全体で取り組む活動を工夫するとともに、自尊感情や自己肯定感、ストレス等の状態を踏まえた適切な対応を図る。
②支援体制		②-1　専門性のある指導体制の整備 知的障害の状態は外部からは分かりにくいことから、専門家からの支援や、特別支援学校(知的障害)のセンター的機能及び特別支援学級等の専門性を積極的に活用する。また、てんかん等への対応のために、必要に応じて医療機関との連携を図る。 ②-2　子供、教職員、保護者、地域の理解啓発を図るための配慮 知的障害の状態は他者から分かりにくいこと、かつ、その特性としては、実体験による知識等の習得が必要であることから、それらの特性を踏まえた対応ができるように、周囲の子供等や教職員、保護者への理解啓発に努める。 ②-3　災害時等の支援体制の整備 適切な避難等の行動の仕方が分からず混乱することを想定した避難誘導のための校内体制を整備する。
③施設・設備		③-1　校内環境のバリアフリー化 自主的な移動ができるよう、導線や目的の場所が視覚的に理解できるようにするなどの校内環境を整備する。 ③-2　発達、障害の状態及び特性等に応じた指導ができる施設・設備の配慮 危険性を予知できないことによる高所からの落下やけが等が見られることから、安全性を確保した校内環境を整備する。また、必要に応じて、生活体験を主とした活動ができる場を用意する。 ③-3　災害時等への対応に必要な施設・設備の配慮 災害発生後における行動の仕方が分からないことによる混乱した心理状態に対応できるように、簡潔な導線、分かりやすい設備の配置、明るさの確保等を考慮して施設・設備を整備する。

出所：文部科学省初等中等教育局特別支援教育課「教育支援資料——障害のある子供の就学手続と早期からの一貫した支援の充実」2013年、pp. 142-144より筆者作成。

4　肢体不自由

1　肢体不自由とは

　肢体不自由とは，「身体の動きに関する器官が，病気やけがで損なわれ，歩行や筆記などの日常生活が困難な状態」[*18]を言います。身体の動きに関する器官には，骨，関節，筋肉，神経があります。また，日常生活が困難な状態は，一時的ではなく永続的であることが想定されています。つまり，足首を捻挫して歩行が困難な状態となっても，一定期間で回復する場合は，肢体不自由とは見なしません。

　なお，今日「肢体不自由」という用語は，教育分野だけでなく，医療，福祉，労働等の幅広い分野で使用されています。この「肢体不自由」という用語は，昭和の初め頃（1928年頃）に高木憲次（1889～1963）によって提唱されました。それ以前には，俗に身体不具とか，片輪（かたわ）などと呼ばれていました[*19]。東京大学整形外科教授であった高木は，身体の動きが困難な人に対する偏見や処遇に対して疑問を呈し，「肢体不自由」の用語を案出したのです。

2　肢体不自由のある子どもの学習上・生活上の困難

　肢体不自由のある子どもに対する教育を行う特別支援学校の対象は，学校教育法施行令第22条の3に以下のように示されています。

> 1　肢体不自由の状態が補装具の使用によつても歩行，筆記等日常生活における基本的な動作が不可能又は困難な程度のもの

---

*18　文部科学省初等中等教育局特別支援教育課「教育支援資料――障害のある子供の就学手続と早期からの一貫した支援の充実」2013年，p. 127.
*19　身体不具とか片輪という呼称は，差別的であるとみなされ，今日では公的に使用することはない。本書では，歴史的用語として使用している。

> 2 肢体不自由の状態が前号に掲げる程度に達しないもののうち，常時の医学的観察指導を必要とする程度のもの

　肢体不自由のある子どもは，その障害によって，日常生活や学習場面において様々なつまずきや困難が生じます。肢体不自由の程度は，一人一人異なっているため，その把握にあたっては，学習上または生活上にどのような困難があるのか，それは補助的手段の活用によってどの程度軽減されるのか，といった観点から行うことが必要です。

　つまずきや困難を理解する際には，困難の背景となる要因について理解することが重要です。そのためには，肢体不自由となった起因疾患とその特性を理解することが有効です。たとえば，脳性まひという脳病変による姿勢と運動との機能障害の場合，脳病変が広範であれば，てんかん，知的障害，言語障害や視知覚認知の障害などその他の機能障害を伴うことが多くなります。特に，てんかんや呼吸の障害などがある場合は，必要に応じて，専門の医師及びその他の専門家の指導・助言を求めるなどして，適切な指導をできるようにすることが必要です。脳性まひのある児童生徒の肢体（上肢，下肢，体幹）の障害，言語障害，視覚認知障害の特性と授業に及ぼす影響について，表7-6に示します。

3　肢体不自由のある子どもに対する特別の指導

　肢体不自由のある子どもが，特別支援学校及び小中学校に設置される特別支援学級で学ぶカリキュラムは，小中学校の各教科等の指導に加えて「自立活動」[20]の内容の指導があります。各教科等の指導についても，一人一人の学習の習得状況や知的発達の状態に応じて，目標と内容を柔軟に取り扱っています。具体的には，学年相応の目標と内容，下学年（たとえば，小学6年生の場合に4年生）や下学部（たとえば，中学1年生の場合に小学5年生）の目標と内容で各教科の指導をします。知的障害を併せ有する場合は，知的障害者のための特別支援学校で行われる各教科の目標と内容で指導します。また，「自立活動」の指

＊20　「自立活動」については，本書第9章参照。

表7-6　脳性まひ児の障害特性と困難の例

障害・困難	授業等におよぼす影響の例
上肢の障害	・文字を書くことが難しい ・手指を使った作業（道具，楽器，実験器具などの利用）が難しい ・時間がかかる
下肢の障害	・活動場所の制約 ・移動運動，跳躍運動などの制限 ・実地調査や校外学習の難しさ
体幹保持困難	・疲れやすい ・見えにくい ・活動しにくい
言語障害	・意見が伝わりにくい ・伝えるのに時間がかかる ・思ったように歌えない
視知覚認知障害	・位置や形を捉えづらい，文字を書きにくい ・文字認識の困難さや行飛ばしがみられる ・図形の位置関係がわからない

出所：川間健之介「肢体不自由教育の実際4――各教科の指導」川間健之介・西川公司（編著）『肢体不自由児の教育（改訂版）』放送大学教育振興会，2014年，pp. 140-141より筆者作成。

導は，一人一人の障害や発達の状態などを把握し，個別の指導計画に基づいて[21]行います。肢体不自由のある児童生徒は，身体の動きに関する指導が中心となりますが，多様な状態に合わせて自立活動の6区分27項目から内容を選択し，関連づけて指導することが重要です。肢体不自由のある子どもの「自立活動」の指導内容例を表7-7で示します。

　肢体不自由に併せて知的障害や病弱など複数の障害を有する重度・重複障害（医療や福祉の分野では，「重症心身障害」と言います）のある児童生徒の場合は，各教科等の指導に替えて，「自立活動」の指導を中心に行うことができます。

4　肢体不自由のある子どもに対する合理的配慮

　肢体不自由のある子どもは，日常生活や学習場面において様々なつまずきや

---

[21]　「個別の指導計画」については，本書第13章参照。

表7-7　肢体不自由のある子どもへの「自立活動」の指導内容例

1　健康の保持
・二分脊椎の児童生徒の場合は，尿路感染の予防のため排せつ指導，清潔の保持，定期的検尿等に十分留意した指導をする。
・進行性疾患のある場合は，自分の体調や病気の状態に注意し，これらについて正しく理解して，身体機能低下の予防を図る生活の自己管理に配慮した指導をする。

2　心理的な安定
・障害があることや過去の失敗経験などによって自信欠如や情緒が不安定になる場合には，自分のよさへの気づきの促し等により，活動への意欲を促す。
・移動が困難な場合は，手段を工夫し実際に自分の力で移動ができるようになるなど，障害に伴う困難さを自ら改善し得たという成就感がもてるような指導をする。

3　人間関係の形成
・自分でできること，補助的な手段を活用すればできること，他の人に依頼して手伝ってもらうことなどについて，実際の体験を通して理解を促す指導をする。
・集団参加の基礎となる集団の雰囲気に合わせたり，集団に参加するための手順やきまりを理解したりして，遊びや集団活動に積極的に参加できるようにする。

4　環境の把握
・感覚の過敏さや認知の偏りなど個々の特性に適切に対応できるようにする。
・位置関係の認知が困難で，文字や図形を正しく書くことができない場合には，一つの文字や図形を取り出して輪郭を強調して見やすくしたり，文字の部首や図形の特徴を話し言葉で説明したりすることなどで効果的に学習する。

5　身体の動き
・日常生活に必要な動作の基本となる姿勢保持や上肢・下肢の運動・動作の改善および習得，関節の拘縮や変形の予防，筋力の維持・強化などの基本的技能を指導する。
・全身または身体各部位の筋緊張が強すぎる場合は，その緊張を弛めたり，弱すぎる場合には適度な緊張状態をつくりだしたりできるよう指導する。

6　コミュニケーション
・障害の状態や発達段階等に応じて，話し言葉以外にも様々なコミュニケーション手段を選択・活用し，周りの人々との円滑なコミュニケーションができるようにする。
・発音・発語の困難によって文字の習得が十分でない場合，具体物や写真，絵カード，簡単な記号等の利用によりコミュニケーションを図り，文字や語彙の習得を促す。

出所：徳永亜希雄「肢体不自由児の理解と指導」杉野学・長沼俊夫・徳永亜希雄（編著）『特別支援教育の基礎』大学図書出版，2018年，p. 123。

困難が生じます。教育するに当たっては，小中学校等の通常の教育課程による教育にとどまらず，障害による学習上または生活上の困難を主体的に改善・克服するために必要な知識，技能，態度，習慣を養うことへの配慮を行うことが必要です。配慮を検討する際の観点と配慮の例を表7-8に示します。

表7-8 肢体不自由の合理的配慮

観点		配慮の例
①教育内容・方法	①-1 教育内容	①-1-1 学習上又は生活上の困難を改善・克服するための配慮
		道具の操作の困難や移動上の制約等を改善できるように指導を行う。（片手で使うことができる道具の効果的な活用，校内の移動しにくい場所の移動方法について考えること及び実際の移動の支援 等）
		①-1-2 学習内容の変更・調整
		上肢の不自由により時間がかかることや活動が困難な場合の学習内容の変更・調整を行う。（書く時間の延長，書いたり計算したりする量の軽減，体育等での運動の内容を変更 等）
	①-2 教育方法	①-2-1 情報・コミュニケーション及び教材の配慮
		書字や計算が困難な子供に対し上肢の機能に応じた教材や機器を提供する。（書字の能力に応じたプリント，計算ドリルの学習にパソコンを使用，話言葉が不自由な子供にはコミュニケーションを支援する機器（文字盤や音声出力型の機器等）の活用 等）
		①-2-2 学習機会や体験の確保
		経験の不足から理解しにくいことや移動の困難さから参加が難しい活動については，一緒に参加することができる手段等を講じる。（新しい単元に入る前に新出の語句や未経験と思われる活動のリストを示し予習できるようにする，車いす使用の子供が栽培活動に参加できるよう高い位置に花壇を作る 等）
		①-2-3 心理面・健康面の配慮
		下肢の不自由による転倒のしやすさ，車いす使用に伴う健康上の問題等を踏まえた支援を行う。（体育の時間における膝や肘のサポーターの使用，長距離の移動時の介助者の確保，車いす使用時に必要な1日数回の姿勢の変換及びそのためのスペースの確保 等）
②支援体制		②-1 専門性のある指導体制の整備
		体育担当教員，養護教諭，栄養職員，学校医を含むサポートチームが教育的ニーズを把握し支援の内容方法を検討する。必要に応じて特別支援学校からの支援を受けるとともに理学療法士（PT），作業療法士（OT），言語聴覚士（ST）等の指導助言を活用する。また，医療的ケアが必要な場合には主治医，看護師等の医療関係者との連携を図る。
		②-2 子供，教職員，保護者，地域の理解啓発を図るための配慮
		移動や日常生活動作に制約があることや，移動しやすさを確保するために協力できることなどについて，周囲の子供，教職員，保護者への理解啓発に努める。
		②-3 災害時等の支援体制の整備
		移動の困難さを踏まえた避難の方法や体制及び避難後に必要となる支援体制を整備する。（車いすで避難する際の経路や人的体制の確保，移動が遅れる場合の対応方法の検討，避難時に必要な支援の一覧表の作成 等）
③施設・設備		③-1 校内環境のバリアフリー化
		車いすによる移動やつえを用いた歩行ができるように，教室配置の工夫や施設改修を行う。（段差の解消，スロープ，手すり，開き戸，自動ドア，エレベーター，障害者用トイレの設置 等）
		③-2 発達，障害の状態及び特性等に応じた指導ができる施設・設備の配慮
		上肢や下肢の動きの制約に対して施設・設備を工夫又は改修するとともに，車いす等で移動しやすいような空間を確保する。（上下式のレバーの水栓，教室内を車いすで移動できる空間，廊下の障害物除去，姿勢を変換できる場所，休憩スペースの設置 等）
		③-3 災害時等への対応に必要な施設・設備の配慮
		移動の困難さに対して避難経路を確保し，必要な施設・設備の整備を行うとともに，災害等発生後の必要な物品を準備する。（車いす，担架，非常用電源や手動で使える機器 等）

出所：文部科学省初等中等教育局特別支援教育課「教育支援資料——障害のある子供の就学手続と早期からの一貫した支援の充実」2013年，pp. 142-144より筆者作成。

5 病弱・身体虚弱

1 病弱・身体虚弱とは

「病弱・身体虚弱」は、医学用語ではなく、一般的な言葉として、また行政用語として使われています。病弱とは「心身の病気のため弱っている状態」、身体虚弱とは「病気ではないが身体が不調な状態が続く、病気にかかりやすいといった状態」を言います。[*22]

病弱・身体虚弱の状態である子どもたちは、入院、治療などの生活規制が強いられますが、この子どもたちに学校教育を保障していくことはとても重要です。学習の遅れを取り戻し、様々な不安を取り除き、心理的に安定させ、そして学校教育の重要な目標である自主性、積極性、社会性を養い育てるなど心理的にも、社会的にも発達を促します。さらに自ら病気を管理しようとする力を養い、入院中であっても生活の質（QOL）を向上させることにもつながります。

2 病弱・身体虚弱の子どもの学習上・生活上の困難

学校教育法施行令第22条の3で特別支援学校の対象とする障害の程度は以下のように示されています。

1　慢性の呼吸器疾患、腎臓疾患及び神経疾患、悪性新生物その他の疾患の状態が継続して医療又は生活規制を必要とする程度のもの
2　身体虚弱の状態が継続して生活規制を必要とする程度のもの

病弱・身体虚弱のある児童生徒で法的支援が整備されているのは、児童福祉法の規定に基づく小児慢性特定疾病や身体障害者福祉法の規定に基づく内部障害に該当する疾患です。

---

*22　文部科学省初等中等教育局特別支援教育課「教育支援資料——障害のある子供の就学手続と早期からの一貫した支援の充実」2013年、p. 155。

小児慢性特定疾病とは，その治療が長期間にわたり，医療費の負担も高額となることからその治療の確立と普及を図り，あわせて患者家庭の医療費の負担軽減にも資するため，医療費の自己負担分を補助する制度の対象となる疾患です。対象年齢は，18歳未満の者ですが，引き続き治療が必要であると認められる場合は20歳未満に引き上げられます。対象疾患は，悪性新生物，慢性腎疾患，慢性呼吸器疾患，慢性心疾患，内分泌疾患，膠原病，糖尿病，先天性代謝異常，血液疾患，免疫疾患，神経・筋疾患，慢性消化器疾患，染色体または遺伝子に変化を伴う症候群，皮膚疾患，骨系統疾患，脈管系疾患の16疾患群（2018年4月1日現在）から700以上です。

　また，内部障害とは，身体障害者福祉法に定める心臓機能障害，じん機能障害，呼吸器機能障害，ぼうこう又は直腸の機能障害，小腸機能障害，ヒト免疫不全ウイルスによる免疫機能障害，肝臓機能障害の7つの種類を言います。

　個々の児童生徒の学力に応じた学習が積み上げられていくための課題について「特別支援学校小学部・中学部学習指導要領」に基づき以下に6点あげます。[23]

(1) 個々の児童の学習状況や病気の状態，授業時数の制約等に応じて，指導内容を適切に精選し，基礎的・基本的な事項に重点を置くとともに，指導内容の連続性に配慮した工夫を行ったり，各教科等相互の関連を図ったりして，効果的な学習活動が展開できるようにすること。
(2) 健康状態の維持や管理，改善に関する内容の指導に当たっては，自己理解を深めながら学びに向かう力を高めるために，自立活動における指導との密接な関連を保ち，学習効果を一層高めるようにすること。
(3) 体験的な活動を伴う内容の指導に当たっては，児童の病気の状態や学習環境に応じて，間接体験や疑似体験，仮想体験等を取り入れるなど，指導方法を工夫し，効果的な学習活動が展開できるようにすること。
(4) 児童の身体活動の制限や認知の特性，学習環境等に応じて，教材・教具や入力支援機器等の補助用具を工夫するとともに，コンピュータ等の情報機

---

[23]　「特別支援学校小学部・中学部指導要領」の第2章「各教科」第1節「小学部」第1款「視覚障害者，聴覚障害者，肢体不自由者又は病弱者である児童に対する教育を行う特別支援学校」の4「病弱者である児童に対する教育を行う特別支援学校」（2017年告示）。

器などを有効に活用し，指導の効果を高めるようにすること。
(5) 児童の病気の状態等を考慮し，学習活動が負担過重となる又は必要以上に制限することがないようにすること。
(6) 病気のため，姿勢の保持や長時間の学習活動が困難な児童については，姿勢の変換や適切な休養の確保などに留意すること。

以上のようなことを実際に行うことができるよう，医療スタッフと連携を図りながら，教育の幅が広がるよう尽力していくことが大切です。

3　病弱・身体虚弱のある子どもに対する特別の指導

　病弱・身体虚弱のある児童生徒は，病状が悪化すると心理的にも不安定になりやすいことから，慢性疾患のある児童生徒の病気の理解と心理的安定の状態に関する実態把握が必要であり，そのポイントは，表7-9の通りです。
　教員は，日々の体調を把握したうえで指導を行うことが重要です。そのために主治医や看護師等の医療関係者との連携を密にしていくことが求められます。また，退院して家庭や前籍校に戻っても，再発し再入院するケースも珍しくありません。病状にあった生活習慣を形成していくためには家庭や前籍校との連携を図ることも重要です。
　また，自立活動[*24]の個別の指導計画[*25]を作成するにあたり，個々の児童生徒の病気の種類や病状，障害の状態，発達段階，病気に対する自己管理及び経験等に関して実態把握を行う必要があります。慢性疾患の児童生徒は，日々，病状が変化するなど体調に変動がありますので，体調変動に即した指導・支援が重要となります。
　また，医療の進歩等による入院期間の短期化に伴って，短期間で入退院を繰り返す者や，退院後も引き続き治療や生活規制が必要なために小中学校等への通学が困難な者への対応など，復学への支援が大切になってきています。前籍

＊24　「自立活動」については，本書第9章参照。
＊25　「個別の指導計画」については，本書第13章参照。

表7-9 実態把握のポイント

ア．病気の理解，生活様式の理解，生活習慣の形成等に関する実態
　① 自己の病気の状態の理解の程度
　　例えば，人体の構造と機能の知識・理解，病状や治療法等に関する知識・理解，感染防止や健康管理に関する知識・理解の程度
　② 健康状態の維持・改善等に必要な生活様式の実態
　　安静・静養，栄養・食事制限，運動量の制限等に関する知識や理解の程度
　③ 健康状態の維持・改善等に必要な生活習慣の定着の程度
　　食事，安静，運動，清潔，服薬等の生活習慣の形成及び定着の程度
　④ 健康状態の維持・改善のための身体活動の実情
　　各種の身体活動による健康状態の維持・改善等の実態
イ．心理的な安定の状態
　病気の状態や入院等の環境に基づく心理的不適応の状態及び病気の状態を改善克服しようとする意欲の状態

出所：武田鉄郎『慢性疾患児の自己管理支援のための教育的対応に関する研究』大月書店，2006年。

校，病院内の教育機関，教育委員会，保護者，医療者等との連携のもと，復学を支援するための会議を行い，教育の連続性を重視し，学習保障をしていくことが重要です。

4　病弱・身体虚弱のある子どもに対する合理的配慮

　個々の児童生徒のニーズによって，様々な配慮が考えられます。例をあげると，授業の録音，板書の写真撮影等支援機器使用の許可，体調不良による姿勢の変換（横になりやすいスペースの確保），テレビ会議システム等を利用した授業参加の許可等です。また，化学物質等の接触により頭痛や動悸，めまいが現れないように，化学物質の揮発を最小限に抑え，換気をこまめにするなど，教室の整備などもあげられます。[26]

　また，病気や病気の進行のため実施が困難な学習活動を必要に応じて変更・調整します。[27] その際，主治医や専門医からの指導・助言を踏まえ，連携を図ることが大切です。たとえば，学習活動は変更せず，実施が困難なことについて

---

[26] 竹田一則・武田鉄郎・平賀健太郎・深草瑞世「慢性疾患，難病その他の機能障害等」『合理的配慮ハンドブック——障害のある学生を支援する教職員のために』日本学生支援機構，2018年，pp. 86-89。

[27] 文部科学省「合理的配慮について」 http://www.mext.go.jp/b_menu/shingi/chukyo/chukyo3/044/attach/1297380.htm（2018年8月25日閲覧）。

第7章 様々な障害の理解と対応

表7-10 病弱・身体虚弱の合理的配慮

観点		配列の例
①教育内容・方法	①-1 教育内容	①-1-1 学習上又は生活上の困難を改善・克服するための配慮 服薬管理や環境調整，病状に応じた対応等ができるよう指導を行う。(服薬の意味と定期的な服薬の必要性の理解，指示された服薬量の徹底，眠気を伴い危険性が生じるなどの薬の理解とその対応，必要に応じた休憩などの病状に応じた対策等)
		①-1-2 学習内容の変更・調整 病気により実施が困難な学習内容等について，主治医からの指導・助言や学校生活管理指導表に基づいた変更・調整を行う。(習熟度に応じた教材の準備，実技を実施可能なものに変更，入院等による学習空白を考慮した学習内容に変更・調整，アレルギー等のために使用できない材料を別の材料に変更等)
	①-2 教育方法	①-2-1 情報・コミュニケーション及び教材の配慮 病気のため移動範囲や活動量が制限されている場合に，ICT等を活用し，間接的な体験や他の人とのコミュニケーションの機会を提供する。(友達との手紙やメールの交換，テレビ会議システム等を活用したリアルタイムのコミュニケーション，インターネット等を活用した疑似体験等)
		①-2-2 学習機会や体験の確保 入院時の教育の機会や短期間で入退院を繰り返す子供の教育の機会を確保する。その際，体験的な活動を通して概念形成を図るなど，入院による日常生活や集団活動等の体験不足を補うことができるように指導する。(視聴覚教材等の活用，ビニール手袋を着用して物に直接触れるなど感染症対策を考慮した指導，テレビ会議システム等を活用した遠隔地の友達と協働した取り組み等)
		①-2-3 心理面・健康面の配慮 入院や手術，病気の進行への不安等を理解し，心理状態に応じて弾力的に指導を行う。(治療過程での学習可能な時期を把握し健康状態に応じた指導，アレルギーの原因となる物質の除去や病状に応じた適切な運動について医療機関と連携した指導等)
②支援体制		②-1 専門性のある指導体制の整備 学校生活を送る上で，病気のために必要な生活規制や必要な支援を明確にするとともに，急な体調の変化に対応できるように校内体制を整備する。(主治医や保護者からの情報に基づく適切な支援，日々の体調把握のための保護者との連携，緊急の対応が予想される場合の全教職員による支援体制の構築)また，医療的ケアが必要な場合には看護師等，医療関係者との連携を図る。
		②-2 子供，教職員，保護者，地域の理解啓発を図るための配慮 病状によっては特別な支援を必要とするという理解を広め，病状が急変した場合に緊急対応ができるよう，子供，教職員，保護者の理解啓発に努める。(ペースメーカー使用者の運動制限など外部からでは病状とその病状を維持・改善するために必要な支援に関する理解，心身症や精神疾患等の特性についての理解，心臓発作やてんかん発作等への対応についての理解等)
		②-3 災害時等の支援体制の整備 医療機関への搬送や必要とする医療機関からの支援を受けることができるようにするなど，子供の病気に応じた支援体制を整備する。(病院へ搬送した場合の対応方法，救急隊員等への事前の連絡，急いで避難することが困難な子供(心臓病等)が逃げ遅れないための支援等)
③施設・設備		③-1 校内環境のバリアフリー化 心臓病等のため階段を使用しての移動が困難な場合や子供が自ら医療上の処置(二分脊椎症等の自己導尿等)を必要とする場合等に対応できる施設・設備を整備する。
		③-2 発達，障害の状態及び特性等に応じた指導ができる施設・設備の配慮 病気の状態に応じて，健康状態や衛生状態の維持，心理的な安定等を考慮した施設・設備を整備する。(色素性乾皮症の場合の紫外線カットフィルム，相談や箱庭等の心理療法を活用した施設，落ち着けないときや精神状態が不安定なときの子供が落ち着ける空間の確保等)
		③-3 災害時等への対応に必要な施設・設備の配慮 災害等発生時については病気のため迅速に避難できない子供の避難経路を確保する。災害等発生後については薬や非常用電源を確保するとともに，長期間の停電に備え手動で使える機器等を整備する。

出所：文部科学省初等中等教育局特別支援教育課「教育支援資料――障害のある子供の就学手続と早期からの一貫した支援の充実」2013年，pp. 166-167より筆者作成。

は教職員の支援や友達の協力を得ながら実施したり，病状により実施困難な学習活動については，一部実施可能なことに変更・調整したりします。

学習空白などによる学習上の課題への対応については，「補充教材などの提供」，「学習していない学習内容について，補充指導を実施」，「短期間の入院者には，学習内容を精選し，基礎的・基本的な事項に重点を置いて指導したり，宿題で必要な事項の指導を補ったりすること」などがあげられます。

また，近年，発達障害のある児童生徒が二次障害のため心身症やうつ病などの精神疾患を患い，病弱・身体虚弱教育の対象となることがあります。これらの場合，心のケアだけでなく，ADHDなどの認知特性などに配慮した学習内容に変更したり，指導方法を工夫したりする変更・調整が重要となります。

指導内容，方法の変更・調整を行う場合，教師は，児童生徒と提案・交渉を繰り返しながら「できる」ことを増やし，自尊感情を高めていくことが大切となります。[*28]

このようにそれぞれの児童生徒の病状等に合わせた配慮が重要ですが，文部科学省の「教育支援資料」では，配慮を検討する際の観点と配慮の例を示しています（表7-10）。

 まとめ

本章では，特別支援学校対象の障害種を基本として，障害の状態の理解と対応について論述しました。

特別支援学校においては，障害の状態に応じた教育課程による指導が行われています。個々の幼児児童生徒の状態に応じて，自立活動や知的障害者用の各教科の指導のほか，特例として実際の学年よりも下学年の内容の指導を行うことができることなどがキーポイントです。

特別支援学級には，特別支援学校の対象者よりも障害の程度は比較的軽い児童生徒が在籍していますが，特別支援学校と同様に，児童生徒の状態に応じて，自立活動や知的障害者用の各教科を取り入れたり，特別支援学校と同様の特例を活用したりして指導することができます。

通常の学級における指導では，障害の状態に応じた「合理的配慮」の提供が必要

---

*28 武田鉄郎（編著）『発達障害の子どもの「できる」を増やす提案・交渉型アプローチ——叱らないけど譲らない支援』学研プラス，2017年．

です。個々の障害のある児童生徒の状態に応じて,学習上の困難さを把握し,適切な指導上の工夫が求められます。その際,本章で解説されている障害特性を理解しておくことが重要です。

 さらに学びたい人のために

○香川邦生・千田耕基(編)『小・中学校における視力の弱い子どもの学習支援』教育出版,2009年。
　この書籍は,小中学校の通常の学級に在籍している視力の弱い子どもに視点を当て,その基本的情報をまとめるとともに,各教科の学習支援や学級における日常的な支援をどのように進めればよいかを具体的にまとめたものです。

○中野善達・根本匡文(編著)『聴覚障害教育の基本と実際』田研出版,2008年。
　この書籍は,聴覚障害教育の目的と制度,聴覚障害児の言語とコミュニケーションの方法,聾学校・小・中・高等学校での基本的な指導・支援内容についてまとめてあります。

○丹野哲也・武富博文(編著)『知的障害教育におけるカリキュラム・マネジメント』東洋館出版社,2018年。
　この書籍は,学習指導要領の改定に伴い,これまでの教育課程編成におけるマネージだけではなく,地域の教育的なリソースを活用したり,より一層PDCAサイクルを明確にしたりすることなどが求められており,知的障害のある子どもの生きる力を高めるうえで必要な情報に溢れた一冊です。

○安藤隆男・藤田継道(編著)『よくわかる肢体不自由教育』ミネルヴァ書房,2015年。
　この書籍は,肢体不自由教育に求められる,適切な児童生徒理解,授業のデザイン・実施・評価に関する一連の過程の理解を深めることをねらって構成されています。

○国立特別支援教育総合研究所『病気の子どもの教育支援ガイド』ジアース教育新社,2017年。
　この書籍は,病気の子どもの教育的ニーズ及び必要な支援・配慮やインクルーシブ教育システム構築に向けた特別支援学校(病弱)の実践事例などから構成されています。

第8章

特別な教育的ニーズへの理解と対応

● ● ● ● 学びのポイント ● ● ● ●

- 外国生活が長い子ども，貧困，虐待の問題等により特別の教育的ニーズのある幼児児童及び生徒について理解しましょう。
- それらの子どもの学習上または生活上の困難について理解しましょう。
- 子どものニーズに気づきチームで援助するための必要性を理解しましょう。

WORK　特別な教育的ニーズを理解する

1．グループに分かれて話し合ってみましょう（10分）

　4名程度のグループに分かれ，各グループで以下の①，②，③のうちから1つ選び，意見交換をしてください。また，それぞれにおいてほかにどのような支援や対策が考えられるか話し合ってみましょう。

① 我が国の貧困対策にどのようなものがあるのか，調べてみてください。都道府県，市町村の公的機関のウェブサイトを見てもよいです。

② 日本語指導が必要な子どもたちについてどのような苦労があるのかについて，考え，調べてみてください。日本の学校にはどの程度，日本語指導が必要な子どもが在籍しているのでしょうか？　どのような支援があるのかについても調べてみてください。

③ あなたは転居した経験はありますか？　そのときにどのようなことが心配であったか，またどのようなことが助けになったかを思い出してみてください。転居経験のない人は，高校入学，大学入学など馴染みのない組織に入ったときのことを思い出してください。どのようなことが心配であったのか，また，何が助けになったのか思い出してみてください。

2．グループで出た意見をまとめ，グループごとに発表してみましょう（20分）

〈WORK の取り扱い〉

　本章は，特別な教育的ニーズがある子どもを取り上げることから，貧困や日本語指導が必要な子どもたちの現状を把握することが必要である。そして，環境移行について学生に具体的にイメージさせることで教育的なニーズがどのようなものかについて，自分の経験から振り返る機会を与えたい。

　この WORK は基本的には事前学習が必要である。事前学習の後に，グループでの話し合いを実施する。

第 8 章　特別な教育的ニーズへの理解と対応

● 導　入 ●

　本章では特別な教育的ニーズをもつ子どもの理解と対応について論じます。現在の学校には，貧困や虐待，日本語指導が必要な児童生徒，不登校，いじめなど，様々なニーズのある子どもたちが在籍しています。まずこうした問題がどのように教師の目に映るのかについて事例を示し解説します。そして，教師がそれらの子どものニーズに気がつき，支援につなげるにはどうしたらよいのかについて説明します。チーム学校時代の教師（担任）は，特別支援教育コーディネーター，養護教諭，スクールカウンセラーなどの学校内の人的資源だけでなく，教育センターや病院などの学校外の専門機関とも連携しながら子どもを支援することが求められます。

1　日本語指導が必要な児童生徒の援助ニーズ

1　日本語指導が必要な児童生徒の理解

　現在，日本では，日本語指導が必要な外国籍の児童生徒は3万4,355名，日本語指導が必要な日本国籍の子どもは9,612名です。この内，外国籍の76.9％の子ども，日本国籍の74.3％の子どもが，日本語指導を受けています[*1]。グローバル化の波で今後ますますこの傾向は高まると想像できます。外国生活が長い日本語指導が必要な児童生徒は，日本語の習得，日本文化への適応，そして日本の学校文化，児童生徒文化への適応が求められます。

　たとえば，日本の学校を経験していない人にとって，「持ち物のすべてに名前を書く」「名前をゼッケンに書いて体操服に貼り付ける」「体操服は指定のものがある」「運動会の場合は弁当持参で，その弁当は通常の弁当より豪華であ

---

*1　文部科学省初等中等教育局国際教育課「『日本語指導が必要な児童生徒の受入状況等に関する調査（平成28年度）』の結果について」2017年。なお，ここでいう「日本語指導が必要な児童生徒」とは，「日本語で日常会話が十分にできない児童生徒」及び「日常会話ができても，学年相当の学習言語が不足し，学習活動への参加に支障が生じており，日本語指導が必要な児童生徒」を指す。また，「日本語指導が必要な日本国籍の児童生徒」とは，「帰国児童生徒」のほかに「日本国籍を含む重国籍」の場合や，「保護者の国際結婚により家庭内言語が日本語以外である者」なども含まれる。

る」「小学校では,保護者と教師の連絡は,『連絡帳』でやり取りする」「欠席する際には保護者が連絡を入れる」といった細かい取り決めを理解するのはなかなか困難です。これらの取り決めは明文化されていません。外国生活が長く,日本語指導が必要な児童生徒とその保護者にとって,「何がどこまで違うかわからない」ということが起こります。また,日本の学校は,「学級」を1つのコミュニティ,生活の場として考えて,学校行事,班活動,係活動などの活動があり,学校生活を学級単位で展開していきます[*2]。また中学校・高等学校においては部活動があります。多くの国では学級での活動を重視していませんから,外国生活が長い子どものなかには学級での活動や部活動にとまどい,なぜそのような活動をするのか理解できない子どももいます。

　日本語指導が必要な児童生徒には,日本語指導員や通訳を市町村の教育委員会で提供しています。また,日本語の習得ができ,日常会話は問題なくても,困りごとや心配,自分の感情を言葉にして相談することは非常に難しいです。

　このように,日本語指導が必要な児童生徒の援助は,異なる文化的な環境で育った背景があり,特別なニーズをもつ可能性があります。特別支援教育の範疇として支援を充実させていくべき領域であると言えます。

2　中学校2年生A君の事例

　中学校2年生のA君の事例を見てみたいと思います。

　中学校2年生のA君は,母親が日本人,父親が東南アジアの出身です。小学校5年生の夏までは父親の祖国で暮らしていましたが,小学校5年生の秋から3歳下の弟と母親と,日本にやってきました。現在,母親の実家で,祖母と家族4名で暮らしています。父親は祖国で仕事をしており,母親は日本で働いています。A君は,日本語は会話程度の能力しかなかったのですが,もうすでに日本で3年程度過ごしており,学校にも慣れています。A君の日本語は流暢です。日本人離れした顔立ちから周囲から「いじられる」ことを担任のB先生は

＊2　河村茂雄『日本の学級集団と学級経営——集団の教育力を生かす学校システムの原理と展望』図書文化社,2010年。

何度か見ていましたが，B先生は中学生男子のよくある親しさをもった「いじり」と捉えていました。A君は陸上部で抜群の身体能力から県大会レベルでも活躍しています。そのA君が9月の中旬からぱったりと登校しなくなりました。もう2週間登校していません。母親は「スマートフォンのゲームにはまって，自室から出てこない」と言っています。

3 学校の支援の実際

担任のB先生は，特別支援教育コーディネーター，部活顧問，スクールカウンセラー（以下，SC）と話し合い，まずはA君がなぜ登校が難しいのかについて，A君自身の理解が進まなければ支援計画を立てることができないことを確認しました。そのためにはまず，A君の家を訪問し自室に引きこもっているA君の話を聞く必要があります。B先生によると，友達からの「いじり」はあったわけで，もしA君がこのいじりを苦痛と思っているならいじめ被害を視野に入れる必要があります。

特別支援教育コーディネーターの先生は，A君の日本語指導で来ている通訳かつ日本語教師のC先生に支援をお願いできないかと考えました。C先生はA君を来日直後から指導しています。特別支援教育コーディネーターは，教育委員会の担当窓口に，C先生の派遣依頼をしました。幸い，C先生の時間が空いているときがあり，来てくれることになりました。しかしC先生とB先生が家庭訪問してもA君に会える保証はありません。どのようにA君の抵抗感を軽減し，C先生と会えるのか。C先生に本音を語ってくれるのかが課題ですし，もしA君が内面を話してくれたらその声を傾聴することが大事です。

予定された日に，B先生とC先生は家庭訪問しました。A君はゲームに集中しすぎて夜が遅くなり昼前にならないと起きてきません。B先生はA君のお母さんと詳細な打ち合わせをしてA君の体調等を考慮して，金曜日の夕方に家庭訪問を設定しました。家庭訪問当日，時間のタイミングも約束どおりにB先生とC先生は訪問しました。しかし，A君はなかなかリビングに降りてきません。母親は何度も説得に行くのですが難しそうです。40分ほど待ちましたが，今日

図8-1　A君の援助ニーズ
出所：筆者作成。

は難しそうです。B先生も無理をしたくないので、「お母さん、今日は切り上げます」と言ったところで、階段を降りる音がしてA君が申し訳なさそうに出てきました。

　B先生、C先生でA君の話に耳を傾けました。A君はクラスメイトのからかい、いじりは苦にしていない様子でした。では何に引っかかっているのでしょうか？　A君は部活動では恵まれた体格を活かし中心選手です。そのためB先生は、部活動でA君の登校を促せないかと考えていました。しかし、A君の登校しない理由は、驚くべきことに部活動に対する不満でした。また部活動での心配事は、A君自身の練習や大会での成績ではありませんでした。部活動の「運営」に関することでした。

　A君は2年生になり新チームになった部活動で、トレーニングメニューを考えたり、部員同士のトラブル解決まで2年生がやらなければならないことに不満を感じていました。そして、日本的な先輩後輩関係や部活動の顧問の説教に疲れていました。実際、部活動の顧問は、毎回威圧的な説教をしていたわけではありません。しかし、A君は日本語の理解が乏しく、そのように聞こえていた可能性もあります。そして、次に出てきたのは学習面に対する心配でした。やはり、国語がよくわからないと言いました。また社会の歴史の人名や地理のカタカナの地名も難しいと言いました。

　A君のニーズは図8-1のように考えられます。A君の見えている課題は不登校であり、また自室にこもりゲームをしていることですが、この背後にやはりA君が異なる文化で育ち日本に来たということが少なからず影響していると

第8章　特別な教育的ニーズへの理解と対応

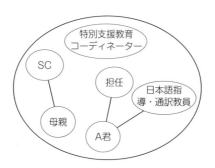

図8-2　A君登校後の支援状況
出所：筆者作成。

思われます。

　B先生，C先生に語ったことによると，1つは勉強面のニーズがあるということです。もう日本に3年ほどいますが，日常会話はよいのですが，日本語を読んだり書いたりすることに課題があります。まだ国語の授業の一部は日本語指導を受けていますが，国語力の苦戦は，社会などの他の教科にも影響を及ぼしている可能性は否定できません。さらに，部活動に対する考え方も，A君の個人主義的な考え方，合理主義的な考え方を尊重し，まずはA君の意見に耳を傾けていく必要があります。

　部活動の顧問は，体格，運動神経抜群のA君に大きな期待をかけていましたが，外国の文化背景をもつ子どもという意識が足りなかったと自らの指導を振り返りました。現実としてA君は登校できていないので今後は，B先生とC先生で可能な限り家庭訪問を続けることを確認しました。

4　A君のその後の展開

　その後，長期休みにA君は父に会いに帰国しました。そして，日本に戻ってきたら，ふっきれたように登校するようになりました。学校側は，A君の日本語力にまず注目し，日本語力に配慮しながら教科の力をつけていくことにしました。また，英語は母国語ではないのですが，A君が小学校5年生までいた国では，英語も公用語として定着しています。そのため得意な英語力を伸ばすと

ともに，日本語にも配慮しながら，A君の進路を見据えていきました。さらに，SCからも，母親が日本語話者であり，A君との意思疎通に課題があること，A君が思春期にさしかかっていることなど，A君の母親の支援の必要性が指摘されました。B先生が母親にカウンセリングについて情報提供したところ，母親からの要望で，SCが定期的に母親と会うことになりました。こうした状況は，校内委員会で報告され，特別支援教育コーディネーターの教員は，支援状況を確認していきました（図8-2）。

2 貧困・虐待が背景にある不登校

1 子どもの貧困

昨今子どもの貧困が学校教育のなかでテーマの1つとなっています。地域に点在する子ども食堂や学習支援の運動などをみても，子どもを取り巻く貧困の課題の深刻さを感じざるを得ません。山村りつ（2017）も解説しているように，貧困を「剝奪された状態」とする理解が一般的になっています[*3]。つまり，貧困により，経済的・物質的な不足，活動への参加の機会の減少，関連して友人関係の構築の機会が奪われること，そして，保護者からのケアの不足など，社会参加の機会が子どもから剝奪されます。

2 虐 待

厚生労働省によると児童虐待とは表8-1のような行為を指します。また2017年度中に全国の210の児童相談所が対応した児童虐待の件数は13万3,778件であり，過去最高となっています[*4]。

---

* 3　山村りつ「子どもの貧困の問題の所在を考える——その本質の理解のために」『発達』151，2017年，pp. 19-24。
* 4　厚生労働省「平成29年度　福祉行政報告例」 https://www.mhlw.go.jp/toukei/saikin/hw/gyousei/17/dl/kekka-gaiyo.pdf（2018年12月3日閲覧）。

第 8 章　特別な教育的ニーズへの理解と対応

表 8-1　厚生労働省による児童虐待の説明

児童虐待	説　明
身体的虐待	殴る，蹴る，投げ落とす，激しく揺さぶる，やけどを負わせる，溺れさせる，首を絞める，縄などにより一室に拘束する　など
性的虐待	子どもへの性的行為，性的行為を見せる，性器を触る又は触らせる，ポルノグラフィの被写体にする　など
ネグレクト	家に閉じ込める，食事を与えない，ひどく不潔にする，自動車の中に放置する，重い病気になっても病院に連れて行かない　など
心理的虐待	言葉による脅し，無視，きょうだい間での差別的扱い，子どもの目の前で家族に対して暴力をふるう（ドメスティック・バイオレンス：DV）　など

出所：厚生労働省「児童虐待の定義と現状」 https://www.mhlw.go.jp/seisakunitsuite/bunya/kodomo/kodomo_kosodate/dv/about.html（2018年10月3日閲覧）。

　虐待は家庭で起こっている問題ですが，その発見と援助には学校関係者が大きな力となっています。児童虐待の防止等に関する法律によると，学校は虐待の被害にあっている可能性がある子どもを早期発見する義務があります（第5条）。そして，虐待を疑う場合は，市町村，都道府県の設置する福祉事務所もしくは児童相談所に通告する義務があります（第6条）。学校関係者は日常的に子どもと接し，子どもの学校生活を指導する立場にあるので虐待を発見しやすいです。岩崎清ら（2007）は153名の教員の調査から41.8％の教員が，虐待を受けたと思われる子どもが在籍したことがあると回答していると報告しています[5]。また横島三和子ら（2007）は，419名の教員を対象に調査を行い，虐待を受けたと思われる子どもを発見した経験は，46.3％であったと報告しています[6]。つまり虐待は多くの教員によって身近な問題であると言えます。さらに，筆者の経験からみても，児童生徒が示す問題行動の背後に虐待被害が存在することも多いのが現実です。小中学校の462名の管理職，1,282名の教員を対象にした水野治久ら（2018）の調査おいても虐待を受けている子どもが，様々な問題行動を起こす可能性を指摘しています[7]。虐待を受けた子どもたちが問題行動やいじ

---

[5]　岩崎清・子安裕佳里・伊藤則博「児童虐待問題に対する教員の意識と態度の実態」『北海道教育大学紀要（教育科学編）』57(2)，2007年，pp. 17-30。
[6]　横島三和子・岡田雅樹「教育現場における児童虐待に対する意識調査――兵庫県内小中学校教職員へのアンケートにもとづいて」『湊川短期大学紀要』43，2007年，pp. 1-9。

め被害・加害を起こすという指摘もあります[*8]。つまり，問題行動やいじめ被害・加害といった生徒指導のニーズを抱える子どもたちのなかに，虐待が背景にある子どもがいる可能性があります。教師は子どもが示す表面的な行動ばかりでなく，その行動の背景についても考えていく必要があります。

3 貧困や虐待の可能性がある子どもの支援

　では，学校現場ではどのように貧困や虐待の問題が教師の前に現れるのでしょうか？　小学校5年生のD君の7月中旬の事例を用い考えてみたいと思います。

　小学校5年生の男子児童D君は，1学期は一度も朝から登校したことはありません。登校するときは11時頃に何事もなかったように登校し，教室にすんなり入室します。また，連絡もなく休みが続く場合もあります。今は7月中旬で夏休み直前ですが，1学期の出席日数は半分ほどです。

　この学校では不登校担当教員が特別に配置されています。不登校担当教員が手が空いているときは，10時〜11時の間に家に迎えに行っています。また，担任が通勤途中，D君の家に行き呼び鈴を押しますが反応はありません。ときどき担任はD君の家に入ることがあるのですが，玄関までゴミの山で部屋が片付いていないと思うことが多いです。D君のお母さんは体調を崩し朝起きられないといいます。父親はおらず，現在，母親とD君の2人で生活しています。

　D君は，同じような服しか着ておらず，気候にかかわらずいつも半袖です。そして，ときには入浴していないのではないかと思えることもあります。D君は学校にいるときは，授業にあまり積極的に参加していません。後ろの席に座り，ノートに好きな絵を描いたり寝ていたりします。担任が何度も勉強に向かわせようとするのですが，なかなか取り組もうとしません。特に読書が苦手で，国語や算数の文章問題は最初から「わからない」と言い，取り組みません。掃

---

* 7　水野治久・本田真大・二井仁美・島善信・岡本正子「学校教員の虐待に関する意識——教員と管理職による調査報告」『子どもの虐待とネグレクト』20(2)，2018年，pp. 220-226。

* 8　友田明美・藤澤玲子『虐待が脳を変える——脳科学者からのメッセージ』新曜社，2018年。

除や学級での取り組みについても熱心ではなく、掃除の時間はフラフラしていることが多いです。他の児童も注意するのですが、注意に対して聞く耳をもちません。ただ、級友が少し強い口調で注意しても口答えしたりトラブルにはならず、無反応であることが多い

図8-3　D君の援助ニーズ
出所：筆者作成。

です。D君は、素直な面があり、級友とトラブルになることも少なく、友達には優しく、学級の子どもたちから好かれています。

　2学期は運動会もあり、朝から練習があります。朝が苦手でかつ集団行動に課題のあるD君がついていけるのか担任は心配しています。

　さて、このようなD君をどのように支援したらよいのでしょうか？　D君はどのようなニーズがあるのでしょうか？　事例から考えられるD君のニーズを図8-3に示しました。D君に対して学校の教師が問題にしているのは不登校ですが、まずは貧困の問題があります。そして、D君が虐待の被害にあっている可能性があります。虐待には表8-1のような分類があり、D君の場合はネグレクトが疑われます。しかし母親の責任を追及しても問題は解決されそうにないと筆者は考えます。なぜなら、ネグレクト（虐待）の背後に母親の体調の問題があるからです。むしろ、母親の体調のケアをどうするのか、すでにケアを受けていれば福祉や医療の専門家と連携する必要があります。もちろん虐待は疑いの段階でも通報する義務があるので、このケースの場合も、虐待の疑いを通報するとともに、D君の母親の支援の状況についても確認する必要があります。

　加えてD君自身の学習や行動の課題についても考えなければなりません。学習面を見ていると、読書が苦手であることが気になります。授業の欠席も多いので、勉強についていけていない可能性もあり、学習面、対人関係面での様子から発達面の偏りも気になります。

　D君の担任と不登校担当教員は、市に配置されているスクールソーシャルワーカー（以下、SSW[*9]）にD君の不登校と虐待について相談してみました。

SSW，小学校の管理職，担任，不登校担当教員と校内委員会を開催しました。そして，まずは，D君がどのような状況であるのかについて市の教育委員会の虐待担当の窓口に問い合わせてみること，個人情報に配慮しながら，市の要保護児童対策地域協議会にも照会してみる必要があることが確認されました。

　まずは，D君から事情を聞いてみることが大事です。そして，できたら母親に福祉の窓口に相談するように勧めてみたいです。D君は幸い極端に痩せているとか，食事と摂っていないという状況ではないようです。夕食に食べたものを聞いても「ハンバーク」とか「チャーハン」と報告してくれます。ときどきファーストフード店のテイクアウトしたものも食べているようです。ちなみに，暴力を受けたあとは確認できません。

　このような状況ですので，この学校の教師たちは，市の虐待担当者に相談しながらも，D君の不登校については，家庭訪問の継続をすること，D君が好きなことを聞きながら学校でD君が好きなこと興味があることに取り組み，D君が自ら「学校に行きたい」と思えるように支援していくことにしました。D君のお母さんには，担任がSSWへの相談を勧めてみました。

　さらに，D君の学習面，行動面の課題については特別支援教育コーディネーターが中心となりながらSCも加わり，発達の課題，行動の課題について，詳細な検討が必要であることが確認され，まずはD君の行動を注意深く観察していくことが確認されました。これから夏休みに入りますが夏休み中も定期的にD君の家庭訪問を継続し，D君が無理のない範囲で登校できたらよいということになりました。

　2学期の運動会については，D君の特性に配慮するとともに，負担が少ない役割を与え，少ない練習時間でも参加できるような工夫が必要と関係教員が一致した意見をもっています。学級の人間関係に配慮しながら，担任と不登校担当教員で連携しながら2学期を迎えることとなりました。

---

*9　**スクールソーシャルワーカー（SSW）**：学校福祉の専門家で，貧困，虐待などの問題の援助の専門家。SCは中学校区に配置されているが，現在SSWは市の教育委員会に配置されていることが多い。

*10　**要保護児童対策地域協議会**：地方公共団体に設置されており，保護が必要な児童生徒の情報を関係機関で共有し支援内容の協議を行うところ。

第 8 章　特別な教育的ニーズへの理解と対応

4　D君のその後

　夏休みが明け，10月の第1週の週末の運動会に向けて5年生では団体演技の練習が始まりました。D君は当初，遅刻も多かったのですが，徐々に登校が早まってきました。担任の勧めもありD君の母親はSSWに相談することができるようになり，週に3回ほど家事の支援を頼むことになりました。家事の支援者は部屋の掃除，食事の準備をしてくれます。D君の母親は医療機関にもつながり，治療を開始したこともあり以前よりは体調が良いようです。D君は，登校は早まりましたが，運動会の練習には消極的です。学校ではD君の登校が落ち着いたら，今度は，D君の学習面と学校生活について，再度，校内委員会を開く予定にしています。

3　援助ニーズのある子どもを支援につなげるために

　この章では日本語指導が必要な子ども，貧困や虐待の可能性のある子どもについて事例を用いて考えてきました。子どもの背景の多様化に伴い，教室には様々な子どもが在籍しています。これからの教師は子どものちょっとした変化を察知し適切に支援につなげていくことが必要だと思います。

　では，そのためにはどのようにしたらよいのでしょうか？　チーム学校[11]を常に意識し，校内外の様々な専門家と連携しながら教育実践にあたっていくことが重要です。そこで参考になるのが学校心理学の3段階の心理教育的援助サービスのモデルです（図8-4）。三次的援助サービスは，特定の子どもを対象とした支援です。本章で示したように，不登校や貧困や虐待などによる様々な課題は，この三次的援助サービスに分類されます。日本語指導が必要な児童生徒もこの範疇となります。ここでの支援は児童生徒，その保護者のみならず，特別支援教育コーディネーター，SC，SSW，教育センターや児童相談所，病院

＊11　**チーム学校**：学校マネジメントを強化し，組織として教育活動に取り込むこと。子どもの支援のためには，学校の教員が，心理・福祉の専門家と連携する体制を整備していく（中央教育審議会「チームとしての学校の在り方と今後の改善方策について（答申）」2015年）。

```
        ┌─────────────────────────────┐
        │ 不登校,学習面の支援,問題行動 │
        ╔═════════════════════════════╗
        ║    三次的援助サービス       ║
        ║  (特定の子どもを対象)       ║
        ╚═════════════════════════════╝
    ┌───────────────────────────────────────┐
    │ 登校しぶり,学校生活へ適応困難,学習意欲の低下など │
    ╔═══════════════════════════════════════╗
    ║       二次的援助サービス              ║
    ║     (一部の子どもを対象)              ║
    ╚═══════════════════════════════════════╝
┌───────────────────────────────────────────────┐
│ 入学時の適応,対人関係のスキル,スマートフォンでのトラブル予防 │
╔═══════════════════════════════════════════════╗
║         一次的援助サービス                    ║
║       (全ての子どもを対象)                    ║
╚═══════════════════════════════════════════════╝
```

図8-4　3段階の心理教育的援助サービス

出所：石隈利紀『学校心理学——教師・スクールカウンセラー・保護者のチームによる心理教育的援助サービス』誠信書房，1999年より筆者一部改変。

との連携をとりながら子どもを確実に支援していくことが大事です。そして支援の結果を把握しながら，絶えず質の良い支援を提供していくことが必要です。

　しかしここで，強調したいことは援助ニーズのある子どもの発見，つまり図8-4の二次的援助サービスです。二次的援助サービスは教室の気になる子どもを支援につなげていく教師の取り組みです。教師は日頃の学級経営のなかで子どもを日常的に観察しています。子どもの小さな変化を見逃さず，支援につなげることが重要です。特に本章で扱う虐待や貧困といった課題は，子どもからなかなか助けを求められません。そのため教師は，衣服の変化，表情の変化など日常の観察から把握します。また，学習面にも気を配りたいです。宿題が未提出，成績の低下は，虐待のほかに，子ども同士の人間関係の課題が背後にある可能性があります。食事場面も気をつけたいところです。不登校やいじめ被害に悩んでいる子どもについても，学習意欲の低下というかたちで表面化することもあります。加えて身体症状を伴うこともあり，病欠についても気を配る必要があります。こうした場合は保護者との連携が不可欠です。保健室への来室頻度や養護教諭の観察にも教師は耳を傾けるべきだと考えます。こうした教師の日常的な場面での観察で援助が必要な児童生徒をいち早く見つけ，適切な援助を提供することで不登校などの学校不適応を未然に防ぐことができます。

第8章　特別な教育的ニーズへの理解と対応

 まとめ

　ここでは，特別な援助ニーズのある子どもについて事例を用い解説しました。子どもの援助ニーズは表面上の子どもの行動から把握できる場合もありますが，示している行動の背景にも注目することが必要です。これからの教師は，子どものニーズを汲み取り，校内の様々な専門家と連携しながら子どもを支援していく必要があります。特に，本章で示した日本語指導が必要な児童生徒は，今後日本がグローバル化していくことは避けられないためにますます重要な教育的トピックとなると考えられます。また，貧困や虐待を疑う事例については「子どもを守る」という視点が大事で，学校内外の専門家との連携が鍵となります。子どもが，こうした困りごとを自ら教師に助けを求めることは簡単ではありません。教師は，日頃の子どもの関わりのなかから，援助ニーズのある子どもを見つけ出し，援助につなげることが大事です。

 さらに学びたい人のために

○水野治久『子どもと教師のための「チーム援助」の進め方』金子書房，2014年。
　　子どもを援助する仕組みを「チーム援助」として捉え，前半は調査結果から，後半は事例から子どもをチームで援助する方法について解説しています。不登校，保護者のクレーム，教師のメンタルヘルスについても言及しています。

○藤田哲也（監修），水野治久・本田真大・串崎真志（編著）『絶対役立つ教育相談――学校現場の今に向き合う』ミネルヴァ書房，2017年。
　　アセスメント，カウンセリング，コンサルテーション，ソーシャルスキル教育，ストレスマネジメント教育などの教師が教育相談を行ううえで必要な知識について解説しています。加えて，不登校，いじめ，発達障害，学級経営など今の学校が対応に苦慮している様々な課題について最新の知見を踏まえ解説しています。

○水野治久・家近早苗・石隈利紀『チーム学校での効果的な援助――学校心理学の最前線』ナカニシヤ出版，2018年。
　　学校心理学による一次的援助サービス，二次的援助サービス，三次的援助サービスについて20の章で解説しています。問題が起こってからの対応ではなくて，予防的なアプローチである一次的援助サービスでは，学校づくりやキャリア教育，授業のユニバーサルデザインについても言及しています。

第9章

特別の指導「自立活動」

・・・ 学びのポイント ・・・

- 「自立活動」の意義について理解しましょう。
- 「自立活動」の教育課程上の位置づけについて理解しましょう。
- 「自立活動」における具体的な指導内容の設定に至る流れを理解しましょう。

WORK 子どもの困難さをイメージして「自立活動」の具体的な指導内容について考えてみよう

1．子どもの困難さを具体的にイメージする（10分）
　障害のある子どもの学習上または生活上の困難の具体例を1つあげ，関連する自立活動の内容の区分・項目について，表9-2を参考にして考えてみましょう。

2．学習活動についてグループで考える（10分）
　障害のある児童生徒の例をあげて，それぞれにおいてどのような具体的な学習活動が考えられるか意見交換しましょう。

3．より具体的に考える（10分）
　1，2で考えた具体例を踏まえ，①〜③それぞれにおいてどのような具体的な学習活動が考えられるか意見交換しましょう。
　「自立活動」の指導には，次の3つのかたちが考えられます。
　①　自立活動の時間を設定して行う。
　②　各教科等を合わせた指導のなかで行う。
　③　各教科の指導において配慮して行う。

〈WORKの取り扱い〉
　本章のWORKでは，障害による学習上または生活上の困難を克服・改善するための指導である「自立活動」について，児童生徒の困難な場面を想定し，複数の目を通して具体的に児童生徒が主体的に取り組むという観点から指導内容を検討する。また，自立活動は教育活動全体を通して取り組む必要があることから，時間を設定して指導する場合と，各教科等において配慮して行う場合それぞれにおいて留意すべきことについても考えるようにしたい。
　なお，自立活動の指導の検討においては，ある程度の専門性が求められることから，WORKは本章の学習後に行うものとする。

第9章　特別の指導「自立活動」

● 導　入 ●●●●●●●●

　特別支援学校や特別支援学級，通級による指導においては，「個々の児童又は生徒が自立を目指し，障害による学習上又は生活上の困難を主体的に改善・克服するために必要な知識，技能，態度及び習慣を養い，もって心身の調和的発達の基盤を培う」ことをねらいとした「自立活動」を取り入れることが学習指導要領に規定されています。
　特別支援学校や特別支援学級，通級による指導において編成される「特別の教育課程」において「自立活動」はまさに要と言えます。
　本章では，6区分27項目で構成される自立活動の意義と具体的な指導内容の検討の仕方，そして指導の実際について解説します。

● ● ● ● ● ● ● ●

1　自立活動とは

1　障害の状態を改善・克服するための指導

　学校教育法第81条第1項では，幼稚園，小学校，中学校，高等学校等において，障害のある児童生徒等に対し，障害による学習上または生活上の困難を克服するための教育を行うことが規定されています。
　障害のある児童生徒等には，視覚障害，聴覚障害，知的障害，肢体不自由，病弱・身体虚弱，言語障害，情緒障害，自閉症，LD（学習障害），ADHD（注意欠陥・多動性障害）などのほか，学習面または行動面において困難のある児童生徒で発達障害の可能性のある者も含まれます。教師は，このような障害の種類や程度を的確に把握したうえで，障害のある児童生徒等の「困難さ」に対する「指導上の工夫の意図」を理解し，個に応じた様々な「手立て」を検討し，指導に当たる必要があります。
　そこで特別支援学校や特別支援学級，通級による指導における「特別の教育課程」では，「自立活動」を取り入れることが規定されています（表9-1）。

149

表9-1 「自立活動」の目標

> 個々の児童又は生徒が自立を目指し，障害による学習上又は生活上の困難を主体的に改善・克服するために必要な知識，技能，態度及び習慣を養い，もって心身の調和的発達の基盤を培う。

出所：「特別支援学校小学部・中学部学習指導要領」第7章「自立活動」第1「目標」(2017年告示)。

2 自立活動の変遷

障害の状態の改善・克服を図るための指導は，盲学校や聾学校，養護学校が開設された草創期から，障害のある児童生徒等の指導内容として取り入れられてきました。

たとえば，1964（昭和39）年3月告示の「盲学校学習指導要領小学部編」「聾学校学習指導要領小学部編」では，盲学校において，「体育」に歩行訓練が，「理科」に感覚訓練が位置づけられました。また，聾学校において，「国語」と「律唱」に聴能訓練が，「国語」に言語指導が位置づけられるなど，障害の状態の改善・克服を図るための指導が一部位置づけられ，教科のなかで指導が行われました。

また，養護学校においては，1963・1964（昭和38・39）年に示された学習指導要領の各教科において，肢体不自由養護学校小学部の「体育・機能訓練」，病弱養護学校小学部の「養護・保健体育」等において行うこととされました。

このような各学校における実践を踏まえ，1971（昭和46）年に各教科，道徳，特別活動とは別に，新たに「養護・訓練」として位置づけられました。養護・訓練は，障害の多様性を踏まえ，心身の発達に必要な諸側面と，各障害の状態を改善し，または克服するために必要な固有の指導内容という2つの観点から「心身の適応」，「感覚機能の向上」，「運動機能の向上」，「意思の伝達」の4つの柱の下に12の項目にまとめられました。

また，1979（昭和54）年の学習指導要領の改訂においては，「盲学校，聾学校及び養護学校学習指導要領」と共通化され，児童生徒の障害の多様化に対応する観点等から「身体の健康」，「心理的適応」，「環境の認知」，「運動・動作」，「意思の伝達」の5つの柱の下に18の項目で示されるようになりました。

その後，国際的に障害者に対する取り組みが進められ，「自立」の概念が従前よりも広く取り上げられるようになり，1970（昭和45）年に制定された「心身障害者対策基本法」は，1993（平成5）年に障害者の自立と社会，経済，文化その他あらゆる分野への参加を促進するため大幅に改正され「障害者基本法」と名称が改められるなど，障害のある人を取り巻く社会環境が大きく変化してきました。また，その一方で養護学校義務化や医療の進展により，特殊教育諸学校（特別支援学校）に在籍する児童生徒等の障害の重度・重複化，多様化が進みました。

　これらのことを踏まえ，1999（平成11）年の学習指導要領の改訂において，「養護・訓練」は，一人一人の児童生徒等の実態に応じた活動であることや，自立を目指した主体的な取り組みを促す教育活動であることなどを一層明確にする観点から，「自立活動」と名称を変えました。また，その目標の文言も「個々の児童又は生徒」「自立を目指し，障害に基づく種々の困難を主体的に改善・克服する」と改められました。[*1]

　自立活動の内容については，従前の「柱」を「区分」とし，「健康の保持」「心理的な安定」「環境の把握」「身体の動き」「コミュニケーション」と名称が改められ，22の項目で示すこととされました。また，このときの改訂において「個別の指導計画」の作成が明示されました。

　その後，自立活動の区分項目は，学習指導要領の改訂ごとに拡充され，現在は6区分27項目となりました。[*2]

3　自立活動の教育課程上の位置づけ

　自立活動は，特別支援学校の教育課程において特別に設けられた指導領域で，特別の教育課程において重要な位置を占めるものです。授業時間を特設して行う自立活動の時間における指導を中心としつつ，各教科等の指導においても，

＊1　なお，2008年の改訂において「障害に基づく種々の困難」が「障害による学習上又は生活上の困難」に変更され，これは2017年の改訂にも引き継がれている。
＊2　6区分27項目については，本章の第3節「自立活動の実際」に示した表9-2を参照。

自立活動の指導と密接な関連を図っていく必要があります。

　また，小中学校等の特別支援学級や通級による指導においても，学校教育法施行規則第138条及び第140条に，特に必要がある場合には「特別の教育課程によることができる」ことが規定されています。この規定を受けて「小学校学習指導要領」等では，特別支援学級において特別の教育課程を編成する場合に，「障害による学習上又は生活上の困難を克服し自立を図るため，特別支援学校小学部・中学部学習指導要領第7章に示す自立活動を取り入れること[*3]」と示されています。

　また，通級による指導においても，「特別支援学校小学部・中学部学習指導要領第7章に示す自立活動の内容を参考とし，具体的な目標や内容を定め，指導を行うものとする。その際，効果的な指導が行われるよう，各教科等と通級による指導との関連を図るなど，教師間の連携に努めるものとする[*4]」ことが示されています。さらに特別の教育課程について定める告示[*5]には，「障害による学習上又は生活上の困難を改善又は克服する」という通級による指導の目的を前提としつつ，「特に必要があるときは，障害の状態に応じて各教科の内容を取り扱いながら行うことができるものとする」とされています。しかし，「単に各教科の学習の遅れを取り戻すための指導など，通級による指導とは異なる目的で指導を行うこと」のないよう留意する必要があります。[*6]

　なお，通常の学級に在籍している児童生徒のなかにも障害等による学習上または生活上の困難を有する者がいます。これらの児童生徒に対しては「特別支援学校等の助言又は援助を活用しつつ，個々の児童生徒の障害の状態等に応じた指導内容や指導方法の工夫を組織的かつ計画的に行うものとする[*7]」ことや

---

*3　たとえば小学校学習指導要領には，第1章「総則」第4「児童の発達の支援」の2「特別な配慮を必要とする児童への指導」の(1)「障害のある児童などへの指導」のイの（ア）（2017年告示）に示されている。
*4　同上，(1)「障害のある児童などへの指導」のウ（2017年告示）に示されている。
*5　学校教育法施行規則（昭和22年文部省令第11号）第140条の規定に基づき，学校教育法施行規則第140条の規定による特別の教育課程について定める件（平成5年文部省告示第7号）。2016年に一部改正され，本文に示した文言に訂正された（2018年4月より施行）。
*6　文部科学省初等中等教育局長通知「学校教育法施行規則の一部を改正する省令等の公布について（通知）」（28文科初第1038号）2016年。

「指導計画の作成と内容の取扱い」において，「障害のある児童生徒などについては，学習活動を行う場合に生じる困難さに応じた指導内容や指導方法の工夫を計画的・組織的に行うこと」[*8]と示されています。

2 障害の捉え方と自立活動

1 ICFと自立活動

近年，「障害者の権利に関する条約」[*9]の批准等により，障害のある人を取り巻く生活や障害そのものに対する考え方が大きく変わってきています。

障害の捉え方としては，1980（昭和55）年にWHO（世界保健機関）が「国際障害分類（ICIDH）」の考え方を発表し，適用されてきました。ICIDHでは，「impairment（機能障害）」→「disability（能力低下）」→「handicap（社会的不利）」と示され，疾病等が原因となり，機能障害が起こり，それが能力障害を生じさせ，社会的不利につながるという流れで説明されていました。

その後，2001（平成13）年にWHOは「国際生活機能分類（ICF）」の考え方を採択しました。この考えは，「障害のマイナス面だけでなく，プラスの面にも着目する」という考え方に立った画期的なもので，「身体機能・身体構造」「活動」「参加」の3つの要素が相互に関連し合い，生活機能に支障がある状態を障害と捉えています。なお，これらの状態は「個人因子」と「環境因子」が相互に影響し合うものと説明されており，これら構成要素間の相互関係については，図9-1のように示されています。

---

*7 「小学校学習指導要領」の第1章「総則」第4「児童の発達の支援」の2「特別な配慮を必要とする児童への指導」(1)「障害のある児童などへの指導」アおよび「中学校学習指導要領」の第1章「総則」第4「生徒の発達の支援」2「特別な配慮を必要とする生徒への指導」(1)「障害のある生徒などへの指導」アより（2017年告示）。

*8 「小学校学習指導要領」及び「中学校学習指導要領」の第2章「各教科」の各節の第3「指導計画の作成と内容の取扱い」（2017年告示）。

*9 **障害者の権利に関する条約**：障害者の人権及び基本的自由の享有を確保し，障害者の固有の尊厳の尊重を促進することを目的として，障害者の権利の実現のための措置等について定めた条約。2006年に国連総会で採択され，日本においては2014年に批准・発効された。この条約の批准にむけて，障害者基本法の改正やいわゆる障害者差別解消法の制定が行われた。

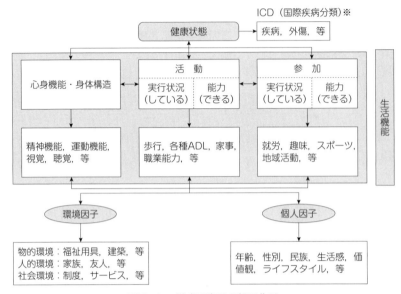

図9-1　構成要素間の相互作用

※　ICD（国際疾病分類）は，疾病や外傷等について国際的に記録や比較を行うために WHO（世界保健機関）が作成したものである。ICD が病気や外傷を詳しく分類するものであるのに対し，ICF はそうした病気等の状態にある人の精神機能や運動機能，歩行や家事等の活動，就労や趣味等への参加の状態を環境因子等のかかわりにおいて把握するものである。

出所：文部科学省「特別支援学校教育要領・学習指導要領解説　自立活動編」2018年，p. 13。

　特別支援学校小学部・中学部学習指導要領においても，従前の解説では，ICIDH の3つの概念を踏まえ，主として impairment（機能障害）による日常生活や学習上の困難を「障害に基づく種々の困難」と示し，disability（能力低下）を自立活動の指導によって改善，または克服することと捉えてきました。

　自立活動が指導の対象とする「障害による学習上又は生活上の困難」は，WHO において ICF が採択されたことにより，精神機能や視覚・聴覚等の「心身機能・身体構造」，歩行や ADL（日常生活動作）等の「活動」，趣味や地域生活等の「参加」といった生活機能との関連で障害を把握することが大切であるとしています。また，「個人因子」や「環境因子」に目を向け，「学習上又は生活上の困難」を把握したり，その改善・克服を図るための指導の方向性や関係機関等との連携の在り方などを検討したりすることが求められています。

2　合理的配慮と自立活動

　2016年4月に，国・地方公共団体等や民間事業者が行う事業において，「障害を理由とする不当な差別的取扱いの禁止」と「合理的配慮の提供」を求める法的な枠組みとして「障害を理由とする差別の解消の推進に関する法律（以下，障害者差別解消法）」が施行されました。

　学校教育が行う合理的配慮については，2012年7月に中央教育審議会初等中等教育分科会が取りまとめた「共生社会の形成に向けたインクルーシブ教育システム構築のための特別支援教育の推進（報告）」において，「障害のある子どもが，他の子どもと平等に『教育を受ける権利』を享有・行使することを確保するために，学校の設置者及び学校が必要かつ適当な変更・調整を行うことであり，障害のある子どもに対し，その状況に応じて，学校教育を受ける場合に個別に必要とされるもの」であり，「学校の設置者及び学校に対して，体制面，財政面において，均衡を失した又は過度の負担を課さないもの」と定義しています。

　これらの法令等に示された合理的配慮の趣旨や意義を鑑み，学校教育における自立活動と合理的配慮の関係は次の2つの関連で捉える必要があります。

　1つ目は，自立活動としては，障害による学習上または生活上の困難を改善・克服するために必要な知識，技能，態度及び習慣を身に付けるとともに，自己が活動しやすいように主体的に環境や状況を整える態度を養うことが大切であるという視点です。

　2つ目は，学校における合理的配慮は，障害のある児童生徒等がほかの児童生徒等と平等に教育を受けられるようにするために，障害のある個々の児童生徒等に対して，学校が行う必要かつ適切な変更・調整という配慮であるという視点です。

　これらのことから，今後の自立活動の指導においては，指導内容と合理的配慮の関連性についても十分考慮することが一層求められていると言えます。

3　個別の指導計画等と自立活動

　自立活動の指導は，個々の障害の状態や特性，心身の発達の段階等を踏まえて指導を行うことが基本となります。そのため，一人一人の児童生徒等の的確な実態把握を行い，その実態に基づいた指導すべき課題を明確にすることによって，個別に指導目標（ねらい）や具体的な指導内容を定めた「個別の指導計画」[*10]が作成されています。

　自立活動の指導は，個別に行われることが多いですが，「コミュニケーション」や「人間関係の形成」など，指導目標（ねらい）を達成するうえで効果的な場合は，小集団で指導することも考えられます。しかしながら，自立活動の指導計画は個別に作成されることが基本であり，集団指導ありきではないことに留意する必要があります。

　また，たとえば自閉症スペクトラム障害などの児童生徒が，学習活動において心理的な安定を図り，見通しがもてるようにするため，スケジュール等の理解を促進することを具体的内容として設定する場合など，自立活動の時間における指導を中心としつつ，各教科等の指導の時間においても自立活動の指導目標（ねらい）や具体的な指導内容等，留意すべきことなどについて踏まえ，計画的・組織的に取り組む必要があります。

　さらには，長期的な展望に立った指導や支援の方針の整理や，これまでの自立活動における取り組みの成果を進学や就労先に情報を適切に引き継ぐため，個別の教育支援計画等を十分に活用することが求められます。「交流及び共同学習」[*11]などにおいて合理的配慮が必要な場合もあるため，個別の指導計画及び個別の教育支援計画の作成と活用に努め，関係者間での連携・協働を図っていくことも大切です。

　なお，自立活動の指導における児童生徒等の学習の評価を通して，指導目標の実現に向けてどのように変容しているか，あるいはどのような点でつまずき，それを改善するためにどのように指導をしていけばよいかを明らかにするため

---

*10　「個別の指導計画」については，本書第13章を参照。
*11　「交流及び共同学習」については，本書第11章を参照。

に，PDCAサイクルを通した個別の指導計画の活用が求められます。ここでは，資質・能力の育成という観点においても障害等による困難によりつまずきが見られることを踏まえていく必要があります。

3 自立活動の実際

1 自立活動の内容

　自立活動の内容は，多くの具体的な指導内容から，人間としての基本的な行動を遂行するための要素と，障害による学習上または生活上の困難を克服・改善する要素を抽出し，それらのなかから代表的な要素を「項目」として示しています。これらの代表的な要素である27項目を「健康の保持」「心理的な安定」「人間関係の形成」「環境の把握」「身体の動き」「コミュニケーション」の6つの区分に分類・整理し大綱的に示したものが自立活動の内容となります。自立活動の内容は6区分27項目（表9-2）のなかから個々の実態を踏まえて，具体的に設定されます。

　自立活動では，各教科等のようにその項目のすべてを取り扱うのではなく，個々の児童生徒等の実態に応じて必要な項目を選定して取り扱います。また，自立活動の具体的な指導内容は，これらの区分・項目に基づいて，個々の児童生徒等に具体的な「指導内容」を設定することになります。なお，障害のある児童生徒等の実態は多様であることから，教師には具体的な指導内容の設定を工夫することが求められます。

　したがって自立活動の具体的内容は，個々の実態把握に基づいて，自立を目指して設定される指導目標を達成するために，学習指導要領等に示されている内容から必要な項目を選定し，相互に関連づけて設定されることになります。

　なお，「特別支援学校教育要領・学習指導要領解説 自立活動編」では，次のような事例が示されています。たとえば，玩具に興味をもち始めた上肢に麻痺のある幼児に，「玩具に手を伸ばす」という指導のねらいが考えられたとします。このねらいを達成するためには，置いてある玩具までの距離と方向を視覚

表9-2　自立活動の区分・項目

区　分	項　目
1　健康の保持	(1) 生活のリズムや生活習慣の形成に関すること。 (2) 病気の状態の理解と生活管理に関すること。 (3) 身体各部の状態の理解と養護に関すること。 (4) 障害の特性の理解と生活環境の調整に関すること。 (5) 健康状態の維持・改善に関すること。
2　心理的な安定	(1) 情緒の安定に関すること。 (2) 状況の理解と変化への対応に関すること。 (3) 障害による学習上又は生活上の困難を改善・克服する意欲に関すること。
3　人間関係の形成	(1) 他者とのかかわりの基礎に関すること。 (2) 他者の意図や感情の理解に関すること。 (3) 自己の理解と行動の調整に関すること。 (4) 集団への参加の基礎に関すること。
4　環境の把握	(1) 保有する感覚の活用に関すること。 (2) 感覚や認知の特性についての理解と対応に関すること。 (3) 感覚の補助及び代行手段の活用に関すること。 (4) 感覚を総合的に活用した周囲の状況についての把握と状況に応じた行動に関すること。 (5) 認知や行動の手掛かりとなる概念の形成に関すること。
5　身体の動き	(1) 姿勢と運動・動作の基本的技能に関すること。 (2) 姿勢保持と運動・動作の補助的手段の活用に関すること。 (3) 日常生活に必要な基本動作に関すること。 (4) 身体の移動能力に関すること。 (5) 作業に必要な動作と円滑な遂行に関すること。
6　コミュニケーション	(1) コミュニケーションの基礎的能力に関すること。 (2) 言語の受容と表出に関すること。 (3) 言語の形成と活用に関すること。 (4) コミュニケーション手段の選択と活用に関すること。 (5) 状況に応じたコミュニケーションに関すること。

出所：文部科学省「特別支援学校小学部・中学部学習指導要領」第7章「自立活動」（2017年告示）より筆者作成。

によって捉えるとともに，玩具を目指して手を伸ばすという上肢を適切に操作するための姿勢保持と運動・動作が必要です。そこで，「4　環境の把握」の区分の下に示されている項目と「5　身体の動き」の区分の下に示されている項目とを組み合わせて，具体的な指導内容を設定することが求められます。すなわち，その幼児が自分の感覚で捉えやすい色や大きさ，そして，上肢を動かすことができる範囲を考慮して，具体的な指導内容を検討しなければならない

ということになります。具体的な指導内容を考える際には、児童生徒等の実態を踏まえて、自立活動の様々な項目を関連づける必要があります。

2 実態把握から具体的な指導内容の設定までの流れと具体例

ここでは「特別支援学校教育要領・学習指導要領解説 自立活動編」に示された流れ図と解説に基づいて、自立活動における実態把握から具体的な指導目標（ねらい）を設定したり、具体的な指導内容を設定したりするまでの過程において、どのような観点で整理していくかについて説明します。

なお、「特別支援学校教育要領・学習指導要領解説 自立活動編」には「流れ図」を踏まえた13事例があげられていますが、小学校3学年の通常の学級に在籍し、通級による指導を受けている、吃音（きつおん）のある児童に対して、吃音について知り、不安等を軽減することを意図した指導の事例を示します（図9-2）。自立活動の指導においては、個々個別の実態を踏まえた適切な指導目標（ねらい）と指導内容の検討が求められ、その際には、改めていくつかの項目を関連づけていくことに留意する必要があります。以下、図9-2中の番号に沿って見ていきます。

①実態把握の段階

①は実態把握のために必要な情報を収集している段階を示しています。必要な情報を収集するにあたっては、実態把握の観点、実態把握の具体的内容、実態把握の方法を踏まえることが大切です。児童生徒のできないことばかりに注目するのではなく、できることにも注目するように心がける必要があります。

②は①で収集した情報を整理する段階を示しており、収集した情報をどのような観点で整理するかを例示しています。②-1の「自立活動の区分に即して整理」とは、障害名のみに基づいて特定の指導内容に偏ることがないよう、対象となる児童生徒等の全体像を捉えて整理することを意図しています。その際には自立活動の6区分27項目を踏まえて整理することが大切です。ただし、すべての区分を網羅することが前提ではありません。②-2は、「学習上又は生活上の困難の視点で整理」する段階です。その際、これまでの学習状況を踏ま

学部・学年	小学校・第3学年
障害の種類・程度や状態等	言語障害（吃音）
事例の概要	吃音への不安等を抱える児童に対し，吃音について知り，不安等を軽減することを意図した指導

① 障害の状態，発達や経験の程度，興味・関心，学習や生活の中で見られる長所やよさ，課題等について情報収集

・吃症状は，音の繰り返しと軽いつまりが主である。
・吃音に対する不安や恥ずかしいという思いを強くもっており，できるだけ少ないことばで応答しようとし，挙手や人目につく役割を極力避けようとする。このため，吃音自体は，学校では目立たない。
・学年の始めや夏休み明け，行事の前など，環境が変化すると吃症状が強くなることが多い。
・授業中に音読する場面では吃症状はほとんど見られず，自由会話になるとその頻度が増える。
・読書好きで語彙が豊富であり，学力も高い。場の雰囲気や状況を読む力も優れている。
・家族や担任，クラスの限られた友人との関係は良好である。
・吃音へのからかいなどで辛い思いをすることはないが，低学年のとき，吃音のことを知らない友達から「なんで，そんな話し方するの？」と尋ねられた経験は何度もある。

②-1　収集した情報（①）を自立活動の区分に即して整理する段階

健康の保持	心理的な安定	人間関係の形成	環境の把握	身体の動き	コミュニケーション
・吃音について家族も触れずにいたため，吃音に関する知識をもっていない。	・自分には吃症状があるという自覚があり，できるだけ少ないことばでやり取りを済まそうとする。 ・できるだけ人目につく役割を避けようとする。	・吃音のことを知っている仲の良い特定の友達とだけ一緒にいることが多く，消極的である。	／	／	・吃症状は音の繰り返しと軽いつまりが主である。音読よりも自由会話で吃症状が現れることが多い。 ・学年の始めや夏休み明け，行事前など環境が変化すると吃症状が強く現れる。

②-2　収集した情報（①）を学習上又は生活上の困難や，これまでの学習状況の視点から整理する段階

・吃音が出ないように，発言や行動面で消極的に学校生活を送っており，自分を出せない不全感を抱いている。（心，人）
・吃音が出るのではないかという不安感や恐怖感を常に抱いており，限られた友人とのみ交流している。（健，心，人）

②-3　収集した情報（①）を○○年後の姿の観点から整理する段階

・保護者は，吃音に捕らわれず，自分に自信をもち，自分の力を発揮でき，将来は自分から周囲に働きかけるような力を身に付けてほしいと願っている。（心，人，コ）
・本人は多くの友達を作ったり，友人関係を深めたりしたいという願いをもっている。（人，コ）

③　①をもとに②-1，②-2，②-3で整理した情報から課題を抽出する段階

・吃音に関する客観的な知識がないため，強い不安感・恐怖感を常に抱えている。（健）
・吃音が出るのではないかという不安感，恐怖感から，発言や行動面が消極的になる。（心）
・友達との関係を広げたいと思っているが，限られた友人とのみ交流している。（人）
・いつ吃音が出るか，吃症状が変化するか予測できないなど，吃音の波に対する不安を一人で抱えている。（心，コ）

④　③で整理した課題同士がどのように関連しているかを整理し，中心的な課題を導き出す段階

・③の課題同士の関連を，「吃音に対する自分の内面（捉え方やイメージ）」と，「その結果として現れる言動」，それに対する「自分の思い」という視点で整理した。（次ページの図参照）
・吃音に対する本人の内面を不安感や恐怖感が大きく占めている背景として，吃音について知らないことと誰にも言えず一人で悩んでいることが考えられた。このことから，中心的な課題は吃音に対する不安感や恐怖感を軽減していくことと考えた。そのために，指導上必要なことは，背景として考えられることを踏まえ，吃音に対する本人の理解を図っていくことと，安心できる相手と吃音が出ることに捕らわれずに話すこととと考えた。

図9-2　言語障害（吃音）の指導事例の実態把握

出所：文部科学省「特別支援学校教育要領・学習指導要領解説　自立活動編」2018年，p. 148, 150．

第9章　特別の指導「自立活動」

吃音に対する自分の内面	結果として現れる言動	それに対する自分の思い
吃音に対する不安感・恐怖感	消極的な発言や行動等	自分を出せないという不全感
▲予測できない ▲どうしたらいいかわからない ▲誰にも言えない	▲できるだけ少ない言葉で話す ▲人の目につくことをしない ▲限られた友人とだけ交流	▲学習や学校生活で自分の力を出せていない ▲友達との関係を広げたいが，できずにいる

「背景」として考えられること
● 吃音について知らないこと
● 一人で悩んでいること

課題同士の関係を整理する中で今指導すべき目標として	⑤　④に基づき設定した指導目標を記す段階
	通級指導教室に来たときに，自分の話したいことを自分から話し出せること。

指導目標を達成するために必要な項目の選定	⑥　⑤を達成するために必要な項目を選定する段階					
	健康の保持	心理的な安定	人間関係の形成	環境の把握	身体の動き	コミュニケーション
	(4)障害の特性の理解と生活環境の調整に関すること。	(2)状況の理解と変化への対応に関すること。 (3)障害による学習上又は生活上の困難を改善・克服する意欲に関すること。	(3)自己の理解と行動の調整に関すること。			(2)言語の受容と表出に関すること。 (5)状況に応じたコミュニケーションに関すること。

⑦　項目と項目を関連付ける際のポイント

〈自分の話したいことを話せるようになっていくために〉（心）(2)と(3)と（人）(3)と㋺(2)と(5)とを関連付けて設定した具体的な指導内容が，⑧アである。
　また，この目標を達成するためには，発達段階に応じた吃音の適切な知識を児童自身が得ることが必要である。したがって，（健）(4)と（心）(3)と（人）(3)と㋺(5)とも関連させていくことが必要であるため，⑧イを設定した。

選定した項目を関連付けて具体的な指導内容を設定	⑧　具体的な指導内容を設定する段階	
	ア　体験したことや興味のあることについて，楽しく意欲的に会話をする経験をもたせる。 ・本人が好きな活動や自信をもっている活動を取り上げ，自己肯定感を育む。 ・「好きなこと」「得意なこと」「苦手なこと」など，自己理解を広げるプリントを話し合いながら行い，自己を多面的に見られるようにする。	イ　吃音理解に関する本を一緒に読む中で，吃音に対する「分からない故の不安」の軽減を図る。 ・吃音の状態に応じた対応の仕方や吃音に伴う日常の経験について，担当者と個別に，又は同じ吃音のあるグループで話し合う。 ・いろいろな読み方や話し方を体験し，話し方は1通りだけでないことを知らせる。

から指導内容設定までの流れと指導事例流れ図

え，学習上または生活上の難しさだけではなく，すでにできていることや支援があればできることなども記載することが望ましいです。②-3は，児童生徒等の生活年齢や学校で学ぶことのできる残りの年数を視野に入れた整理です。たとえば「○年後の姿」をイメージしたり，卒業までにどのような力を，どこまで育むのかを想定したりして整理することです。

②指導すべき課題を整理する段階

③では，②で整理した情報のなかから，指導開始時点で課題となることを抽出するものです。そして④は，③で抽出した課題同士がどのように関連しているかを整理し，中心的な課題を導き出す段階です。課題同士の関連とは，たとえば「原因と結果」や「相互に関連し合う」，「発達や指導の順序」等が考えられ，これらのことを踏まえて検討することが求められます。

③指導目標（ねらい）を設定する段階

⑤は，④に基づいて指導目標（ねらい）を設定する段階です。自立活動における指導目標（ねらい）は，指導の効果を高めるために，学部・学年等の長期的な目標とともに，当面の目標となる短期的な目標を設定することが必要です。

具体的には，生育過程のなかで現在の状態に至った原因や背景を明らかにしたり，将来の可能性について技術革新や社会の発展を考慮したりし，長期的な観点から考えること，また，個々の児童生徒等の実態を踏まえて必要な指導内容を段階的，系統的に取り上げることが大切です。

④指導目標（ねらい）を達成するために必要な項目を選定する段階

⑥は，⑤の指導目標（ねらい）を達成するために，自立活動の内容6区分27項目から必要な項目を選定する段階です。ここでは③で整理された中心的課題に至る背景，指導可能な在学期間，卒業後までに育みたい力との関係などを踏まえて，必要な項目を選定することが大切です。

⑤選定した項目を関連づけて具体的な指導内容を設定する段階

⑧は，⑥で選定した項目同士を関連づけて具体的な指導内容を設定する段階です。その際には，根拠を踏まえて項目同士を関連づけることが大切です。そのため，「⑤の指導目標を達成するためには，○○の力を育てる必要がある。したがって，区分△△△の項目△△と区分□□□の項目□□とを関連づけて指

導する」など，⑦に項目同士を関連づけるポイントを示すこととしています。

⑧の具体的な指導内容を設定するにあたっては，「ア　主体的に取り組む指導内容」「イ　改善・克服の意欲を喚起する指導内容」「ウ　発達の進んでいる側面を更に伸ばすような指導内容」「エ　自ら環境と関わり合う指導内容」「オ　自ら環境を整える指導内容」「カ　自己選択・自己決定を促す指導内容」「キ　自立活動を学ぶことの意義について考えさせるような指導内容」を踏まえて検討することが大切です。

なお，⑥と⑧を結ぶ線は，⑥の各項目と関連する⑧の具体的な指導内容とを結んだものであり，すべてを関連づけるものではないということに留意する必要があります。

 まとめ

本章では，「自立活動」の意義や学習指導要領における改訂の経緯，教育課程上の位置づけについて概説するとともに，「自立活動」における具体的な指導内容の設定に至る流れについて解説しました。

「自立活動」は特別の教育課程における「要」の1つであり，障害等による学習上または生活上の困難を有する児童生徒一人一人に対する適切な指導と必要な支援の一層の充実を図るための重要な枠組み（正確には「領域」）と言えます。児童生徒の自立と社会参加に向けて，そして共生社会の形成に向けて「合理的配慮」という視点を踏まえ，充実を図っていくことが求められます。

 さらに学びたい人のために

○古川勝也・一木薫（編著）『自立活動の理念と実践――実態把握から指導目標・内容の設定に至るプロセス』ジアース教育新社，2016年。
　　自立活動の指導の目的，特別支援学校における自立活動の指導の現状と課題，カリキュラム構造などの理論をおさえつつ，様々な障害のある子どもへの実践20事例を取り上げ，指導計画の立案の手続きを具体的に説明しています。

○笹森洋樹・廣瀬由美子・三苫由紀雄（編著）『新教育課程における発達障害のある子どもの自立活動の指導――特別支援学校・特別支援学級・通級，通常の

学級の指導の工夫』明治図書出版，2009年。
　発達障害のある子どもに対する自立活動の指導の基本的な考え方を示し，特別支援学校，特別支援学級，通級による指導及び通常の学級における指導事例を表や写真，イラストなどでわかりやすく紹介しています。

第 10 章

「通級による指導」での指導の実際

● ● ● 学びのポイント ● ● ●

- 「通級による指導」の意義について理解しましょう。
- 「通級による指導」における「特別の指導」(自立活動,障害の状態に応じた教科指導)の教育課程上の位置づけと内容を理解しましょう。
- 特別な教育的ニーズのある児童生徒への効果的な指導方法について考えてみましょう。
- 通常の学級担任と,通級による指導の担当者は,それぞれどのような役割を担うのでしょうか。望ましい連携の在り方についても考えてみましょう。
- 「通級による指導」の具体的な実践をシミュレーションしてみましょう。

WORK　通級指導教室って何？

時間割	月	火	水	木	金
8:00〜8:20	読書	読書	スポーツ	音読	全校朝会
朝の会					
1　8:30〜9:15	国語※	算数	国語	算数	国語
2　9:25〜10:10	理科	総合	理科	音楽	算数※
3　10:25〜11:10	社会	書写	体育※	国語	音楽／図工
4　11:20〜12:05	算数	理科	算数	国語	図工
12:05〜12:50	給食				
12:55〜13:25	昼休み				
13:25〜13:40	清掃				
5　14:00〜14:45	体育	国語	道徳	社会	体育
6　14:55〜15:40	総合	学級	集団下校	学活	

※：時間割内の○で囲んである時間は通級指導教室へ行く授業。

　Aさんは通常の学級に在籍している子どもです。しかし，Aさんは落ち着いて授業に参加できず，また衝動的に行動することで級友とのトラブルも多く見られます。

　そのため，週3時間を通級による指導（通級指導教室）で勉強しています。月曜日の1時間目と水曜日の3時間目，そして金曜日の2時間目は，3年1組の学級から抜けて通級指導教室で特別な勉強をします。

　あなたの学級に，このような指導形態で学級を抜けるAさんがいたとしたら，学級の子どもにどう説明しますか。隣同士の人と説明し合ってみましょう（15分）。

〈WORK の取り扱い〉
　本章の WORK は，授業の冒頭やまとめとして実施することが可能である。授業者の判断で問題ないが，別室で授業を受ける児童生徒への説明を学生に考えさせることで，通級による指導の価値を理解させたい。

第10章 「通級による指導」での指導の実際

● 導 入 ●

　みなさんは，「通級による指導（通級）」という言葉を聞いたことがありますか？「通級」とは，通常の学級に在籍している児童生徒が，週のうち何時間か専門的な指導を受けることができる制度です。時々，「追級（ついきゅう）」と間違える人がいますが，「つうきゅう」が正しい用語です。通常の学級には，特別な教育的ニーズのある児童生徒を含む多様な児童生徒がいます。そのなかで通常の教育でおおむね学習できるものの，それだけでは十分でなく，通級による指導が適していると判断される場合，通級指導担当の先生から専門的な指導を受けるのです。通級指導教室では，「個別指導」を主としながら，場合によっては「小集団指導」も組み合わせて行います。この章では，この「通級による指導」について具体的な実践例も交えて解説します。

1　「通級による指導」の意義

　「通級による指導」は，「障害の状態がそれぞれ異なる個々の児童生徒に対し，個別指導を中心とした特別の指導をきめ細かに，かつ弾力的に提供する教育の一形態」[1]とされています。

1　「通級による指導」の制度化

　「通級による指導」が制度化された理由は何でしょうか？
　1993年に「通級による指導」が制度化される以前，小中学校の通常の学級に在籍する障害のある児童生徒は，一部を除き，「通常の学級で留意して指導する」とされていました。多くの場合は，特に専門家の助言もなく，通常の学級担任が自己判断で配慮を行っていました。なかには，一日中，ただ席に座っているだけの，いわゆる「お客さん」状態や，あるいは，周囲の児童生徒が「お

---

[1] 文部科学省『通級による指導の手引き　解説とQ&A（改訂第2版）』佐伯印刷，2012年。

世話をする」状態で，障害のある児童生徒自身は，学びの機会を奪われていることもありました。

　言語障害のある児童生徒を対象とした一部の特別支援学級においては，ほとんどの時間を通常の学級で教育を受け，週のうち数時間を専門的な指導を受ける，という事実上の通級による形態で指導が行われていました。言語障害とは，吃音（どもり）や構音障害（発音の問題）等ですから，週数時間の訓練以外は，通常の授業を受けることが適切だったのです。しかし，ほとんどの時間を通常の学級で授業を受けることが望ましい児童生徒は言語障害だけではありません。他の障害でも同様の教育的対応が望ましい児童生徒が存在します。このようなことから，「通級による指導」への要望が高まっていました。

　そのような時代背景のもと，文部省（当時）における「通級学級に関する調査研究協力者会議」は，通級による指導を実施する場合の具体的な課題等について検討を行いました。その提言を受け，1993年4月より，通級による指導が制度化されました。

　2007年4月には，学校教育法が改正・施行され，それまでの「特殊教育」から「特別支援教育」へと，大きな制度の転換がありました。特殊教育の時代には，障害のある児童生徒の教育の場は，特殊学級か盲聾養護学校に限定されていました。特別支援教育では，教育の場は限定せず，特別な支援を必要とする児童生徒に対しては，通常の学級においても特別支援教育を行うこととなりました。前述したように通常の学級に在籍する障害のある児童生徒のなかで，おおむね通常の学級での学習や生活が可能であるが，特別なニーズに応じた通級による指導が有効である場合，通級による指導の対象になります。

　文部科学省の調査では，通常の学級に在籍する発達障害の可能性のある児童生徒は6.5％と報告されており，[*2]40人学級であれば2人は特別な支援が必要な児童生徒がいることになります。「通級による指導」の重要性は，ますます高まっていると言えます。

＊2　文部科学省「通常の学級に在籍する発達障害の可能性のある特別な教育的支援を必要とする児童生徒に関する調査結果について」2012年。

第10章 「通級による指導」での指導の実際

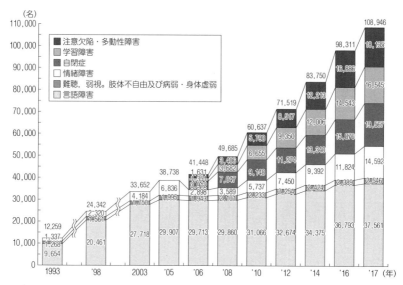

図10-1　通級による指導を受けている児童生徒数の推移（公立小・中学校合計）
出所：文部科学省「平成29年度通級による指導実施状況調査結果について」2018年より筆者作成。

2 「通級による指導」の展開

> **考えてみよう！**
> 　図10-1「通級による指導を受けている児童生徒数の推移」を見てみましょう。この図から，どんなことがわかりますか？
> ・制度化当時1993年と，2006年，2017年を比較してみましょう。
> ・2006年に，大きな変化がありますが，この意味を考えましょう。
> ・2006～2017年で，大きく増加しているのは，どんな障害でしょう。

　制度化された1993年当時，通級による指導の対象は，言語障害，情緒障害，弱視，難聴，その他，とされており，その他として想定されていたのは，肢体不自由と病弱・身体虚弱でした。この時点では，通級による指導を受けていた児童生徒は1万2,259人でしたが，2017年には，10万8,946人とこの約25年の間に約9倍に激増しています。

169

2006年にあった大きな変化は，発達障害者支援法の施行と，それに対応して，LD・ADHDのある児童生徒が通級による指導の対象に加わるという制度の見直しが図られたことでした。また，これに併せて，それまで「情緒障害」の分類に入っていた「自閉症」が独立しました。2005年から2006年にかけて「情緒障害」が半減し，その分「自閉症」としてカウントされていること，また，「学習障害（LD）」「注意欠陥・多動性障害（ADHD）」が，カウントされるようになったのです。その後，LD・ADHD，自閉症は年々増加し，2017年時点では，言語障害よりも多くの子どもが通級による指導を受けています。

　2018年からは，高等学校における通級による指導が制度化され，支援体制が充実し，さらに多くの児童生徒が通級指導を受けられるようになりました。

3　「通級による指導」の意味

　通級による指導は，おおむね通常の学級での学習や生活が可能であるが，一部，特別の指導を行うことで効果が期待できる児童生徒に対して，日常生活や学習場面において生じる困難を改善するための特別の指導を行うものです。この特別の指導は，教育課程上は「自立活動」に該当します[*3]。「自立活動」は，通常の学級の教育課程では十分保障できない，個々のニーズに応じた教育を行うことに意味があります。高い専門性に基づいた指導が期待されています。

　また，通級による指導を受ける児童生徒は，多くの時間を通常の学級で学んでいます。ICF（国際生活機能分類）の包括モデル[*4]の考え方に基づき，通常の学級という環境との関係も踏まえて，彼らの困難を理解する必要があります。通常の教育では，児童生徒の生活年齢[*5]に即して，一般的な発達段階を想定し，系統的・段階的に教育課程が構成されています。小学校1年生に期待される学習，

---

* 3 　「自立活動」については，本書第9章参照。
* 4 　**ICFの包括モデル**：「障害」は，個々の心身機能や身体構造のみによって生じるのではなく，環境も大きく影響する。環境としては，福祉用具や建築，人的環境，制度・サービスなどがある。それらとの総合的な状態として「障害」を捉える考え方（本書第9章も参照）。いわゆる「障害者差別解消法」は，この包括モデルの考え方に基づいている。
* 5 　**生活年齢**：暦年齢とも言う。誕生日から換算して満○歳とするもの。通常の教育の学年は生活年齢で規定されている。

中学校3年生に期待される学習，それぞれがあります。この点が，個々の実態に応じて教育課程を編成できる特別支援学校の教育と異なっています。また，周囲の児童生徒の実態も，低学年，中学年，高学年と，発達段階によって異なります。障害のある子どもたちの困難は，通常の学級という環境によって生じるものも少なくありません。したがって，単に，障害に関する専門性だけでなく，通常の教育に関する専門性も重要になります。

2 「通級による指導」及び「自立活動」の教育課程上の位置づけと内容

1 「通級による指導」の基本的な理解

　通級による指導は，多くの地域では「通級指導教室」で行われます。「通級指導学級」ではなく，教室となっているのはなぜでしょうか？　また，特別支援学級や特別支援学校で学ぶ児童生徒の教育では，「交流及び共同学習」の重要性が言われています。[*6]「交流及び共同学習」と通級による指導の違いはちょっとわかりにくいところです。ここでは，これらを整理して理解しましょう。

①教室と学級の違い

　「通級指導教室」が，「通常の学級」「特別支援学級」と異なる「教室」という名称になっているのはなぜでしょう。

　日本の教育制度では，児童生徒一人一人に「学籍」があります。これは，学校における戸籍のようなもので，1人の児童生徒に1つ，というのが原則です。学籍は，ほとんどの時間を過ごす場所（学級）に置かれ，子どもの数に応じて教育を行うための予算と一定数の教員が確保されます。特別支援学級には，学籍を置きますが，通級指導教室には学籍を置きません。たとえば，通常の学級3年1組で学んでいたAさんが，年度途中から通級による指導を受けることになった場合，学籍は3年1組に置いたままで，通級による指導を受けることができます。一方，特別支援学級で学ぶことになった場合は，学籍は3年1組か

＊6　「交流及び共同学習」については，本書第11章参照。

ら特別支援学級に移さなければなりません。子どもから見た場合は，この点がもっとも大きな違いです。

　通級指導教室は，学籍の異動がありませんから，何人の子どもが指導を受けているかの根拠が曖昧です。これまでは，おおむね10人程度の子どもに対して1人の教員，という配置が原則でしたが，地域によっては30人以上の子どもを1人の教員が担当しているという実態もありました。通級による指導の充実のために，文部科学省は，今後，指導担当教員の基礎定数化を予定しています。

②自校通級と他校通級，巡回指導

　通級による指導を受ける児童生徒については，学校教育法施行規則第140条に定められています。2018年現在，対象とされているのは，①言語障害者，②自閉症者，③情緒障害者，④弱視者，⑤難聴者，⑥学習障害者，⑦注意欠陥多動性障害者，⑧その他障害のある者で，この条の規定により特別の教育課程による教育を行うことが適当なもの[*7]，とされています。

　通級による指導には高い専門性が必要であり，障害種ごとに専門知識が異なります。しかし，すべての学校にすべての障害種に対応した通級指導教室を設置することは現実的には困難です。子どもが在籍する学校に，ニーズに応じた通級指導教室があり，そこに通う場合を「自校通級」と言います。これに対して，ニーズに応じた通級指導教室が在籍校以外にあり，そこに通う場合を「他校通級」と言います。学校教育法施行規則第141条では，他の学校で受けた授業を，在籍校の「教育課程に係る授業とみなすことができる」としています。

　このほかに，通級担当者が子どもの在籍する学校に行って，特別の指導を行う「巡回指導」もあります。

③通級による指導と交流及び共同学習の違い

　前述したように，通級による指導を受ける児童生徒は，ほとんどの時間を通常の学級で学び，学籍も通常の学級にあります。特別支援学級では，児童生徒はほとんどの時間を特別支援学級で学び，学籍も特別支援学級にあります。表10-1に概要を整理しましたので，両者の違いを理解しましょう。

＊7　ここであげられている障害名は法令における名称であり，診断名とは異なる。

表10-1　通級による指導と特別支援学級の交流・共同教育との比較

	学　籍	概　要
通級による指導	通常の学級	基本的には通常の学級で学ぶ。通常の学級でのねらいは，他の児童生徒と同じ。 　一部の指導（自立活動等）を通級指導教室で学ぶ。通級指導教室では個別の指導計画に従って学習する。在籍する学校内に通級指導教室がある場合「自校通級」が可能だが，ない場合は他の学校に通う「他校通級」，あるいは，通級担当者が子どもの在籍校を訪問して指導を行う「巡回指導」などになる。
交流及び共同教育	特別支援学級	基本的には特別支援学級で学ぶ。特別支援学級では，個別の指導計画に従って教育を受ける。 　一部の活動（給食，清掃，授業など）を通常の学級で行う。通常の学級でのねらいは異なる場合がある。

出所：筆者作成。

2　「通級による指導」における「特別の指導」
——自立活動と障害の状態に応じた教科指導

　「教育課程」とは，学校教育で何をどう教えるか，という教育内容と教育計画全体のことです。日本では，「学習指導要領」があり，各学年の教育内容については綿密に決められています。具体的な教育計画は，各学校が実情に応じて定めています。通級による指導においては，この通常の教育課程に，障害による学習上または生活上の困難を改善・克服するための指導を加えたり，または一部を替えたりする「特別の教育課程」が認められています。

　先にも述べたように，通級による指導は，教育課程上は「自立活動」として扱われます[*8]。障害のある児童生徒には，その障害に関係して，様々なつまずきや困難が生じます。そのため，通常の教育だけでは十分でなく，個々のニーズに応じるための指導が必要になります。そのために，各教科等に加えて設定されているのが「自立活動」の領域です。この「自立活動」に相当する内容の指導を行うことが基本となりますが，特に必要がある場合には，障害に応じて各教科の内容を取り扱いながら行うことも認められています。通級による指導は，

＊8　「自立活動」については，本書第9章参照。

この2つ，すなわち①自立活動に相当する内容，②障害に応じて各教科の内容を取り扱いながら行う指導，を柱としています。

個々のニーズに応じた効果的な指導を行うためには，「個別の教育支援計画」「個別の指導計画」の作成が必要です。2018年に改訂された学習指導要領では，通級による指導や特別支援学級についても，特別支援学校と同様「個別の指導計画」作成が義務となりました。

3 特別な教育的ニーズのある児童生徒への効果的な指導方法

これまでに述べてきたように，通級による指導では，通常の教育課程だけでは十分ではない，「個々のニーズ」に応じた指導を行います。ですから，一人一人の児童生徒の実態把握を行い，ニーズを的確に把握することが，大前提となります。「個々のニーズ」とは，障害の状態だけではなく，発達段階，性別，家庭や地域の状況など，包括的に捉える必要があります。同じ子どもであっても，発達段階によって取り組むべき課題は異なります。低年齢のうちは，できることを増やし子どもの可能性を拡げる「ボトムアップ」の取り組みが重要ですが，中学校以降はその子のできていることを基本に，社会にどのように出て行くのかという「トップダウン」の視点が必要になります（図10-2）。そのうえで，一人一人の障害による学習上または生活上の困難を改善・克服するために，「個別の指導計画」に基づいて指導を行います。個々の児童生徒のニーズに応じて指導方法も異なりますが，一部を紹介しましょう。

1 発音がうまくできないために生活上の困難がある場合（構音障害）

発音がうまくできないことを構音障害と言います。サ行の音が，[tya][tyu][tyo]になってしまう子どもに出会ったことはあるかもしれませんね。「ちぇんちぇー，ちょれちゅかう」などは，幼児期にはよく見られますが，小

---

*9 「個別の教育支援計画」「個別の指導計画」については本書第13章参照。
*10 「実態把握」については，本書第3章参照。

第10章 「通級による指導」での指導の実際

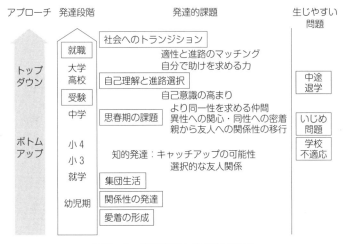

図10-2　発達段階と子どもの様相
出所：筆者作成。

学生になってもうまく発音できない場合は，通級による指導が必要です。通級指導では，構音障害の原因を踏まえ，構音の改善に関わる指導はもちろんのこと，話し言葉の指導や，心理的な影響などへの支援を行います。

2　自閉スペクトラム症のために学校生活で困難がある場合

　自閉スペクトラム症（ASD）[*11]は，アメリカの精神医学会による診断基準（DSM-5）に基づく医学的な診断です。DSM-5によるASDの基本的な症状は，①社会的コミュニケーションと対人的相互反応の障害（社会性の障害），②行動・興味及び活動の限定されたパターン的な繰り返し，です。さらに，②として，変化への弱さや感覚の問題（過敏あるいは鈍麻）も含まれています。ASDのなかで，知的障害を伴わないタイプを高機能ASDと言います。高機能ASDのある人は，高等教育まで進む場合もあり，通常の学級で学んでいることが少なくありません。しかし，社会性の障害があるために，他者の意図理解

---

*11　「自閉スペクトラム症（ASD）」については，本書第5章参照。

の失敗や，状況の読み取り違いを起こしやすく，日常生活上の大きな困難となっています。さらに，当事者にとっては感覚の問題や変化への弱さは，日常生活で大きなストレスとなるのですが，非ASDの人にとっては理解しづらい問題です。特に学校場面では，ASDへの無理解のために，苦痛を強いられていることが多く，その結果として，いじめ被害や不登校などの学校不適応を起こすこともあります。通級による指導では，ASDのある児童生徒の成長を支えるための指導はもちろん，通常の学級担任や周囲の子どもへの理解を図る活動も重要になります。ASDのある児童生徒自身に対しては，学校生活でのルール理解や，日常生活で周囲とうまく関わっていくためのソーシャルスキルの指導を行うことも重要でしょう。小学校高学年以降では，自分の特性について理解する指導も必要になってきます。

3 多動性や衝動性のために集団参加がうまくいかない場合

多動性や衝動性は，基本的には低年齢の時期のほうが目立ちます。小学校低学年だと，教室にいられない，席についていられない，ということが問題になります。あるいは，友達とのやりとりで衝動的な行動からトラブルになることも多いかもしれません。通級指導では，児童自身が目的意識をもって，自分の行動をコントロールすることができるようになることを目標にします。また，トラブルを避けるためのソーシャルスキルトレーニング[*12]を行うこともあります。

4 LDなど読み書きの困難がある場合

通常の教育では，すべての教科領域に「読むこと」が必要です。LDなどにより，読むことが困難だと，学校生活への影響が大きく，学力低下から自己肯

---

*12 ソーシャルスキルトレーニング（SST）：対人関係における適応的な行動をトレーニングによって身につけようとするもの。適応的な行動の例としては，「話しかけるスキル」「遊びに誘うスキル」「断るスキル」等がある。基本的なステップは，①教示，②モデリング（観察学習），③リハーサル，④実行，⑤フィードバック（評価），等である。

定感が下がったり，不登校などの学校不適応を起こしたりすることもあります[*13]。通級による指導では，認知特性を把握したうえで，当該児童生徒にあった学習方略を探して指導します。子どもによっては，タブレットなどのICTを活用して，困難をカバーする方法を教えることもあります。また，心理的不適応が著しいときは，心理面への援助を行う場合もあります。

5 合理的配慮の提供

通級による指導の対象は，これまでに紹介した例だけではありません。吃音，算数障害[*14]，発達性協調運動障害[*15]など多様なニーズがあり配慮が必要です。

2016年4月に障害を理由とする差別の解消の推進に関する法律が施行され，公立学校では「差別の禁止」と「合理的配慮の提供」が義務となりました。「個別の指導計画」を作成する際，通常の学級における合理的配慮を想定しておく必要があります。学習内容のレベルは変えずに方法を変更することを「アコモデーション」，学習内容のレベル自体を簡易なものに変更することを「モディフィケーション」と言います。合理的配慮の提供に際しては，両者の違いを理解したうえで判断する必要があります。

4 通常の学級担任と「通級指導教室」担当者の役割と連携

通級による指導を受けている児童生徒の普段の生活の場は，通常の学級です。ですから，通常の学級での生活の質はとても重要です。通級による指導の担当教員は，常に通常の学級での生活を想定して，児童生徒の指導を考えていく必要があります。通級で指導することと，通常の学級の学習がリンクすることで，

[*13] 「学習障害（LD）」については，本書第4章参照。
[*14] **算数障害**：学習障害（LD）のなかで，特に算数に関して困難を示すもの。数学の概念，数値，または計算の困難，数学的推論の困難など。
[*15] **発達性協調運動障害**（Developmental Coordination Disorder: DCD）：発達性協調運動症とも言う。協調運動技能の獲得や遂行の困難。不器用で極端に運動が苦手。学校生活では体育や書道，楽器演奏などに困難が見られる。

大きな指導効果が期待できますし，児童生徒の日常生活の質も向上して，より深い学びが期待できるでしょう。個別の指導計画等を活用して，通常の学級担任と通級の担当教員が，目標や手立てを共有すること，また，日常的にも子どもに関する情報を共通理解すること，そのような積み重ねでよい連携をとっていくことが重要です。

5 「通級による指導」の実践

これまで述べてきたように，「通級による指導」では個々のニーズに応じた個別の指導計画を作成して実践に取り組みます。ここでは，いくつかの事例について，具体的な指導をシミュレーションしてみましょう。

それぞれの事例の情報から，次の4つの点について考えてみましょう。

1. できていること，できないこと（困難）を整理してみましょう。
2. 困難の背景にはどんな原因が予想できるでしょうか。
3. 通級指導教室では，何を目標とすればよいでしょうか。長期目標（この学年での目標），短期目標（学期の目標）を考えてみましょう。
4. 目標を達成するために，どのような指導方法が考えられるでしょうか。それぞれの短期目標に対応した指導の手立てを工夫しましょう。また，必要な合理的配慮についても考えましょう。

> **エピソード1　多動性－衝動性が激しいゆうじくん（小1，男子）**
>
> 　ゆうじくんは，幼稚園の頃から多動性－衝動性が激しく，病院でADHD[*16]の診断を受けている。小学校入学と同時に，通級による指導を開始することになった。通常の学級の授業では，学習内容は理解できているのだが，席についていることができず，教室内をうろうろすることが多い。先生の指示を最後まで聞かずにしゃべり始めてしまうので，勘違いやうっかり間違いが目立つ。学校生活で失敗は多いが，根が優しいアイデアマンなので周囲の子どもたちは仲良く受け入れている。

〈解説〉
1．ゆうじくんは，学習内容が理解できています。また，根が優しいアイデアマンということで，周囲の子どもたちとも仲良くすることができています。一方，ゆうじくんは，幼稚園の頃から多動性‐衝動性が激しかったということですが，先生の指示を最後まで聞けないなど，不注意の症状も見られます。
2．ゆうじくんは，すでにADHDの診断を受けています。多動性‐衝動性，不注意はADHDの症状と考えることができます。
3．ゆうじくんの場合，行動のコントロールが，最優先の目標になります。長期目標としては，「授業中，学習に取り組めるようにする」。短期目標は，①授業中教室にいることを自分のめあてとして自覚する，②10分程度であれば，学習課題に取り組むことができる，③短く1つずつの指示であれば聞ける，などでしょう。
4．①自分の目標として「席についてがんばる」を自覚できるよう，がんばりカードを机の上に貼っておき，できたらスタンプを押す，②10分程度でできる活動を組み合わせて指導する，③個別指導の場で，短い指示を聞けたらごほうびカードにスタンプを押す，といった行動面の指導が効果的でしょう。

　ゆうじくんの場合は，通常の学級は刺激が多く，集中がより困難になります。担任の先生と連携し，教室から余計な刺激を減らす，座席の位置を配慮する等が，合理的配慮として必要になるでしょう。

読みの困難を示すめいさん（小3，女子）

　めいさんは，係の仕事もまじめにこなし，友人関係も良好である。学習にも，一生懸命取り組んでいるのだが，3年生になるというのに，1文字1文字，指で押さえながらたどたどしく読んでいる。内容も理解できていない。しかし，担任の指示は理解できているし，テストの問題文を読んであげると，正しい答えを言うことはできる。読みだけが極端に苦手なのである。担任のヤマダ先生は保護者と話し合い，教育センターに相談に行ってもらった。教育センターで，WISC-Ⅳ（知能検査）を実施したところ，

---

*16 「注意欠陥・多動性障害（ADHD）」については，本書第4章参照。

全検査IQ118，言語理解95，知覚推理118，ワーキングメモリ136，処理速度110という結果であった。この結果についての公認心理師の所見は，「全般的な知的発達は『平均の上』であり，指標ごとに見てもすべて平均以上の知的発達水準にある。特に，ワーキングメモリは『非常に高い』水準である。しかし，『言語理解』は，めいさんのなかでは極端に苦手であり，言葉の問題がめいさんの読みの困難に影響している可能性がある。言語の通級指導を受けることで改善が期待できるだろう」というものであった。この結果を受けて，通級による指導を開始することになった。

〈解説〉

1．めいさんは，全般的な知的発達は平均以上です。また，係りの仕事をきちんとこなし，友達との関係も良好です。学習にも一生懸命取り組むなど，生活態度も良好です。一方，めいさんには，「読み」の困難があります。たどたどしい読み方で，内容も理解できていません。

2．教育センターからの報告によると，めいさん個人のなかでは「言語理解」が極端に苦手だということです。一番強い「ワーキングメモリ」[*17]との差は41もあります。めいさんの困難は，LDの可能性があります。

3．小3の長期目標は，「国語の教科書の文章を，単語のまとまりを意識して読めるようになる」。長期目標を達成するための今学期の短期目標は，次のようなものが考えられるでしょう。①身の回りにあるものの名前の単語を，まとまりとして理解できる，②「絵画語彙発達検査」で，年齢相応の語彙が理解できる，③通常の学級での学習前に，通級による指導で教科書の内容を大まかにつかんでおくことで，通常の授業を理解しやすくする。

4．①に対して，クロスワードのような表を用意し（図10-3），かくれている単語を見つけるゲームに取り組む，②に対して，絵カードを手がかりにしながら，日常生活で使う語彙の学習をする，③に対しては，通常の学級担任と連携しながら，事前に教科書の内容を予習する，といった手立てが考えられるでしょう。合理的配慮としては，教科書に読み仮名をふっておく，単語の

---

*17 「ワーキングメモリ」については，本書第4章を参照。

【かくれている食べものをさがそう】

か	に	ん	じ	ん	わ
だ	る	す	の	は	そ
い	ま	い	い	ち	ご
こ	ね	か	り	ぬ	け
ん	へ	お	み	か	ん
ら	た	ま	ね	ぎ	ほ

図10-3　ことばさがしゲーム
出所：筆者作成。

まとまりごとに斜線を入れて捉えやすくする，などが考えられます。

> **自閉スペクトラム症の診断があるけんじさん（高2，男子）**
>
> 　けんじさんは，5歳のときに自閉スペクトラム症（ASD）の診断を受けた。知的発達は良好で，成績はトップクラスである。社会性の障害があるために，集団生活で相手の意図を理解することが困難であり，また，聴覚過敏があるために騒々しいところが苦手である。小学校・中学校と通級による指導を受けてきており，個別の指導計画も引き継いでいる。切り替えの悪さがあるために時間がかかるので，高校入試では試験時間の延長の特別措置を受けた。

〈解説〉

　高等学校では，社会への出口が近く，自分から配慮を求める力が必要になります。高等学校での通級による指導では，自分の強みや必要な支援を知るなど自己理解をはかり自分の特性に合わせた進路選択をすることが重要な課題になります。彼の場合は，小・中学校からの個別の指導計画の引き継ぎがありますから，それを踏まえて，高等学校で個別の指導計画を立てて支援を行います。

まとめ

　通常の学級のなかに，特別な教育的ニーズのある児童生徒がいます。おおむね通常の学級での学習や生活が可能であるが，一部特別な指導が必要な児童生徒を対象に，通級による指導（通級）が行われています。通級は，学籍を通常の学級に置きながら，一部，特別な指導（自立活動）を行うもので，自校通級，他校通級，巡回指導などの形態で行われています。近年，ニーズの高まりから，小学校から高校まで，通級による指導を受ける児童生徒は増加しています。通級は，個別の指導計画作成が義務づけられています。児童生徒について，障害の状態だけではなく，発達段階，性別，家庭や地域の状況など，個々のニーズを包括的に捉えた指導を行う必要があります。

さらに学びたい人のために

○笹森洋樹・大城政之（編著）『Q＆Aと先読みカレンダーで早わかり！　通級指導教室運営ガイド』明治図書出版，2014年。
　この書籍は，初めての通級による指導（通級指導教室）の担当者を想定し，通級指導教室に関する基礎的な知識や特別の教育課程の編成，さらには月別で実施すべき運営のノウハウがまとめられた書籍です。

○山田充・苫廣みさき・今村佐智子『子どもの学ぶ力を引き出す個別の指導と教材活用——堺市三校の通級指導教室の実践から』かもがわ出版，2011年。
　この書籍は，通級による指導（通級指導教室）を担当している教師によってまとめられています。通級指導教室と通常の学級での連携の在り方も含めて，通級指導教室の担当者になった際は必見の書籍です。

第11章
特別支援学級での指導の実際

●　●　●　学びのポイント　●　●　●

- 特別支援学級の仕組みについて学び，独立した学級としての意義を理解しましょう。
- 特別支援学級における特別の教育課程の編成を知るとともに，「交流及び共同学習」について理解しましょう。
- 特別支援学校学習指導要領を知ることによって，障害特性に応じた特別支援学級での指導内容や指導方法について理解しましょう。
- 特別な指導である「自立活動」について知るとともに，個別の指導計画の作成の意義と関係する教員や保護者との連携について学びましょう。

WORK　交流及び共同学習の課題

次の事例を読んでください。

> 　特別支援学級に在籍するA児の「交流及び共同学習」の体育が急に変更になりました。A児は，通常の学級での体育を「交流及び共同学習」としてみんなと一緒に受けています。しかし，変更されたことがわからずに，A児は特別支援学級にも戻れず，本来実施する体育館で1人ポツンとしていました。特別支援学級の担任は，A児が体育を行っていると思っていました。

1．各自がこの事例の問題を書き出す（10分）
　① 各自でこの事例の問題点を書き出してみましょう。
　② その際は，通常の学級担任，特別支援学級担任，A児など，様々な立場で考えてみましょう。

2．各自の問題点をもとにした話し合い（10分）
　① 隣同士で，各自が問題点とした内容について説明し合ってください。
　② さらに，各自の問題点の解決方法についても話し合い，まとめてください。

〈WORKの取り扱い〉
　WORKの内容は，特別支援学級在籍児童生徒の「交流及び共同学習」での課題例である。この事例からの示唆は多岐にわたっているが，まずは特別支援学級の特別の教育課程の編成に大きく関与すること，共生社会を目指して「交流及び共同学習」を推進していることなどから，本章では，WORKから「交流及び共同学習」そして「特別の教育課程」について学びを深めている。

第 11 章　特別支援学級での指導の実際

● 導　入 ●

　本章では，小中学校において設置されている特別支援学級について学びます。特別支援学級は，在籍する児童生徒の障害種別によって学級を設置できることや，異学年の在籍者で学級を編成できるなど，制度上も通常の学級とは異なっています。
　大きな特徴としては，「特別の教育課程」を編成することが可能になりますが，その際は，特別支援学校の学習指導要領を参考にして，①自立活動を実施することや，②下学年の教育目標や教育内容を取り入れられること，③知的障害特別支援学校の各教科の内容を取り入れることなどができます。
　さらに，特別支援学級に在籍している児童生徒は，日頃から学習や生活において通常の学級での「交流及び共同学習」を実施していますので，個別の指導計画を作成し，関係する教員が情報を共有し評価することが重要となります。

1　特別支援学級の仕組みと特別の教育課程

1　「交流及び共同学習」の推進に向けて

　障害のある子どもと障害のない子どもが共に学ぶことは，双方にとって豊かな人間性を育むこととなり，お互いを尊重する大切なことを学ぶ機会になる——このような基本的な考え方のもと，2018年2月に文部科学省及び厚生労働省管下に設置された心のバリアフリー学習推進会議において「学校における交流及び共同学習の推進について——『心のバリアフリー』の実現に向けて」という報告書が取りまとめられました。
　同報告書では，「交流及び共同学習」を，単発的な取り組みにとどまらず，継続的な取り組みとして計画的に進めることや，その場限りの指導ではなく意味をもたせた活動にするため，子どもたちに事前事後の学習を丁寧に実施することの重要性などが述べられています[*1]。

＊1　心のバリアフリー学習推進会議「学校における交流及び共同学習の推進について——『心のバリアフリー』の実現に向けて」2018年．

また，文部科学省では，同報告書の推進を明示するために「障害のある幼児児童生徒と障害のない幼児児童生徒の交流及び共同学習等の推進について（依頼）」[*2]という文書を，各都道府県教育委員会等に通知しました。
　さらに，文部科学省は「交流及び共同学習ガイド」[*3]を作成し，特別支援学級と通常の学級での交流及び共同学習の実際も例示しています。たとえば，「小学校の通常学級と特別支援学級（情緒障害）」での実践例では，日常的に交流及び共同学習を行っている特別支援学級の在籍児童に対し，「障害のある子どもがそれぞれの活動場所で所属意識をもつことができるよう工夫する」ことや，一緒に学ぶ授業において「双方の子どもに対して事前にねらいを明確にしておく」などのポイントがまとめられています。
　なお，障害者基本法第16条第3項でも，「国及び地方公共団体は，障害者である児童及び生徒と障害者でない児童及び生徒との交流及び共同学習を積極的に進めることによつて，その相互理解を促進しなければならない」と規定されています。
　このように，障害のある児童生徒が在籍した特別支援学級では，日常的で継続的な交流及び共同学習が実施されています。しかし，冒頭のWORKの事例を振り返ると，体育館に1人でいたA児はどんなに心細かったことでしょう。なぜ，このような問題が発生したのか，そのときの解決はどうしたらよいのか，みなさんがWORKで行った問題点の発見と解決策の議論が重要になると思います。
　WORKの事例では，急な変更を連絡しなかった通常の学級担任のケアレスミスだと思われますが，忙しい学校現場であるからこそ予防的な対応も決めておく必要があると考えます。

---

*2　文部科学省「障害のある幼児児童生徒と障害のない幼児児童生徒の交流及び共同学習等の推進について（依頼）」2018年．
*3　文部科学省「交流及び共同学習ガイド」　http://www.mext.go.jp/a_menu/shotou/tokubetu/010/001.htm（2018年5月21日閲覧）．

第11章　特別支援学級での指導の実際

特別支援学校／特別支援学級／通級による指導

```
┌─────────────┐  ┌─────────────┐  ┌─────────────┐
│ 特別支援学校  │  │ 特別支援学級  │  │ 通級による指導 │
│ 対象者       │  │ 対象者       │  │ 対象者       │
│ ①視覚障害者  │  │ ①弱視者     │  │ ①弱視者     │
│ ②聴覚障害者  │  │ ②難聴者     │  │ ②難聴者     │
│ ③知的障害者  │  │ ③知的障害者  │  │             │
│ ④肢体不自由者 │  │ ④肢体不自由者 │  │ ③肢体不自由者 │
│ ⑤病弱者（身体虚弱者） │ │ ⑤病弱者（身体虚弱者） │ │ ④病弱者（身体虚弱者） │
│             │  │ ⑥言語障害者  │  │ ⑤言語障害者  │
│             │  │ ⑦自閉症者    │  │ ⑥自閉症者    │
│             │  │ ⑧情緒障害者  │  │ ⑦情緒障害者  │
│             │  │             │  │ ⑧LD者       │
│             │  │             │  │ ⑨ADHD者     │
└─────────────┘  └─────────────┘  └─────────────┘
```

図11-1　特別支援教育の学校制度（特別支援学級）
出所：筆者作成。

2　特別支援学級とは

　そもそも，小中学校において独立した学級である特別支援学級とは，どのような学級なのでしょうか。

　図11-1は特別支援教育制度としての特別支援学校，特別支援学級，通級による指導の対象者を示したものです。

　特別支援学級の対象者は，特別支援学校より障害が比較的軽度と言われている弱視者，難聴者，知的障害者，肢体不自由者，病弱者（身体虚弱者を含む），言語障害者，自閉症者，情緒障害者です。特別支援学校との違いは，言語障害と自閉症，情緒障害を対象としていることです。なお，特別支援学校の在籍者には知的障害のある自閉症の児童生徒もいますが，制度上は学校教育法施行令第22条の3において規定されている対象者を想定しています。

　特別支援学級については，「小学校学習指導要領解説」の総則編において，次のように示されています。[*4]

[*4]　文部科学省「小学校学習指導要領解説　総則編」2017年，p. 108。なお，「中学校学習指導要領解説」においても同様の規定がある。

> 特別支援学級は，学校教育法第81条第2項の規定による，知的障害者，肢体不自由者，身体虚弱者，弱視者，難聴者，その他障害のある者で，特別支援学級において教育を行うことが適当なものである児童を対象とする学級であるとともに，小学校の学級の一つであり，学校教育法に定める小学校の目的及び目標を達成するものでなければならない。

なお，上記の「その他障害」には，言語障害，自閉症，情緒障害が含まれます[5]。また，「学級の一つであり」とあるのは，特別支援学級が1年1組や3年2組と同様に独立した学級という意味です。

しかし，在籍している児童生徒は障害があることで，その障害特性から学習や生活場面で様々な困難さを抱えています。そのため，小中学校での学級として目的や目標を達成することが求められてはいますが，特別支援学級としては，指導目標や指導内容，指導方法を変えることができます。

どちらにしても，小中学校内に障害種別の特別支援学級が複数あったり，単独の学級であったりと事情は異なりますが[6]，特別支援学級に在籍する児童は1～6年生が，中学校でも1～3年生の生徒が対象となりますので，同一学級に異学年の児童生徒が混在することが多くなります。

3 特別支援学級における特別の教育課程

①特別の教育課程の編成

学校教育法施行規則第138条では，特別支援学級の特別の教育課程（「特別の教育課程」とは固有名詞として使用）について規定があります。また，「小学校学習指導要領」においても，特別支援学級の特別の教育課程について以下のよう

---

[5] 文部科学省初等中等教育局長通知「障害のある児童生徒の就学について」（14文科初第291号）2002年及び文部科学省初等中等教育局長通知「『情緒障害者』を対象とする特別支援学級の名称について（通知）」（20文科初第1167号）2009年参照。

[6] 特別支援学級は，8人を上限に原則的には障害の種別ごとに置かれることとなっている。なお，自閉症者と情緒障害者を対象とする学級については，「自閉症・情緒障害特別支援学級」とされる（文部科学省初等中等教育局長通知「『情緒障害者』を対象とする特別支援学級の名称について（通知）」（20文科初第1167号）2009年）。

第11章　特別支援学級での指導の実際

に規定されています。[*7]

> イ　特別支援学級において実施する特別の教育課程については，次のとおり編成するものとする。
> （ア）　障害による学習上又は生活上の困難を克服し自立を図るため，特別支援学校小学部・中学部学習指導要領第7章に示す自立活動を取り入れること。
> （イ）　児童の障害の程度や学級の実態等を考慮の上，各教科の目標や内容を下学年の教科の目標や内容に替えたり，各教科を，知的障害者である児童に対する教育を行う特別支援学校の各教科に替えたりするなどして，実態に応じた教育課程を編成すること。

　児童生徒の実態に応じた特別の教育課程の編成では，①自立活動を実施すること，また児童生徒の実態によって，②下学年の教科の目標や内容を取り入れることができること，さらに，③知的障害特別支援学校における各教科の内容を取り入れることができる[*9]ことを意味しています。[*8]

　たとえば，自立活動に関して，知的障害のない弱視の児童が在籍している特別支援学級では，視覚障害特別支援学校と同じような自立活動を取り入れることが編成の重要な点になります。

　一方，知的障害特別支援学級での教育課程では，①の自立活動を取り入れるとともに，在籍する児童生徒の知的障害の程度や学習の状態によって，たとえば，②で示したように小学校5年生の児童であっても2年生の教科の目標と内容で指導することが可能になります。さらには，知的障害の程度が特別支援学校の在籍児童生徒と同様である場合，③の知的障害特別支援学校の各教科で指

---

*7　文部科学省「小学校学習指導要領」の第1章「総則」第4「児童の発達の支援」の2「特別な配慮を必要とする児童への指導」の(1)「障害のある児童などへの指導」のイ（2017年告示）。なお，「中学校学習指導要領」においても，同様の規定がある。
*8　「自立活動」の詳細については，本書第9章参照。
*9　知的障害特別支援学校で取り扱う各教科では，知的発達の遅れという障害特性を踏まえた独自の目標や内容が設定されている。したがって，小中学校における知的障害特別支援学級においては，在籍する児童生徒の知的発達の程度によって，知的障害特別支援学校における各教科の内容を取り入れることができるという意味である。

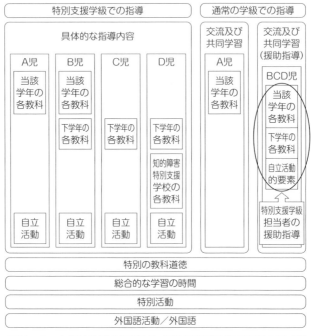

図11-2 小学校特別支援学級における特別の教育課程の編成例
出所：国立特別支援教育総合研究所自閉症研究において作成，筆者一部改変。

導することも可能になります。

　図11-2は，4名の在籍児童がいる特別支援学級を想定した教育課程の編成例です。A児は知的障害がない自閉症児，B児とC児は軽度の知的障害のある児童，D児は知的障害特別支援学校程度の児童とした場合，特別支援学級での指導では，当該学年の教科の目標と内容を行う時間と，下学年の目標や内容を取り扱う教科の時間を想定しなくてはなりません。またD児に対しては，知的障害特別支援学校の教科の内容を取り扱う指導も考えられます。さらに，4名の児童それぞれが，通常の学級で学ぶ「交流及び共同学習」の時間も設定します。

　通常の学級での「交流及び共同学習」の教科などは，児童生徒の実態によっても異なりますが，知的障害特別支援学級では音楽や体育などの教科が多いとされています。[*10]

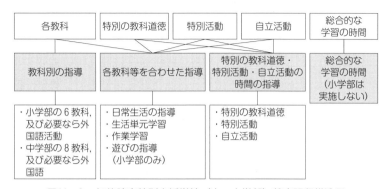

図11-3 知的障害特別支援学校（小・中学部）教育課程構造図
出所：国立特別支援教育総合研究所『特別支援教育の基礎・基本（新訂版）』ジアース教育新社，2015年，p.158より筆者一部改変。

　このように，特別支援学級に在籍している児童生徒の実態に応じた教育課程の編成は難しさもありますが，教育課程とは個別に編成するものではないため，学級として教育課程の編成を行った後に，在籍児童生徒の個別の指導計画の作成において指導目標や指導内容などを具体化し個別化していきます。なお，先述の「小学校学習指導要領」及び「中学校学習指導要領」では，特別支援学級に在籍している児童生徒に対し個別の指導計画を作成することが義務づけられました。

　次に，知的障害特別支援学校の各教科の内容などを取り入れるために，教育課程の全体（図11-3）を知っておく必要があります。

②知的障害特別支援学校における各教科

　知的障害特別支援学校における各教科は，小学部で生活，国語，算数，音楽，図画工作，体育の6教科で構成されています。特に「生活」という教科は小学校1・2年生が履修する「生活」とは異なり，6年間で学ぶ内容が示されています。具体的には「基本的生活習慣」「安全」「日課・予定」「遊び」「人との関

＊10　国立特別支援教育総合研究所「交流及び共同学習に関する研究(3)──特別支援学級における交流及び共同学習の現状」日本特殊教育学会第45回大会，2007年。
国立特別支援教育総合研究所「小・中学校における障害のある子どもへの『教育支援体制に関する在り方』及び『交流及び共同学習』の推進に関する実際的研究」研究成果報告書，2007年　http://www.nise.go.jp/blog/2006/06/post_611.html（2018年5月21日閲覧）。

わり」「役割」「手伝い・仕事」「金銭の扱い」「きまり」「社会の仕組みと公共施設」「生活・自然」「ものの仕組みと働き」といった内容があります。また，児童の実態に応じて3年生以上に外国語活動を加えることもできます。

中学部では国語，社会，数学，理科，音楽，美術，保健体育，職業・家庭の8教科に外国語を加えることができます。「職業・家庭」は中学校の「技術・家庭」と名称は似ていますが，目標や指導内容が異なっています。

2017年の「特別支援学校学習指導要領解説 各教科等編」における知的障害特別支援学校の各教科では，児童生徒の育成を目指す資質・能力に基づいて，小中学校との連続性や関連性が整理され目標や内容が示されています。しかし，障害特性を考慮すると，各教科の目標の示し方や内容は小中学校とは異なります。

たとえば，各教科の目標や内容は小中学校のように学年別ではなく，段階別で示していることも特徴の1つです。小学部は3段階，中学部は2段階で示し，教科書として使用する文部科学省著作教科書（通称として☆本(ほしぼん)と呼ばれている）は，国語と算数／数学，音楽の3教科のみで，他の教科において検定教科書が適当でなければ，一般図書を教科書として採用することができます。また，教科書の使用に関しては通常の学級と同様の方法ではなく，児童生徒の実態に応じて効果的に使用することが求められていますので，使用方法を工夫することが必要です。

③知的障害特別支援学校の「各教科等を合わせた指導」について

知的障害特別支援学校の指導の形態は，「教科別に指導を行う場合」「特別の教科道徳・外国語活動・特別活動・自立活動の時間を設けて指導を行う場合」，そして「各教科等を合わせて指導を行う場合」になります。特徴的な指導の形態は，各教科等を合わせた指導です。

各教科等を合わせた指導においては，「日常生活の指導」や「生活単元学習」「作業学習」などがあります。「日常生活の指導」とは，たとえば朝の会や給食指導，清掃の時間など日々繰り返す指導の機会を利用して，基本的な生活習慣の確立や様々な技能の獲得を目指しています。通常の学級でも朝の会や掃除の時間など教師が指導を行いますが，「日常生活の指導」では時間を十分にかけて組織的に計画的な指導を積み重ねていくことになります。

また「生活単元学習」とは，季節的な内容をメインにした季節単元（たとえば「春になったね」），校外学習などの行事を捉えて指導をする行事単元（たとえば「○○動物園へ行こう」），学級の課題を解決するための課題単元（たとえば「友だちと仲良し」），トピックス的な出来事を捉えて指導する偶発単元（たとえば「お別れ会をしよう」）などがあります。生活単元学習は，各教科や領域など広範囲な目標を取り入れて単元を構成しますので，単元のねらいや活動内容，評価などを具体化にしておくことが重要です。

「作業学習」は，作業活動を学習活動の中心に据えて，児童生徒の働く意欲を培い，将来の職業生活や社会自立を目指し総合的に学習する指導の形態です。したがって，児童生徒のキャリア発達やキャリア教育にも大きく関連します。

2 特別支援学級における指導

1 自閉症・情緒障害特別支援学級における自立活動の時間における指導例

自閉症・情緒障害特別支援学級には，知的障害のない自閉症スペクトラム障害（以下，ASD）の児童生徒が在籍しています。彼らはASDの特性によって，自分流のこだわりを友達に強要したり，社会的文脈のなかで求められる言動が不適切であったりと，様々な点において困難さを抱えています。

そこで，児童生徒の実態把握から，学校生活の適応を困難にしている課題を明らかにし，その課題を少しでも軽減するために自立活動の指導を行います。

以下に，自立活動の実際の指導例を示します。[*11]

対象児：小学校1年生（自閉症・情緒障害特別支援学級在籍）
勝敗に対して生活に支障をきたすほどの強いこだわりがあり，負けそうな状況や自分ができないと思った活動は大泣きするなど，指導や対応が難しい言動が多く見られる。

自立活動では，6区分27項目から指導の内容（要素）を選び出します。[*12]

---

*11　資料提供：海老原紀奈子（茨城県取手市立取手小学校当時）。

この事例では，対象児の実態を踏まえ，「心理的な安定」の(1)情緒の安定に関すること，(2)状況の理解と変化への対応に関すること，そして「人間関係の形成」の(3)自己の理解と行動の調整に関すること，(4)集団への参加の基礎に関することの4つの項目を選び，その内容を具体的な指導にしていきました。

指導の実際では，週2時間の自立活動の時間に同じ1年の在籍児童と共に，小集団指導で様々なゲームを行いました。たとえば玉入れゲームの場合，ねらいは①順番を守ること，②最後までがんばること，③友達を応援すること，④負けても泣いたり怒ったり文句を言ったりしないこと，⑤自分の良かったことや反省することを振り返ることなどです。

対象児は，自分の思うとおりの点数が取れなかったり，友達に負けてしまったりすると，床に寝転んで大泣きを繰り返しましたが，そのつど担当者は対象児の気持ちを受け止めつつ，ゲームの目的や適切な行動をとる意味などを振り返らせていきました。

このような自立活動の指導を行うことで，対象児は自分の気持ちをコントロールしようと努力する様子が表れ，1年生の終了時では，「○○ちゃんは泣かないよ！」と自身がとるべき態度を言語化するなど，成長が見られるようになりました。

2　知的障害特別支援学級における生活単元学習帳の作成

知的障害特別支援学級の指導を考えるとき，重要となるのが「各教科等を合わせた指導」です。先にも見てきたように，「各教科等を合わせた指導」には，「日常生活の指導」や「生活単元学習」などがあります。

ここでは，「生活単元学習」のイメージをもてるように，筆者が教員を目指す学生に行ってきた授業の一部を紹介します。それは生活単元帳[*13]の作成というワークです。

[*12] 「自立活動の6区分27項目」など詳細については，本書第9章を参照。
[*13] 明星大学の「知的障害者指導法1」（2014年度～2017年度）において，通学課程及び通信教育課程（スクーリング）の講義で行ったもの。

生活単元学習（仮想事例で単元計画をすると…）

○○小学校　知的障害特別支援学級　在籍児童4名の実態			
A児（2年男） ・ダウン症 ・簡単な単語レベルの会話は可能，単語と絵のマッチングは可能 ・ひらがなはトレースが可能 ・ダンスが大好き	B児（3年女） ・軽度の知的障害 ・1年生程度の学習は時間がかかるが可能 ・交流学級での学習（音楽図工）が好き ・B児の面倒を姉のようによくみている	C児（3年男） ・軽度の知的障害 ・1〜2年生程度の簡単な学習は可能 ・機械的な計算は得意 ・妖怪ウオッチにはまっている ・大人しい性格	D児（5年男） ・自閉症，知的障害 ・1年生程度のひらがな，カタカナの読み書きは可能 ・音楽やサッカー等の活動を好む ・学級のリーダー

単元例
①季節単元「たなばたさまに おねがいを しよう」
②季節単元「きんぎょ すくいを しよう」
③行事単元「たまどうぶつこうえんに いこう」

・6人のグループで①〜③の単元を選択する。
・選択した単元の構造図（関連する教科や領域を合わせた図）を作成する。
・各自が1時間の授業（単元帳の1ページ分）を担当し，そのページを作成する。
・6人作成のページを合わせると6時間分の単元扱いとなる。

図11-4　生活単元学習を仮想事例で学ぶ

出所：筆者作成。

　最初に，筆者が作成した知的障害特別支援学級の仮想事例を提示しました。さらに，筆者が作成した季節単元例や行事単元例の6時間分の内容を示し，6人グループになった学生らが提示した単元例を選択します。そのうえで，各自が単元の内容の1時間分のページを担当し，6人分のページを揃えて単元帳を作成する活動です。指導を受ける児童からすると，6ページの分量と内容のある生活単元帳を手元に置いて学習することになります。

　仮想で扱った単元例は，季節単元「たなばたさまに おねがいを しよう」，季節単元「きんぎょ すくいを しよう」，行事単元「たまどうぶつこうえんに いこう」です。すべて6時間取り扱いで内容を設定しています（図11-4）。

　学生は，仮想児童の実態を踏まえたうえで，各グループが選択した単元例の構造図（関連する教科や領域など）を作成し，各自が分担した内容のページを児童が使うイメージで単元帳を作成しています。

　図11-5と図11-6は，学生が実際に作成した単元帳の一部です。

　図11-5は「たなばたさまに おねがいを しよう」で目次と最初のページを

図11-5　季節単元「たなばたさまに おねがいを しよう」

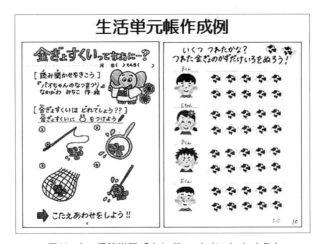

図11-6　季節単元「きんぎょ すくいを しよう」

担当した学生のものです。目次は，6人分の学生が担当した学習の内容を示しています。

図11-6は，同じく季節単元「きんぎょ すくいを しよう」を担当したグループの作成例です。左図を作成した学生は，児童が行うゲームのイメージを視覚的な絵によって表し，金魚すくいの説明のページを作成しています。また，

右ページを作成した学生は、釣れた金魚の数だけ色を塗るページにして算数の内容もこの単元で取り扱っていることを示しています。このような活動を通して、学生は知的障害特別支援学級で指導する生活単元学習のイメージを具体化していきました。

また、あるグループの学生は、単元帳の分担ページで絵日記のページを作成しましたが、日記を書くマスが非常に小さいことから、筆者は小学校1年生の国語や算数のノートを見せて、定型発達の1年生が書く文字の大きさについても着目させました。そしてそのうえで、知的障害のある子どもが文字を書くための適切なマスの大きさについても指導を行い、知的障害のある子どもの学習方法についても理解を促していきました。

3 特別支援学級の担任として

特別支援学級に在籍している児童生徒は、障害の状態や学校生活上の困難さ、課題も一人一人が異なります。また、学級には異学年の児童生徒が在籍していることからも、通常の学級担任とは異なる指導の難しさがあると考えますが、まずは児童生徒一人一人の実態を理解することから始めてください。

そして、児童生徒の教育的ニーズを把握するよう努めてください。子ども自身から聞き取ったり、日々の子どもの言動から教育的課題を見つけたり、保護者や関係する教員からも情報収集をするなどして、各自の教育的ニーズに対応する具体的な指導を学校生活の場面に当てはめて考えていきます。教科などの指導においては、具体的な目標や内容及び評価の観点などを個別の指導計画にしていきます。

特に交流及び共同学習を行う教科においては、通常の学級担任と詳細な打ち合わせを行い、日々の情報を個別の指導計画のP-D-C-A[14]に生かしていくことが重要となります。

---

*14　P-D-C-Aとは、Plan（計画）-Do（実行）-Check（評価）-Action（再実行）の一連の活動を意味する。ここでは、個別の指導計画を作成し実行していくなかで児童生徒の評価を踏まえ、その結果を個別の指導計画に再度生かしていく一連の流れを述べている。

最後に筆者の希望を述べます。

あなたがもし特別支援学級の担任となった際，そして担任として何を指導したらよいのか不安になった際は，ぜひともこの書籍のこの章を思い出してほしいと思います。そして，特別支援学級の担任として改めて読み直してもらいたいと思っています。この章が，少しでも役立つことを願っています。

 まとめ

本章では，特別支援学級の制度上の仕組みや特別の教育課程の編成の在り方について，法令の裏づけとともに学習指導要領に記載されていることもあわせて概説しました。

また，知的障害特別支援学級で編成する特別の教育課程においては，編成の参考となる知的障害特別支援学校における教育課程についても触れるとともに，特別支援学級の実際例として，自閉症・情緒障害特別支援学級で行った自立活動の指導例や，知的障害特別支援学級で指導する各教科等をあわせた指導での生活単元学習についても具体例を載せ，その実際について学びました。

特別支援学級における交流及び共同学習については，冒頭のWORKも通して共生社会の構築を進める一端であることが理解できたと思います。

 さらに学びたい人のために

○菅原眞弓・廣瀬由美子（編著）『特別支援学級をはじめて担任する先生のための国語・算数授業づくり』明治図書出版，2015年。

この書籍は，主に知的障害特別支援学級及び自閉症・情緒障害特別支援学級を初めて担任する先生を対象に作成されたものです。学級の実態ならびに児童の実態を踏まえた特別の教育課程を編成し，そのうえで国語と算数の授業をどのように行うのか実践事例などからも学びを深めることができます。

○佐藤曉『入門 特別支援学級の学級づくりと授業づくり』学研プラス，2012年。

この書籍は，特別支援学級を初めて担任する先生が，4月から3月までの1年間で行うべき学級経営や授業づくりについてまとめられているものです。たとえば，4月は「授業づくりの基礎」について，6月は「保護者との関係づくり」といったように，その月々で担任として活動する内容がまとめられ，即実践につながる書籍です。

第12章
ICT機器の活用と指導の実際

●●● 学びのポイント ●●●

- 「教育の情報化に関する手引」や「障害のある児童生徒の教材の充実について　報告」では，ICTを活用することの重要性としてどのようなことが書かれているか理解しましょう。
- 支援を必要とする子どもにとってICTを活用することがどのような意味をもつか理解しましょう。
- 発達障害や軽度知的障害をはじめとする特別の支援を必要とする幼児，児童及び生徒に対しICTを活用した支援の方法について理解しましょう。

WORK　インターネットやイメージマップを活用しよう

1．インターネット回線を使った調べ学習ができる場合（20分）
　① ICT活用について調べる（10分）
　　　国立特別支援教育総合研究所の「特別支援教育教材ポータルサイト（http://kyozai.nise.go.jp/）」にアクセスし，「読むこと」「書くこと」に困難のある子どもへのICT活用の事例と教材について調べましょう。調べた情報から，関心のある教材について「名称」「使い方」をまとめてみましょう。
　② 教材について紹介する（10分）
　　　数人のグループをつくり，自分が調べた教材について説明しましょう。その際に，子どものどんな学習上の困難さを支援できるかを話し，他の方法がないか，より利用しやすくするためにはどんなアイデアが必要かを話し合いましょう。

2．インターネット回線を使った調べ学習ができない場合（20分）
　① イメージマップを作成する（10分）
　　　第2節にあるマッピングソフトの図12-2を参考にして，困難さに対するICT活用の方法についてイメージマップをつくりましょう。その際には，なるべく具体的な教材について記述していきましょう。
　② イメージマップを紹介する（10分）
　　　数人のグループをつくり，自分が作成したイメージマップについて説明しましょう。その際に，スマートフォンやタブレット端末など身近なICT機器のなかでどんな機能があるか話し合いましょう。

〈WORKの取扱い〉
　本章は，特別支援教育におけるICTの活用について論じていることから，できるだけ，具体的にインターネットなどのICT機器を使った演習を取り入れたい。また，実際に教材等の活用を考えるうえで，自分が扱うことで理解を深められると考える。

第 12 章　ICT 機器の活用と指導の実際

● 導　入 ●

　支援を必要とする子どもの学習において彼らの困難さを補い，自己効力感を高めるためには ICT を活用した指導は重要です。特に合理的配慮の視点からもその重要性は高まっています。そこで特別支援教育における ICT 活用について我が国の施策ではどのようなことが示されているか考えましょう。
　そのうえで，発達障害のある子どもたちが感じる読むこと，書くこと，算数・数学，考えをまとめること，聞くこと，話すことそれぞれの困難さに対してどのようなことができるかを学び，実際の指導に役立てるための方策を考えましょう。

1　特別支援教育における ICT 活用の意義

1　国の施策より

　本章で述べる ICT とは何の略でしょうか。文部科学省が出した教育の情報化ビジョン[*1]によると，「ICT とは，Information and Communication Technology の略で，コンピュータやインターネット等の情報通信技術のこと」と書かれています。皆さんが使うコンピュータやスマートフォンなどもそうですが，そうしたものを使ったネットワークの活用なども含まれています。
　近年，特別支援教育にかかわらず日本の教育のなかではこの ICT 活用の重要性が高まっています。これは，もちろんわれわれの生活に ICT が広く根付いていることも大きいですが，それよりもより多様な学びを実現するためには ICT は有効であるからだといえます。もちろん，特別支援教育においても同様で，学びの充実のためには ICT を活用することが求められるでしょう。しかし，学習に困難さがある子どもたちの場合はそのまま利用することには困難です。
　特別支援教育における ICT は，どんな意義があるのでしょうか。2010 年に

＊1　文部科学省「教育の情報化ビジョン」2011 年　http://www.mext.go.jp/a_menu/shotou/zyouhou/detail/1387269.htm（2018 年 11 月 5 日閲覧）。

図12-1 ICTを活用して障害のある児童生徒も一緒に授業を受けている様子
出所：文部科学省「教育の情報化に関する手引」2010年，p. 196。

　文部科学省より出された教育の情報化に関する手引[*2]の「第9章　特別支援教育における教育の情報化」では，「情報化の推進は，特別な支援を必要とする児童生徒の移動上の困難や，社会生活の範囲が限定されがちなことを補い，学校や自宅等にいながらにして様々な情報を収集・共有できるという，大きな社会的意義をもっている」と述べられています。しかし，ICTを特別支援教育で活用するためには，子どもそれぞれに症状が違うため，そのままでは十分に利用できない場合もあります。そこで，同資料では「個々の身体機能や認知理解度に応じて，きめ細かな技術的支援方策（アシスティブ・テクノロジー：Assistive Technology）を講じなければならない」と書かれています。

　この資料には「ICTを活用して障害のある児童生徒も一緒に授業を受けている様子（図12-1）」が掲載されています。

　図12-1では，通常の学級で学ぶ生徒のなかで「聞くこと」に困難さがある生徒や，「読むこと」や「書くこと」に困難さがある生徒がICTを使って共に学ぶ様子を示しています。また，プロジェクターを使った指導をすることで，話を聞くだけでは理解が十分でない，学びに苦手さを感じる子どもたちにもICTを利用することで見て理解できるなど，様々な場面の学習支援に貢献し

＊2　文部科学省「教育の情報化に関する手引」2010年　http://www.mext.go.jp/a_menu/shotou/zyouhou/1259413.htm（2018年11月5日閲覧）。

ていることを表しています。その意味では，様々な形でICT機器を利用することは，多様なニーズをもつ子どもを支援する可能性が示されています。

2013年6月の国会において障害を理由とする差別の解消の推進に関する法律（通称，障害者差別解消法）が成立しました。この法律は，日本が障害者の権利に関する条約（障害者権利条約）を批准するための様々な条件整備のなかの1つです[*3]。この法律に関連する様々な動きのなかで文部科学省（2013）は「障害のある児童生徒の教材の充実について　報告」[*4]を出しました。

報告では発達障害のある子どもが使用する教材等の整備充実の重要性があげられ，特にICTを活用した教材や支援機器の効果的な活用が求められています。本人の努力不足などの誤解を受けがちな発達障害のある子どもも，適切な教材の活用や彼らの認知特性に合った支援機器等を活用することで，学びにくさを補い，本人の力を高めるためにICTを活用することの重要性が述べられています。

2　ICT活用における3つのA

特別な支援を必要とする子どもにとって，ICTを活用することが具体的にどのようなことをもたらすのでしょうか。以下に示す3つのAではじまるキーワードから考えていきましょう。

1つ目はATです。ATは前述の「教育の情報化に関する手引」に出てきたアシスティブ・テクノロジーのことです。AT自身はICTだけでなく，障害のある人の生活を支える様々なものがあります。1988年に出たアメリカの法律「障害をもつ人のためのテクノロジーに関連した支援法：Technology-Related Assistance for Individuals with Disabilities Act」（通称，Tech Act）では，支援技術機器（Assistive Technology Device）と支援技術サービス（Assistive Technology Service）という2つの概念に分けて以下のように定義しています。

[*3]　詳細については本書第9章，第13章参照。
[*4]　文部科学省「障害のある児童生徒の教材の充実について　報告」2013年　http://www.mext.go.jp/a_menu/shotou/tokubetu/material/1339114.htm（2018年11月5日閲覧）。

> 支援技術機器とは，買ってきたかそこにあったものか，手直しされたか，個人に合わせて作られたかに関わらず，障害のある人の機能を増大，維持，または改善するために使われるあらゆる装置，装置の部分，システムを指す。
> 　支援技術サービスとは，障害のある人が支援技術装置を選ぶ，手に入れる，使用することを直接助けるあらゆるサービスを指す。

　また，支援技術機器と支援技術サービスの供給は障害のある人が次のようなことを可能にするとしています。

> ・生活を自分でコントロールできるようにする。
> ・家，学校，職場，社会の活動に参加し，貢献できるようにする。
> ・障害のない人との関わりを広げる。
> ・障害のない人と同等の機会をもち，そこから利益を得ることができる。

　このような AT には，障害当事者が利用するものと，介護者が利用し介護力の軽減を図るものとがありますが，特別支援教育においてはこのなかでも学校を中心とした学習活動や子どもたちの生活に密接に関わる部分で AT の利用が考えられます。

　2つ目は AAC です。AAC とは Augmentative and Alternative Communication（拡大代替コミュニケーション）の略です。AAC 研究の第一人者である東京大学の中邑賢龍氏によると「AAC とは手段にこだわらず，その人に残された能力とテクノロジーの力で自分の意思を相手に伝える技法のこと[*5]」と述べています。ここで大切なのは，本人の意思を尊重し，主体的な発信行動を豊かにすることにあります。AAC はコミュニケーション場面が中心となりますが，それを実現するうえでは AT の役割は大きく，内容に重なる部分が多くあります。しかし AAC には，機器を使わないものも含まれています。たとえば，残された発声の方法を上手に使ってコミュニケーションをとったり，サインなども AAC の技法の1つです。

＊5　中邑賢龍『AAC 入門——コミュニケーションに困難を抱える人とのコミュニケーションの技法』こころリソースブック出版会，2014年。

3つ目は AEM です。AEM というのは Accessible Educational Materials（アクセス可能な教材教具）といった意味です。障害のある子どもたちは一般の子どもたちの学力の問題とは別に，その障害ゆえに教育内容にアクセスすることが困難になっている場合があります。そういった子どもたちが学習へアクセスするための学習教材として AEM があります。たとえば弱視のために印刷された教科書やプリントなどを見ることが難しい子どもでも，タブレット端末に電子教科書を入れて拡大表示すれば小さな字を大きくして見ることができます。肢体不自由のある子どもでも，コンピュータの電子書籍をスイッチ操作でめくることができれば，他人の手を借りなくても自分一人で本を読むことが可能になります。同様に，文字の認知に課題のある子どもでも，文字を拡大したり色を変えたり，本の内容を音声で読み上げれば理解することが可能になります。

2 ニーズに応じた ICT 活用例

障害のある子どもの ICT 活用を考える際，どうしてもその障害による分類として活用方法を考えることになります。しかし，必ずしも障害の分類に合わせて考えるだけでは上手くいきません。ICT の活用に関しては国立特別支援教育総合研究所が2015年に行った研究では，事例の整理として「コミュニケーション支援，活動支援，学習支援，その他」という分類をしています[6]。それぞれについては表12-1のような下位項目を作っています。

これらは，同報告書にも述べられているように，各項目が独立するわけではなく，複数の内容にまたがることが考えられます。こうした分類を考えることで支援の内容に対応した活用を整理する際の指標になるものです。

これとは別に，学習活動そのものに着目をして，困難さに対してどのような活用があるのか合理的配慮も含めて整理することも大切です。近藤武夫（2016）[7]

---

[6] 「障害のある児童生徒のための ICT 活用に関する総合的な研究——学習上の支援機器等教材の活用事例の収集と整理」国立特別支援教育総合研究所，2016年。

[7] 近藤武夫「ICT による読み書き支援を学校で進めるために」近藤武夫（編著）『学校での ICT 利用による読み書き支援——合理的配慮のための具体的な実践』2016年，金子書房，p. 4。

表12-1　特別支援教育で行われる ICT 活用の分類

コミュニケーション支援	意思伝達支援 遠隔コミュニケーション支援
活動支援	情報入手支援 機器操作支援 時間支援
学習支援	教科学習支援 認知学習支援 社会生活支援
その他	

出所：「障害のある児童生徒のための ICT 活用に関する総合的な研究——学習上の支援機器等教材の活用事例の収集と整理」国立特別支援教育総合研究所，2016年より筆者作成。

が作成した資料をもとに以下にあげる項目で活用を整理しました。

1　読むことの困難

　通常の学級において読み書きに困難のある子どもの場合，視覚障害のある人のように完全に読むことができないというわけではないために，努力が足りないという誤解を受けてしまう場合があります。しかし，本人の努力だけでその解決を図るのではなく，テクノロジーの適切な活用により，学ぶ習慣を付けて学びの力を高める方法が大切です。具体的には，音声読み上げ，文字の大きさやフォントの変更，画面表示の変更，ルビ振りの機能が有効だといわれています。

　そして，これらを効果的に活用するためには2019年度から本格的に導入されるデジタル教科書[*8]の活用が求められています。これまでにも教科書のデジタルデータの活用として日本障害者リハビリテーション協会などが文部科学省の委託を受けて，教科書のデジタルデータを活用した電子データを提供してきました[*9]。それらのデジタルデータは上記のような機能を実現する表示ソフトと併せて活用されてきていましたが，今後本格的に導入されるデジタル教科書にも同

＊8　文部科学省初等中等教育局長通知「学校教育法等の一部を改正する法律の公布について（通知）」（30文科初第496号）2018年。

様な機能が備わることで，学びの困難な子どもたちの学習への支援につながることが期待されます。またそのためには，教員自身がそれらのデジタル教科書を有効に活用した指導方法を身につけることが重要です。

2　書くことの困難

　書くことによる困難さは，一般的には読むことの困難さと併せて起こる場合が多くあります。書くことを練習するソフトなどもたくさんあり，併用して練習をすることもありますが，本人が学習に対する意欲を失わないように代替手段を提供することで，学習へのモチベーションを持続し，自己肯定感をもって学習に臨めることが重要です。代替の手段としては，キーボードによる入力，音声入力，手書き入力，などが考えられます。これらを利用する際に気をつけなければならないのは，事前のアセスメントと，その方法が紙と鉛筆での筆記に比べてどの程度有効に働くかを検討することです。書くことに困難がある場合，漢字が書けない，カタカナやアルファベットの書き間違いが多いなど速度以外の問題も発生するので，丁寧に検討することが大切です。

3　算数・数学での困難

　算数や数学の学習における困難さとしては，計算における困難さ，図形やグラフなどの作図の困難さ，などがあげられます。数式の理屈はわかっていても極端に計算することに時間がかかる場合は，電卓などを使用することも必要です。また，タブレットパソコンなら計算の履歴を表示して残したり，割り算や分数などの計算を綺麗に表示してくれるアプリもあるので思考の過程を確認することで，学びの力を高めることにもつながります。

　また，図形やグラフを描くことに困難がある場合は，算数や数学だけでなく視覚認知や形の構成などに課題がある場合も考えられますが，作図ソフトやグ

＊9　文部科学省「音声教材」　http://www.mext.go.jp/a_menu/shotou/kyoukasho/1374019.htm（2018年10月10日閲覧）．

図12-2 マッピングソフトによる思考の整理の例
出所：筆者作成。

ラフをつくるソフトなどを使えば，手先の不器用さがある子どもなども含め，数学的な知識を獲得するためにも有効です。

4　考えをまとめることの困難

ワーキングメモリ[*10]が少ない子どもなど，言葉だけの情報ではなかなか思考が整理できない場合でも，図に示したり文字化することで自分の考えを整理することが可能になります。特に，近年使われはじめているマッピングソフトは，中心となるテーマから線を引いて関連する情報を広げていくことで，自分の考えを視覚化することで理解を深めることが可能となります（図12-2）。

5　聞くことの困難

聴覚障害はなくとも，通常の学級のざわざわした音のなかで教師の言葉が十分に聞き取れない子どもがいます。脳の機能による聴覚情報処理障害（Auditory Processing Disorders）である可能性があります。それぞれの聞こえの度合いは様々なので，我慢するレベルでなんとかしようとする子どももいますが，まったく教員の声を聞き取ることができず，授業に集中しないと誤解して受け取

＊10　「ワーキングメモリ」については，本書第4章参照。

られてしまうことがあります。そのような場合に考えられるのは，ノイズを軽減させる，教員の音声を直接聞くようにする，などの方法です。具体的にはノイズキャンセリングヘッドフォンを使う場合や，図12‐1のように補聴システムなどで教員が付けたマイクを無線で聞く，などがあります。また，授業で聞き取ったことを記録することが困難な場合はボイスメモなどで録音して，後から聞き直して学習内容を振りかえることも可能となります。

6　話すことの困難

　自閉症のある子どもなど，コミュニケーションに課題のある子どもの場合，自分の意思を上手に伝えられない場合があります。そこで，これまで特別支援学校などでよく利用されてきていたVOCA（Voice Output Communication Aids：携帯型会話補助装置）などが有効な場合があります。また，専用の機械でなくても，最近のスマートフォンやタブレット端末等には標準でテキストの読み上げ機能が実装されています。文字を入力して読み上げ機能を使うことで，音声言語での表出に課題のある子どもでも自分の考えを示すことが可能になります。

3　活用事例

　小学校の特別支援学級に在籍するAさんは読み書きに困難があります。教員の板書をノートに書き写すことにとても時間がかかり，授業の内容を十分に理解できないままに授業が終わってしまうことがしばしばありました。そこで，授業時間中は教員の話を聞くことを大切にし，板書はデジタルカメラで撮影することにしました。家庭では撮影した板書をタブレット端末に入れ，写真の内容を自分で整理し，書き直すことにしました。キーボードの文字を選ぶことにも困難があるので，音声入力を使うことで入力を補いました。ただ聞くだけでなく，自分で内容を整理することで理解を助けることにつながりました。

まとめ

　本章では特別支援教育における ICT 活用について我が国の施策を見ながらどのようなことが重要であるかを説明しました。障害のある子どもたちにとっては，ICT を活用することで学習における困難さを軽減し，できることを増やす有効なツールとなります。

　そのうえで，発達障害のある子どもへの活用を中心として読むこと，書くこと，算数・数学，考えをまとめること，聞くこと，話すことそれぞれの困難さに対して，合理的配慮としてどのようなことができるかを具体的に示しました。

 さらに学びたい人のために

○近藤武夫（編著）『学校での ICT 利用による読み書き支援──合理的配慮のための具体的な実践』金子書房，2016年。
　　この書籍は，特に読み書きに困難のある子どもに対する ICT 利用について合理的配慮の視点から理論や実践など関係者からの情報がまとめられています。

○金森克浩（編著）『〔実践〕特別支援教育と AT（アシスティブテクノロジー）（第1集～第7集）』明治図書出版，2012～2015年。
　　「障害による物理的な操作上の困難や障壁（バリア）を，機器を工夫することによって支援しようという考え方」である AT（アシスティブテクノロジー）をより広く知ってもらい，活用していくための AT 入門書。環境整備としての支援技術を実践とともに紹介しています。

○福井県特別支援教育センター「「読み」や「書き」に困難さがある児童生徒に対するアセスメント・指導・支援パッケージ（第1版）」 http://www.fukuisec.ed.jp/。
　　この資料は発達障害のある子どもの読み書きの支援に関して，総合的にまとめられています。また，そのなかでも ICT を活用した事例などについても丁寧に解説されています。

第13章
個別の教育支援計画と個別の指導計画

●　●　●　学びのポイント　●　●　●

- 特別支援教育に関する教育課程の枠組みを踏まえて，個別の教育支援計画及び個別の指導計画を作成する意義と作成方法を理解しましょう。
- 本人や保護者の「願い」を踏まえることの大切さと，期待目標である「願い」から到達目標である「ねらい」を検討することの必要性を理解しましょう。
- 特別支援教育コーディネーター，家庭，関係機関と連携しながら支援体制を構築することの必要性を理解しましょう。

WORK 子ども本人の「願い」を踏まえた支援の方策について考えてみよう

1．本人の願いを踏まえた支援計画の検討（20分）

　PATH（Planning Alternative Tomorrows with Hope）の手法を参考に，子どもの「願い」の事例をあげ，その背景にある「思い」を推察するとともに，その実現に向けて必要な力について考えましょう。

　① これまで関わったことのある子どもの「願い」をあげましょう。ない場合は子どもの好きなものや好きなことなどから推察してみましょう。
　② 子どもの「願い」の背景にある「思い」について，推察されることを出し合いましょう。
　③ 子どもの「願い」を実現するために「必要な力」について出し合い，その指導及び支援において必要な関係者や具体的な手立てについて考えましょう。

2．個別の諸支援計画の作成と活用に向けて（10分）

　小中学校等の通常の学級において，個別の指導計画や個別の教育支援計画の作成と活用が十分ではない理由について考えるとともに，作成と活用を図るための具体的な方策について話し合いましょう。

　① 小中学校等の通常の学級において個別の指導計画や個別の教育支援計画の作成と活用が十分ではない理由について考え，共有しましょう。
　② 小中学校等の通常の学級において個別の指導計画や個別の教育支援計画の作成と活用を図るための具体的方策を出し合いましょう。

〈WORK の取り扱い〉

　本章の WORK では，今後の充実が求められる個別の諸支援計画の作成及び活用にあたって，児童生徒の障害による学習上または生活上の困難を踏まえつつ，具体的な支援の手立てについて検討する。WORK を事後に位置づけ，本章で紹介する「PATH」の手法を参考にして，実際に一連の流れに沿って作業に取り組む。そのことによって，児童生徒の実態を肯定的に捉え「本人の願い」を大切にすることや，その実現にあたって多様な支援方策があることに気づけるよう，共同作業を通して実感できるよう留意していきたい。

第13章　個別の教育支援計画と個別の指導計画

● 導　入 ●

　本章では，特別支援教育における教育課程の枠組みを踏まえて，一人一人の教育的ニーズに応じた適切な指導と必要な支援を「つなぐ」ためのツールである「個別の教育支援計画」と「個別の指導計画」を作成し活用する意義とその方法について解説します。
　「個別の教育支援計画」と「個別の指導計画」の作成と活用にあたっては，本人や保護者の「願い」を踏まえ，関係者や関係諸機関が連携・協働することが大切です。期待目標である「願い」から到達目標である「ねらい」を検討する意義を理解するとともに，その具体的な方策の1つである PATH（Planning Alternative Tomorrows with Hope）の手順を踏まえることによって，本人を中心とした支援体制を構築する重要性を理解しましょう。

1　教育的ニーズを踏まえた指導及び支援をつなぐために

　一人一人の特別な教育的ニーズを踏まえた教育の充実を図るためには，児童生徒等の実態把握を踏まえた適切な指導及び必要な支援に努めることが大切です。そのためには，幼・保及び小・中・高等学校などの学校段階を越えて，そして校内における各教科等の担当者をはじめ，医療，福祉，労働等の関係機関や関係者をつないでいくことが求められます。まさに一人一人の教育的ニーズに応じた支援等を「つなぐ」ためのツールが，「個別の教育支援計画」や「個別の指導計画」と言えます。
　早期からこれらを作成し，活用していくことによって，各教科等における授業をはじめ，学校だけではなく家庭や地域といった生活する場などの「空間的広がり」や，幼稚園・保育園（所），小学校，中学校，高等学校などの各段階の「時間的流れ」を通して，障害のある児童生徒一人一人に対して「個別」に「わかる」「できる」ための環境が整えられ，つないでいくことができます。
　当然ながら，これらの計画を作成すること自体が「目的」ではありません。それらを活用することによって，特別なニーズを有する当事者が一般の教育制

213

度から排除されることなく，他の者と同様によりよく学び，よりよく生きるための指導及び支援の充実につながる，重要な「手段」と言えます。

　個別の教育支援計画や個別の指導計画を機能的かつ活用できるものにしていくためには，複数の関係者が協働作業を通して合意形成を図っていくプロセスが重要です。また，これらの活用にあたっては，PDCAサイクルを通してその評価と改善に努めていくことが求められます。

　我が国が目指す「共生社会」の形成に向けて，合理的配慮やその基礎となる環境整備の充実が不可欠となります。そのため，個別の教育支援計画や個別の指導計画は，合理的配慮や基礎環境整備の考えに基づいて作成され，共生社会の形成に向けた取り組みの1つとしても重要な意味をもっています。

2 個別の教育支援計画と個別の指導計画

1 個別の教育支援計画とは

　2003年度から実施された障害者基本計画では，教育，医療，福祉，労働等の関係機関が連携・協力を図り，障害のある児童生徒等の生涯にわたる継続的な支援体制を整え，各年代における児童生徒の望ましい成長を促すため，個別の支援計画を作成することが示されました。この個別の支援計画のうち，児童生徒等に対して，教育機関が中心となって作成するものを個別の教育支援計画と言います。

　個別の教育支援計画は，教育関係者だけではなく，家庭や医療，福祉などの関係機関と連携し，長期的な視点で一貫した支援を行うために作成するものです。長期的な視点から児童生徒の支援の目標を設定することによって，学校が教育課程の編成の基本的な方針を明確にする際に，全教職員が共通理解すべき大切な情報を得ることができます。その教育支援の内容は，教科等横断的な視点から，個々の児童生徒の障害の状態等に応じた指導内容や指導方法を工夫する際の情報として，個別の指導計画に生かしていくことが重要です。

　また，個別の教育支援計画では，家庭や医療，福祉等の関係機関と連携した

支援の充実を図るため，各機関における支援内容等について整理したり，関連づけたりするなど，役割を明確にすることも考えられます。その際には，児童生徒の実態等を的確に把握したり，共通理解したりできるようにするため，国際生活機能分類（ICF）[*1]の考え方を参考にすることも有効です。

個別の教育支援計画の活用にあたっては，就学前の機関において作成される個別の支援計画を引き継ぎ，適切な支援目的や支援内容を設定したり，進学先に支援目的や支援内容を伝えたりするなど，切れ目のない支援に生かすことが必要です。その際には，事前に保護者の同意を得るなど，個人情報の適切な取扱いにも十分留意する必要があります。なお，個別の教育支援計画の様式例は図13－1を参照してください。

2 個別の指導計画とは

個別の指導計画とは，個々の児童生徒の実態に応じて適切な指導を行うために学校で作成されるもので，教育課程を具体化するとともに，障害のある児童生徒等一人一人の指導目標をはじめ，指導内容や指導方法を明確にし，きめ細やかな指導を行うために作成するものです。

各教科等における指導計画の作成においては，障害のある児童生徒等に対する学習活動を行う場合に生じる困難さに応じた指導内容や指導方法の工夫を計画的・組織的に行うことが求められます。指導内容や指導方法は，障害の種類や程度によって一律に決まるわけではありません。特別支援教育において大切な視点は，児童生徒一人一人の障害の状態等により，学習上または生活上の困難が異なることに十分留意し，個々の児童生徒の障害の状態等に応じた指導内容や指導方法の工夫を検討し，適切な指導を行うことであると言えます。そしてその指導の結果を適切に評価することを含めて，個別の指導計画の作成と活用に努めることが大切です。

また，2017年に告示された新しい学習指導要領では，特別支援学校だけでは

[*1] 「国際生活機能分類（ICF）」については，本書第9章参照。

学習障害 小学校4年生（通常の学級）のケース		作成日	年　月　日
		評価日	年　月　日

個別の教育支援計画　　　　　　　　　【○○小学校】

本人氏名（ふりがな）			性　別		生年月日	
保護者氏名			学年・組		4年　○組	
住　所				(TEL　　　　　　　　)		
生活の様子	得意なこと 好きなこと	・習い事（水泳教室）は休まず通っている。 ・テレビアニメが好きで，詳しく知っている。 ・友達との関係は良好であり，休み時間には一緒に遊んでいる。			○本人，保護者からの聞き取り，関係機関の情報，教員の見取り等により以下の内容を把握します。 ・学校生活　・家庭生活　・地域生活	
	苦手なこと	・字形が崩れやすく，板書に時間がかかる。 ・音読では，たどたどしい読み方をする。				
本人・保護者の願い	本　人	・上手く字が書けるようになりたい。			○本人，保護者からの聞き取り等で把握します。 ○希望する進路や将来像についても把握します。	
	保護者	・書くことを嫌がらずに取り組んでほしい。 ・音読ではすらすら読めるようになってほしい。				
合理的配慮	①-1-2　学習内容の変更・調整 ・文章の読む量や書く量を減らすなど負担にならない程度に調整する。 ①-2-1　情報・コミュニケーション及び教材の配慮 ・単語のまとまりがわかりやすいように補助線を引いたり，文節ごとに区切ったりする。 ②-1　専門性のある指導体制の整備 ・通級指導教室と連携し，指導の充実を図る。				○合理的配慮の3観点11項目の中から本人及び保護者と合意形成を図った項目を記入します。 ○各項目の見出しは，例えば，「①-1-2　学習上又は生活上の困難を改善・克服するための配慮」と記入します。 ○具体的な内容は，「共生社会の形成に向けたインクルーシブ教育システム構築のための特別支援教育の推進（報告）」の別表（本冊子の資料として掲載）を参考に記入します。	
長期目標 (期間：1年)	・小学校で学習する漢字の7割を書くことができる。 ・自分で工夫しながら，スムーズに音読できる。				○評価の時期（1～3年を目安に）は学校として適切に定めておき，評価日までに達成可能な目標を記入します。	
関係機関との連携	・○○小学校通級指導教室 　（担当○○：週1回，個別の読み書きの指導） ・水泳教室（担当○○：週1回，情報共有）				○関係機関名と支援内容を記入します。（担当：回数，支援内容） ・福祉，医療（受診，服薬，診断名等），労働等との連携がある場合は記入します。 ・通級による指導，地域とのかかわり（習い事，放課後活動）もきまれます。	
作成者	学級担任：			特別支援教育コーディネーター：		

年　月　日　保護者氏名　　　　　　　　　　　　　　㊞

図13-1　個別の教育支援計画の作成事例とポイント

出所：青森県教育委員会「青森県教育支援ファイル（『個別の教育支援計画』及び『個別の指導計画』）作成の手引き（改訂版）」2018年，p. 19, 25より筆者作成。

なく、特別支援学級や通級による指導の対象であるすべての児童生徒に対して、個別の教育支援計画と個別の指導計画を作成し活用することとなりました[*2]。

特別支援学級における各教科等の指導に当たって、各教科の一部または全部を、知的障害者である児童生徒に対する教育を行う特別支援学校の各教科（以下、知的障害教育の各教科）に替えた場合には、知的障害教育の各教科の各段階の目標や内容を踏まえるとともに、個別の指導計画に基づいて一人一人の実態等に応じた具体的な指導目標及び指導内容を設定することが必要です。

また、他校において通級による指導を受ける場合には、学校間や担当教師間の連携の在り方を工夫し、個別の指導計画に基づく評価や情報交換等が円滑に行われるよう配慮する必要があります。

さらに、新しい学習指導要領では、通常の学級に在籍する障害のある児童生徒の各教科等の指導に当たっても、適切かつ具体的な個別の指導計画の作成に努める必要があると示されています。なお、個別の指導計画の様式例は図13－2を参照してください。

3 個別の教育支援計画や個別の指導計画の作成にあたって

個別の教育支援計画や個別の指導計画の作成にあたっては、まず対象となる児童生徒の実態把握が重要です。実態把握にあたっては、医学的診断による学習上または生活上の困難を把握するとともに、心理検査等や行動観察等を通して、多面的かつ肯定的に実態を捉えていくことが求められます。特に「～ができない」というように否定的に捉えるのではなく、「～により～できる」というように、手立てを含めて検討することで「できる」姿を想定し、肯定的に捉えていくことが大切です。そのため、保護者への聞き取りを含め、多様な支援者による複数の目を通した検討が望まれます。

[*2] たとえば、小学校では、「小学校学習指導要領」第1章「総則」第4「児童の発達の支援」2「特別な配慮を必要とする児童への指導」(1)「障害のある児童などへの指導」のエ（2017年告示）、に規定されている。同様に、中学校、高等学校の学習指要領にも、「個別の教育支援計画」「個別の指導計画」について規定されている。

	作成日	年	月	日
	評価日	年	月	日

個別の指導計画

【○○小学校】

学年・組	4年 ○組	本人氏名（ふりがな）	
学校生活の様子	うまくいっているところ ・飼育係では，係活動を忘れることなく，進んでうさぎ小屋の掃除をしている。 ・テレビアニメが好きで，休み時間などアニメのキャラクターを描いていることが多い。 ・課題には最後まで取り組み，宿題も忘れずにやってくる。 つまずいているところ ・漢字を使わずに文章を書いている。 ・音読では，たどたどしい読み方をする。		○指導の有効な手がかりになるため，多く記述するようにします。 ・できていること ・頑張っていること ・得意なこと ・興味や関心 ○気になる行動の実態や支援が必要と思われることを記述します。 ○「～できない」という記述は避けます。
短期目標 （期間：1年）	1　漢字の小テストで7割以上書くことができる。 2　補助線や文節ごとの区切りをもとに，声を出して文章を読むことができる。		○指導期間をあらかじめ決定しておき，評価日までに達成可能な指導目標を設定します。 （例：1年ごと，学期ごと） ○「～しないようにする」等の表現は避け，「～できる」という文末にします。
手立て	目標1について ・通級指導教室で作成した「漢字ポイントカード（漢字を覚えるためのコツ）」を国語の授業でも活用して，漢字を書くようにする。 ・漢字の小テストでは，書き出し位置に印を付ける。 目標2について ・文章の単語に補助線を入れたり，文節ごとに区切ったりする。 ・声を出して文章を読んだときには，十分に称賛する。		○「短期目標」に対応した手立てを記述します。 ○「学校生活の様子」の「うまくいっているところ」を活用した手立てを設定します。 ・補助教材の活用　・言葉かけの工夫 ・活動量の調整　・時間の調整 等が考えられます。 ○誰がどの時間や場所で指導するのかも考えて手立てを設定します。
評価	目標1について ・通級指導教室の教員と一緒に作ったイラスト入りの「漢字ポイントカード」を授業内で活用することにより，自分で考えたコツを思い出せるようになり，カードを見なくても正しく書ける漢字が増えてきた。 目標2について ・教科書を音読する前には，自分から補助線を引くようになった。補助線や文節ごとの区切りを手がかりにしたことによって，自信をもって音読することができるようになってきた。学校の取組を家庭へ伝え，保護者からも称賛されたことにより，家庭でも音読するようになってきた。		○評価の時期は学校として適切に定めておきます。 ○「短期目標」の達成状況について記入し，「指導目標」や「手立て」を見直します。
作成者	学級担任：	特別支援教育コーディネーター：	

図13-2　個別の指導計画の作成事例とポイント

出所：青森県教育委員会「青森県教育支援ファイル（『個別の教育支援計画』及び『個別の指導計画』）作成の手引き（改訂版）」2018年，p. 20, 26より筆者作成。

また，小中学校の特別支援学級の場合，担当者の有する専門性によって個別の教育支援計画や個別の指導計画の作成が困難であることも考えられます。そのため，巡回相談員などの特別支援学校のセンター的機能や，教育センター，大学などの特別支援教育に関する専門家の協力・助言を得ることが肝要となります。

さらには，担当者のみで作成するのではなく，保護者のほか複数の関係者がそのプロセスを共有し，定期的にケース会議を行うなどのPDCAサイクルを通した見直しと改善を図ることによって，よりよい活用と指導・支援の充実が図られていくものと考えます。

なお，個別の教育支援計画や個別の指導計画の様式や記入例，作成手順については，多くの都道府県及び市町村教育委員会がガイドブック等を刊行したり，ウェブサイトで公開したりしていますので，参考にするとよいでしょう。[*3]

4　本人が個別の教育支援計画や個別の指導計画の作成に参画する意義

2016年4月1日に，障害を理由とする差別の解消の推進に関する法律（障害者差別解消法）が施行され，「障害を理由とする不当な差別的取り扱いの禁止」と「合理的配慮の提供」の法的な枠組みが定められました。このうち合理的配慮の提供については，国の行政機関や地方公共団体等においては法的義務，民間事業者においては努力義務となりました。なお，ここでは「地方公共団体等」の「等」に学校も含まれていることに留意する必要があります。また，合理的配慮の提供におけるポイントの1つとして，本人等からの申し出があげられます。

このことを踏まえると，個別の教育支援計画等における合理的配慮の記載や本人参画の取り組みが重要になってくると考えられます。特に前者においては，就学や転学のみならず，交流及び共同学習においても重要なポイントとなって

---

* 3　たとえば，青森県教育委員会「青森県教育支援ファイル（『個別の教育支援計画』及び『個別の指導計画』）作成の手引き」 https://www.pref.aomori.lg.jp/soshiki/kyoiku/e-gakyo/files/ikkatu.pdf（2018年11月15日閲覧）。

きます。

　個別の教育支援計画や個別の指導計画に関する本人参画の取り組みは，これまでいくつかの特別支援学校（知的障害）^{*4*5}で進められてきています。具体的には，産業現場等における実習（以下，現場実習）などの「節目」を捉え，丁寧な「振り返り」と「対話」を行うことで，本人の期待目標としての「願い」を踏まえ，授業等における到達目標としての「ねらい」につなげています。また，児童生徒が各教科等において学ぶ意味や必然性などの文脈づくりを大切にしています。たとえば，現場実習中に遅刻をしてしまった生徒の場合，その原因を生徒と教師が共に考え，道に迷ったときに周りの人に質問できるように「国語」の時間に質問の仕方を学ぶこと，時間を見通した行動ができるように「数学」の時間に時間の計算の仕方を学ぶこと，目的地までの道筋を理解できるように「社会」の時間に地図の読み方を学ぶことなどの必然性に気づけるようにして，そのことを個別の諸支援に盛り込み，生徒本人が当該教科の担当教員に思いを伝えるというものです。

　本人が個別の教育支援計画や指導計画の作成に参画することは，学習上または生活上の困難を有する児童生徒が，将来を見据え「なぜ・なんのため」に学ぶのか，そのために「何を」「どのように」学ぶのかを考える大事な機会となっており，そのことを受けて担当教員は児童生徒の目線に立ち，「なぜ・なんのため」にその内容を教えるのかを明確にしていきます。

　今後，本人が個別の教育支援計画や個別の指導計画の作成と活用に関わることで，各教科等を学ぶ必然性が生まれ，つないでいくことによって教育課程を軸に学校教育の改善・充実の好循環を生み出す「カリキュラム・マネジメント」^{*6}にもつなげていくことが求められます。また，その機能は，小中学校等の

---

*4　京都市立白河総合支援学校，横浜市立若葉台特別支援学校，千葉県立市原特別支援学校つるまい風の丘分校など（京都市立総合支援学校職業学科『地域と共に進めるキャリア発達支援──職業学科3校合同研究実践事例集』ジアース教育新社，2017年）。

*5　菊地一文「特別な教育的ニーズに応じた指導及び支援の充実に向けて」『特別支援教育研究』**735**，東洋館出版社，2018年。

*6　**カリキュラム・マネジメント**：学校の教育目標の実現に向けて，子どもや地域の実態を踏まえ，教育課程（カリキュラム）を編成・実施・評価し，改善を図る一連のサイクルを計画的・組織的に推進していくことや，そのための条件整備。

通常の学級においても作成と活用が期待されている，児童生徒が活動を記録し蓄積する教材等であるキャリアパスポート（仮称）にも通ずると考えます。

なお，本人参画を重視するものとしては，「特別支援学校小学部・中学部学習指導要領」において，「個々の児童又は生徒が，自立活動における学習の意味を将来の自立や社会参加に必要な資質・能力との関係において理解し，取り組めるような指導内容を取り上げること[*7]」と示されている点にも留意する必要があります。まさに個別の教育支援計画や個別の指導計画は，児童生徒にとっての「学びの地図」につながるものと言えます。また，単にできないことや苦手なことの受け入れではない，課題に対する対処の仕方を含む，より主体的な「自己理解」を図るとともに，本人の「ありたい」「なりたい」姿を描き，将来を見据えるためのツールとして有効であると考えます。

最近では，文部科学省の研究指定を受けている小学校においてもこのような[*8]将来なりたいものとの関係で学びを捉え直す取り組みが進められています。このような本人参画の取り組みは，学校教育を卒業する移行期だけではなく，意欲をもって日々の学習に取り組めるよう，より早期から進めていくことが有効であり，今後の充実が期待されるところです。

3 本人の願いとPATH

1 本人の願いへの着目

ニーズには，心理アセスメント等によって特定される「本人の育ち」や期待される「伸びしろ」としてのニーズと，本人の教育そのものへの「思い」としてのニーズがあると考えられます。いずれもその中心には「ありたい」「なりたい」という本人の「願い」があると捉えることができます。

マズロー（Maslow, A.）（1954）はすべての人間の内部には欲求があるとし，

---

*7 「特別支援学校小学部・中学部学習指導要領」第7章「自立活動」第3「個別の指導計画の作成と内容の取扱い」の2の(3)のカ（2017年告示）。
*8 横浜市立仏向小学校 Co-LABO 教室（通級指導教室）。

図13-3 欲求の階層
出所：Maslow, A. (1954). より筆者作成。

①水分や養分の補給，睡眠，性など，生命の維持や生存に必要な，最も基本的な欲求である「生理的欲求」，②危険や不確実な状況から逃れ，安全や安定を求める「安全欲求」，③集団の一員として認められることや他者との交流や友情，愛情を求める「愛情・所属欲求」，④他者から尊敬されることや人間としての尊厳を保ち，自律的に行動することを求める「尊厳（自律）欲求」，⑤成長や進歩に向けて自己の可能性を最大限に実現していこうとする「自己実現欲求」の5段階に整理しています[*9]（図13-3）。

「願い」は障害の有無や状態にかかわらず誰もが何らかの形で有しているものです。また，児童生徒の「願い」には，マズローのいう欲求の階層を踏まえた，目の前の「いま」を捉えた身近なものから，将来を展望したものまで多様なものがあります。

「願い」（期待目標）に基づいて「ねらい」（到達目標）を設定することは，第2節，第3節で触れたように本人にとっての「なぜ・なんのため」という「学び」の必然性につながると考えます。したがって「本人の願い」の把握は，個別の教育支援計画や個別の指導計画の実行性を高めるうえでも重要なポイントとなります。

2 関係者及び関係諸機関が連携・協働することの意義

本人の願いを支えるためには，学校内の各教科等を担当する教員と保護者はもちろんのこと，医療，福祉，労働等の関係諸機関が連携・協働することが求められます。たとえば就学前においては，幼稚園または保育所での生活を中心としながら，障害による様々な困難への対応として療育を行う福祉機関，あるいは医療機関との連携が必要となる場合もありますし，就学にあたっては小学

---

*9　Maslow, A. (1954). *Motivation and Personality*. Harper & Row.

校または特別支援学校との連携が必要になってきます。また，学校教育卒業の時期においては，就職し，働き続けるための支援が必要となるため，就職先をはじめ，障害者就業・生活支援センター等の就労支援機関やハローワーク等の労働機関との連携が必要となってきます。

　就学や進学，あるいは就職といった移行の時期は，対人関係や環境の変化等により，新たな学習上または生活上の困難が生じたり，困難さの状況が変化したりする場合があります。一貫したよりよい支援のためには，各段階における各機関の指導・支援の成果の情報を共有し，指導の方針や方向性等を整理する必要も出てきます。支援の在り方を見直し，これらの関係機関や関係者をつなぐものとして個別の教育支援計画や個別の指導計画が重要な意味をもちます。

3　PATHの活用

　本人による意思決定や本人主体が重視されるなか，「本人中心の計画づくり」への注目が高まってきています。本人の願いを踏まえた「本人中心の計画づくり」や効果的な活用の具体的な方策としては，フォレスト（Forest, M.）らによるPATH（Planning Alternative Tomorrows with Hope）やMAPS（Making Action Plans），よい経験（Good Experiences）などがあげられます。[*10]

　PATHは「希望に満ちたもう1つの未来の計画」を略した名称で，インクルーシブ教育を推進するための具体的な手立てを示したものとして，アクションプラン（行動計画）を策定する機会を提供するものとして知られています。日本では，干川隆（2002）によって，「障害のある本人と関係者が一堂に会し，その人の夢や希望に基づきゴールを設定し，ゴールを達成するための作戦会議」として紹介され，その技法を用いて関係者が情報を共有し，「本人の願い」[*11]に基づく支援方策の検討や具体的なアクションプランを立案することに用いら

---

*10　Falvey, M., Forest, M., Pearpoint, J. & Rosenberg, R.（2003）. *ALL my life's a circle : using the tools : circles, MAPS & PATH*. New expanded edition（2nd Ed）Inclusion Press.
*11　干川隆「教師の連携・協力する力を促すグループワーク——PATHの技法を用いた試みの紹介」『知的障害養護学校における個別の指導計画とその実際に関する研究報告書』国立特殊教育総合研究所，2002年.

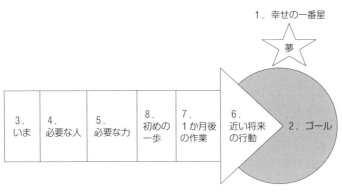

図13-4　PATHの概要
出所：Falvey, M., Forest, M., Pearpoint, J., & Rosenberg, R. (2003). より筆者作成。

れています。

　PATHのステップ（図13-4）は次の通りです。

【STEP 1】幸せの一番星（夢）にふれる。

　まず，対象とする本人の夢や希望，将来のビジョン等について語り，記入します。たとえばAさんにとっての「幸せの一番星は何か？」について，Aさん本人やAさんに関係の深い人が語ります。その際，単に「〇〇になりたい」ということだけではなく，「なぜ〇〇になりたいのか」「〇〇になることでどのようなことを望んでいるのか」を踏まえることが大切です。

【STEP 2】ゴールを設定する，感じる。

　夢や希望の実現日を記入し，本人が夢の実現に向けてその日に何をしているのか，何を感じているのかを話し合い，記入します。

【STEP 3】今に根ざす（私や私たちは今どの位置にいるのか）。

　今日の年月日を記入し，本人の現在の実態や現状と，それを本人がどのように感じているのかを話し合い，記入します。その際，実態については，本人の「強み」や「よさ」に着目し，肯定的に捉えることが大切です。

【STEP 4】夢をかなえるために誰を必要とするか。

　夢をかなえるために誰を必要とするのか，関係者をリストアップします。

【STEP 5】必要な力（どのような力を増したらよいのか）。

夢をかなえるためにはどのような力が必要なのか，どのような力を高めたらよいのかを話し合い，記入します。

【STEP6】近い将来の行動の図示。
　近い将来，夢が現実のものとなっているためにはどのような行動をとっているのかについて話し合い，記入します。

【STEP7】1か月後の作業
　今回の話し合いを終えて，1か月後，話し合いに参加したメンバーがそれぞれ何をするのかを記入します。

【STEP8】はじめの一歩を踏み出す。
　今回の話し合いを終えて，話し合いに参加したメンバーが，それぞれはじめに何をするのかを表明します。

　以上のステップにより，本人や関係者が「幸せの一番星（夢）」を目指してゴールを設定し，その達成のために具体的な支援策を話し合い，段階を踏んで支援方策を検討します。

　PATHの一連のプロセスを通して得られる効果としては，①支援者が支援の出発点となる「本人の願い」の重要性に気づくこと，②支援者相互の協働性や支援の必然性が高まることがあげられます。支援者の意識を変え，チームの協働性や組織力が高まるということは，その後のアクションプランの実効性を高めることにもつながります。

　PATHの実施にはある程度の時間がかかりますが，結論を急がずに，丁寧に「願い」の背景について検討し共有することや，本人の「強み」に着目し，支援方策を検討することが成功のカギになります。「願い」の捉え方によっては必要な支援も変わってくるため，複数の関係者による本人の「よさ」への着目やこれまでの本人の「つぶやき」や「反応」を丁寧に拾い上げて考察するなど，より肯定的な姿勢が求められます。

　今後，個別の教育支援計画や個別の指導計画の活用による「本人を中心とした」計画の作成及び実践の一層の充実が期待されます。

まとめ

　本章では個別の教育支援計画と個別の指導計画の概要やこれらの作成及び活用の意義について説明するとともに，「本人の願い」を踏まえた関係機関及び関係者による連携・協働の具体的方策の一例としてPATH（Planning Alternative Tomorrows with Hope）の手法を紹介しました。

　今後，学習上または生活上の困難を有する児童生徒一人一人に対する適切な指導と必要な支援の一層の充実を図るため，確実に個別の教育支援計画や個別の指導計画の作成及び活用を進めていくことが求められます。その際には，本人の願いを踏まえた「本人を中心とした」取り組みを意識することが望まれます。

 さらに学びたい人のために

○ピーター・ライト，サンドラ・オコナー，パメラ・ライト，柘植雅義・緒方明子・佐藤克敏（監訳）『アメリカのIEP（個別の教育プログラム）――障害のある子ども・親・学校・行政をつなぐツール』中央法規出版，2012年。
　　アメリカのIEP（個別の教育プログラム）について，保護者が抱く疑問に答えるQ&Aというかたちでまとめられた本の翻訳本で，就学先決定から社会への移行までの「個別の指導計画」先進国アメリカの実例・状況がわかります。

○干川隆（監修），熊本大学教育学部附属特別支援学校（編著）『特別支援教育のチームアプローチ　ポラリスをさがせ――熊大式授業づくりシステムガイドブック』ジアース教育新社，2012年。
　　子どもを中心に教師や保護者が連携するための工夫や手立てのほか，チームアプローチによる学校の体質や文化・土壌を変える取り組みなど，個別の教育支援計画・個別の指導計画・授業づくりの在り方を提案しています。

第14章

特別支援教育コーディネーターと校内支援体制

●●● 学びのポイント ●●●

- 特別な支援を要する児童生徒への校内支援体制の考え方を理解しましょう。
- 校内支援体制を構成する教職員等のそれぞれの役割について理解しましょう。
- 特別支援教育コーディネーターの役割について理解しましょう。
- 校内支援体制と連携する専門機関，専門職等との連携について理解しましょう。

| **WORK** | 校内支援体制を担う教職員の役割を考えよう |

校内組織図

出所：筆者作成。

1．校内組織図の作成（10分）
   ① 図のなかには，学校内の様々な役割を担っている教職員が示されています。その職種の名称や仕事の内容について簡単に書き出してください。
   ② ペアや小さなグループで，各自が記述した様々な職種の名前や仕事の内容について話し合い，交流しましょう。

2．校内組織図をもとにした話し合い（10分）
   ① 支援を必要とする児童生徒に関わりをもつとよいと考えられる，学級担任以外の教職員について，校内組織図の該当部分に〇印を記入してください。
   ② ペアや小さなグループで，各自が記入した理由について話し合い，交流しましょう。

〈WORK の取り扱い〉
　本章は，特別支援教育が，学校の組織全体によって進められるものであることの意味を理解するものである。したがって，学校組織の多様な構成メンバーや学校外の専門職の存在や関わりのイメージを緩やかに共有したうえで講義を進めていきたい。

第14章　特別支援教育コーディネーターと校内支援体制

● 導　入 ●

　本章では、特別支援教育を学校という組織によって進めていくための仕組みとその意味について解説します。

　学校で障害のある児童生徒など、特別な支援を有する児童生徒を指導するのは学級担任や教科担任の教員だけではありません。校内には、様々な役割を担う教職員がいます。また、必要によっては校外の専門職にも力を借りながら適切に連携することが重要です。これらがチームとして機能していくための校内支援体制と、それをリードしまとめていく立場である特別支援教育コーディネーターの役割について理解していきましょう。

1　特別支援教育における校内支援体制

1　校内支援体制

　2007年の学校教育法の一部改正により、現在の特別支援教育のかたちが法的に位置づけられました[*1]。その改正では、従来の特別な教育の場、すなわち特別支援学校や特別支援学級だけではなく、通常の学級に在籍する特別な支援を必要とする児童生徒への教育を行うことが定められたのです。これは大変重要な法律の改正でした。昨今の我が国の教育現場で当たり前に実践されている「通常の学級における特別支援教育」の推進を支える法律だからです。

　このように、特別支援教育はその対象となる児童生徒を拡大していきました。また、その内容は教科学習や生活上の支援のみならず、家庭や関連専門機関等との連携まで幅広いものです。時には、心理学的な支援など専門的な知見を要することもあります。これらを「学級担任」一人ですべて行うことは困難です。

＊1　学校教育法第81条第1項に「幼稚園、小学校、中学校、高等学校及び中等教育学校においては、次項各号のいずれかに該当する幼児、児童及び生徒その他教育上特別の支援を必要とする幼児、児童及び生徒に対し、文部科学大臣の定めるところにより、障害による学習上又は生活上の困難を克服するための教育を行うものとする」と規定された。

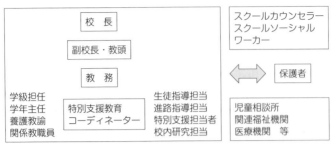

図14-1　校内支援体制のイメージ図

注：特別支援担当者は，特別支援学級担当者や通級による指導の担当者であり，特別支援教育コーディネーターは学校長によって指名された教員である。
出所：筆者作成。

　学級担任は複数の児童生徒を指導しており，特定の児童生徒だけを支援することを仕事とはしていないからです。そこで，該当する児童生徒の成長のためには，学校内の様々な教職員が必要に応じて連携することが求められます。そのための体制を「校内支援体制」と呼びます（図14-1）。

　校内支援体制をつくるためには，それぞれの教職員の役割を明確にすることが重要です。また，体制づくりとその運用を中心となって担っていく「特別支援教育コーディネーター」の存在と役割や，その児童生徒に関連する教職員が集まって，相談協議等を行う場としての「校内委員会」の設置と役割が大変重要になります（特別支援教育コーディネーターと校内委員会については後述）。

　小中学校には，たくさんの特別な支援を必要とする児童生徒が在籍しています。通常の学級在籍児童生徒の6.5％が特別な支援を要するという調査結果が[*2]あります。しかし，それらの児童生徒に必要な指導・支援はそれぞれに違い，一律に同じものを提供するわけではありません。指導・支援の内容や量は子どもによって異なるのです。そこで重要なのが「支援レベル」という考え方です。図14-2に示したように，児童生徒によって必要な支援レベルは異なります。そこで，そのレベルに応じて，校内支援体制の組み立て方，対応するメンバーも異なるのです。

＊2　文部科学省「通常の学級に在籍する特別な教育的支援を必要とする児童生徒の全国調査」2012年。

第14章　特別支援教育コーディネーターと校内支援体制

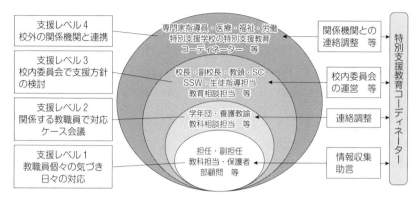

図14-2　支援レベルの違いと校内支援体制
注：SCはスクールカウンセラー，SSWはスクールソーシャルワーカーのこと。
出所：岡山県総合教育センター『高等学校　ハンドブック　自分らしくかがやく——発達障害のある高校生のための指導・支援』2015年，p. 34。

　すべての児童生徒の課題について，外部の専門機関と連携したり「校内委員会」で協議をしたりする必要はありません。しかし，その状況によっては，それらの連携や会議が早急に必要な場合もあります。
　もちろん，すべての児童生徒について，日常の教育活動における丁寧な関わりと気づき（支援レベル1）が重要なことは言うまでもありません。そのうえで，支援レベルの違いを意識して特別支援教育を進めていくことが求められるのです。

2　特別支援教育コーディネーター

　先述したように，特別支援教育を進めていくためには校内支援体制をつくることが重要です。その際に，学校内のキーパーソンになるのが特別支援教育コーディネーターです。
　特別支援教育コーディネーターは，2007年の学校教育法の一部改正により本格的に指名され，特別支援教育を支える重要な役割を担っています。同年，文部科学省初等中等教育局長から示された通知で[*3]，その指名についての規定が示されました。現在では，日本中のほとんどの公立学校で指名されています[*4]。

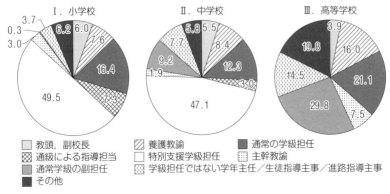

図14-3 特別支援教育コーディネーターの役職の割合
注：高等学校において，「通級による指導担当」「特別支援学級担任」は選択肢なし。
出所：文部科学省「平成29年度特別支援教育体制整備状況調査結果について」2018年。

　では，特別支援教育コーディネーターはどのような仕事をするのでしょうか。その仕事は校内外に分かれています。まず校内では，学級担任をはじめ，支援を要する児童生徒に関わる先生方への支援をする仕事があります。校内委員会の企画，実施や特別支援教育に関連する研修の企画等も重要な仕事になります。また校外では，児童生徒に関連する外部専門機関との連絡，相談等に関わる仕事を担うことが多くあります。

　特別支援教育コーディネーターと言っても，そのための専任の教員が配置されている例はほとんどありません。多くは，他の役職を担っている教員が，学校長によって特別支援教育コーディネーターに指名されているのです。図14-3に示したように，その役職は，特別支援学級担任や通常の学級担任，養護教諭や副校長や教頭といった管理職など多岐にわたっています。それぞれ，多忙な業務を複数行うなかで，様々な工夫をしながら特別支援教育コーディネーターの仕事を行っていくことになります。

＊3　文部科学省初等中等教育局長通知「特別支援教育の推進について（通知）」（19文科初第125号）2007年。
＊4　具体的には，全国の特別支援教育コーディネーター指名状況が，幼保連携型認定こども園88.3％，幼稚園96.4％，小学校・中学校100％，高等学校99.9％となっている（文部科学省「平成29年度特別支援教育体制整備状況調査結果について」2018年）。

第14章　特別支援教育コーディネーターと校内支援体制

　特別支援教育コーディネーターは，校内における特別支援教育を進めていくキーパーソンです。では，どのような資質・能力が必要とされるのでしょうか。もちろん，特別支援教育に関わる専門的な知識を学ぶことは重要です。しかし，実際の仕事は，支援に関わる多くの教職員や外部専門機関を「つなぐ」ことが中心です。そこで，特別支援教育に関連する知識のみならず，共感的に話を聴く，すなわちカウンセリングマインドをもつことが重要になります。相手の思いに耳を傾けることからコミュニケートが始まり，そこから，多くの人や専門機関がつながっていくからです。また，多くの人をつないでいくためには，ファシリテーション[*5]の基礎素養，基礎技術をもっていることも求められます。つまり，自分だけで課題を解決するのではなく，解決に役立つチームをつくることが重要となるので，そのための資質・能力をつける努力が必要とされているのです。

3　校内委員会

　ここまで何度も述べてきたように，特別支援教育は学校組織として，校内支援体制をつくることによって進んでいきます。その際，対象となる児童生徒の支援レベルを検討することによって，その支援体制も違ってきます。なかでも高い支援レベルを有すると思われる場合には，関係する教職員が協議，相談する場が必要になります。それを校内委員会と呼びます。

　現在では，全国のほとんどの公立学校で校内委員会が設置されています[*6]。

　校内委員会では，該当する児童生徒に関わる教職員が参加しての話し合いが行われます。参加する教職員としては，特別支援教育コーディネーター，学級担任，管理職（校長，教頭等），学年主任，学年団教員，養護教諭，生徒指導担当，特別支援教育支援員など，そのときの必要に応じて変化するのが一般的で

---

*5　**ファシリテーション**：会議において，参加者の発言を促したり，内容を整理したりすることで，参加者相互の協働が達成しやすくする機能のこと。
*6　具体的には，全国公立学校における校内委員会設置状況については，幼保連携型認定こども園87.5％，幼稚園93.2％，小学校100％，中学校99.9％，高等学校99.3％となっている（文部科学省「平成29年度特別支援教育体制整備状況調査結果について」2018年）。

す。

　話し合いの内容もそのときの必要に応じて柔軟に対応しますが，一般的には対象児童生徒の実態を把握して，関連する情報を整理，共有することから始めていきます。それらを踏まえて指導・支援の内容を検討します。その内容は，学習面，生活面に大きく整理できます。各々についても，さらに行動面，心理面，人間関係面など多岐に分かれています。また進路指導と連携して将来の構想を検討していくこと，家庭と密接な連携が必要な場合もあります。それら多岐にわたる内容について，「誰が」「いつ」「どこで」行うのかを明確にすることが校内委員会の目的になるのです。

4　実態把握と個別の指導計画

①実態把握

　ここまで，特別な支援を必要としている児童生徒の支援レベルはそれぞれ違うこと，そして，そのレベルに応じて校内での支援体制も異なることを示してきました。しかし，一体どのようにしてその支援レベルの違いを把握していくのでしょうか。そのためには，まず児童生徒の実態把握をする必要があります。

　現在では，全国のほとんどの公立学校で，児童生徒の実態把握が行われています[7]。

　ここでいう実態把握とは，医学的な診断を有しているとか，心理検査等を実施しているといったことだけを意味していません。それらに加えて，学校内での観察も含めて，在籍している特別な支援を必要としている児童生徒の存在や状態を確かめることを実態把握と考えるのです。

　岡山県総合教育センターでは，必要に応じて，校内のすべての児童生徒に対して実施できる「アセスメントシート」を開発しています[8]。これは，一斉授業

---

[7]　具体的には，全国公立学校における実態把握状況については，幼保連携型認定こども園98.4％，幼稚園97.9％，小学校99.5％，中学校98.8％，高等学校94.8％となっている（文部科学省「平成29年度特別支援教育体制整備状況調査結果について」2018年）。

[8]　岡山県総合教育センター「ブックレット　通常の学級における特別支援教育の観点を取り入れた授業づくり――アセスメントシート分析パッケージの活用」2016年。

第14章　特別支援教育コーディネーターと校内支援体制

表14-1　一斉授業において必要とされる力

視覚的な理解	視覚的な記憶	聴覚的な理解	聴覚的な記憶
視写	他者理解・状況理解	図形の認知	注意・集中の持続

出所：岡山県総合教育センター, 2016年より。

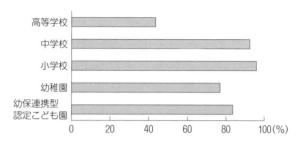

図14-4　全国公立学校における個別の指導計画作成状況
出所：文部科学省「平成29年度特別支援教育体制整備状況調査結果について」2018年。

において必要とされる力を想定し，表14-1に示した8項目に整理統合してそれらを測定できるようにしたものです。

このように，学校内で行える様々な方法を組み合わせながら，児童生徒の実態を把握することが重要です。

②個別の指導計画

個別の指導計画とは，幼児児童生徒一人一人の障害の状態等に応じたきめ細かな指導が行えるよう，学校における教育課程や指導計画，当該幼児児童生徒の個別の教育支援計画等を踏まえて，より具体的に一人一人の教育的ニーズに対応して，指導目標や指導内容・方法等を盛り込んだ指導計画のことを言います。[9] 現在では，図14-4に示すように全国のほとんどの公立小中学校で，該当する児童生徒について個別の指導計画が作成されています。しかし，高等学校においては，まだ作成率が高いとは言えない実態があります。[10] それは，高等学校では，一人一人の生徒の教育的ニーズに応じるという考え方自体が少しずつ広まってきている状況だからです。しかし，通級による指導が始まるなど，高

---

[9]　「個別の指導計画」については，本書第13章参照。
[10]　文部科学省「平成29年度特別支援教育体制整備状況調査結果について」2018年。

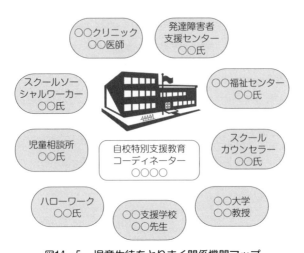

図14-5　児童生徒をとりまく関係機関マップ
出所：岡山県総合教育センター『高等学校　ハンドブック　自分らしくかがやく――発達障害のある高校生のための指導・支援』2015年, p. 40。

等学校の特別支援教育は本格的に取り組まれつつあります。その動きのなかで，個別の指導計画などを必要に応じて作成，活用することにも取り組み，必要な指導・支援を行うのが今後の課題です。

5　専門機関との連携

　特別な支援を必要とする児童生徒は，幼児期から保健，医療，福祉等の複数の専門機関とつながって成長している場合があります。そこで，学校がそれらの専門機関とつながることで，児童生徒が困っていることやその背景要因を専門的あるいは多面的に捉えられることが重要です。そのためには，各児童生徒はどのような専門機関とつながっているのかということを知っておく必要性があります。図14-5に示したのは，学校を中心に据えた場合，その児童生徒を支援するために地域内に存在している専門機関をマップにまとめたものです。

　専門機関と学校が連携することによって，児童生徒に支援を行う際の役割分担が明確になります。教科学習の力をつけることや，集団のなかで対人関係を

学び，経験を積めることなど，学校が果たす役割には重要なものがあるのです。

2 エピソードから学ぶ校内支援体制の実際

1 特別支援教育コーディネーターに指名される

　とある小学校での話です。

　新学期を控えた校長室で，一人の中堅教員であるこうた先生（仮名）が校長先生と話をしています。どうやら，来年度から特別支援教育コーディネーターに指名されるということのようでした。

　こうた先生は，自分から希望して来年度初めて特別支援学級の担当になることが内定していました。それと同時に，学校長はこうた先生を特別支援教育コーディネーターにも指名したいということなのです。

　特別支援教育コーディネーターに指名される教員は，特別支援学級の担当者であるとは限りません。その学校の実態に応じて，通常の学級担当者，養護教諭，あるいは教頭といった管理職など様々な立場の教員が指名されます。校長先生は，すでに校内で若きリーダー的な立場にあったこうた先生を抜擢し，特別支援教育を進めていくための校内体制をよりしっかりしたものにしていきたいという考えのようでした。

2 年間の計画を立てて職員会議に提案する

　特別支援教育コーディネーターに指名されたこうた先生は，これまでの特別支援教育に関わる校内の年間計画をブラッシュアップできるように動き始めました。

・支援を必要としている子どもの引き継ぎ状況の確認
・児童の実態把握の実施及び個別の指導計画作成
・学年レベルで実施するケース会議や校内委員会の企画

・特別支援教育に関連する研修の企画
・特別支援学級に在籍している児童の交流及び共同学習の計画，調整
・保護者からの相談窓口機能
・学校外の専門機関との連携状況の確認　等々

　その内容は多岐にわたります。これらすべてを特別支援教育コーディネーターが行うわけではありません。これらの仕事には多くの教職員が関係します。それらの教職員が，計画的，組織的に動きやすくすることが特別支援教育コーディネーターの重要な仕事になるのです。それが結果的に，特別な支援を必要としている児童への適切な指導・支援につながっていきます。

　では，学校において，計画的，組織的に教職員が動きやすくなるためには，特別支援教育コーディネーターにどのような力が求められるのでしょうか。こうた先生は，次のように話してくれました。

　「最初は，特別支援教育に関連する知識をたくさん学ぶことだけを考えていたように思います。それらはもちろん大切なことです。しかし同時に，多くの教職員と協働していくことがとても重要なのだということに気づきました」。

　こうた先生が述べているように，特別支援教育コーディネーターには，様々な課題を組織的，協働的に解決できるように進めることが求められます。これは，ファシリテーション能力と言い換えてもよい能力だと思います。

3　ある日の風景

　今日は，校内全教職員が集まって，特別支援教育をテーマとした校内研修日です。大学から専門家を招き，助言を受けながら進めていく計画を立てています。しかし，専門家に任せきりの研修会ではありません。

　こうた先生は，この日に備えて１学期にケース会議を行った児童すべてについて見直しをしてみました。そのなかから，必要とする支援が異なり，タイプの違う児童を複数選びました。そして，研修当日に，その児童に関わりが深い複数の教員から１学期の子どもとの関わりの様子が語られるように依頼をした

第14章　特別支援教育コーディネーターと校内支援体制

のです。

　研修当日は，語られた内容を別の教員がその場で黒板に書き出していきました。それらを踏まえて大学教員が，今後の方向性を助言するかたちで研修が進んでいったのです。

　多くの教職員がチームとして関わっていくこと，その役割や関わり方の違いを整理することなどが共有されていった研修でした。これは，特別支援教育コーディネーターであるこうた先生の見事なファシリテートでした。

　まとめ

　本章では，特別支援教育が学校という組織のなかで行われていくシステムであることを説明しました。特別支援教育は，学級担任によってのみ行われるものではなく，対象となる児童生徒に関わる多くの教職員によって進められていくものです。

　それは，特別支援教育コーディネーターのファシリテートにより，校内委員会を中心として組織的に行われます。そこでは，児童生徒の多面的な実態把握により個別の指導計画を作成し，個に応じた支援を進めていくことについて述べました。

　さらに学びたい人のために

○国立特別支援教育総合研究所『インクルーシブ教育システム構築のための学校における体制づくりのガイドブック――全ての教員で取り組むために』東洋館出版社，2017年。

　この書籍では，すべての教職員や学校関係者が共通理解のうえで協働していくために必要な情報をわかりやすくまとめてガイドラインとして示されています。

○文部科学省「発達障害を含む障害のある幼児児童生徒に対する教育支援体制整備ガイドライン――発達障害等の可能性の段階から，教育的ニーズに気付き，支え，つなぐために（平成29年3月）」2017年。

　このガイドラインは，2004年に示されたガイドラインを，幼稚園から高等学校までについて，発達障害に限定せず，すべての特別な支援を必要とする幼児児童生徒を対象として見直したものです。

第 15 章
関係機関や保護者との連携

●　●　●　学びのポイント　●　●　●

- 関係機関・家庭と連携しながら支援体制を構築することの必要性を理解しましょう。
- 保護者は，子どものもっとも身近な理解者であり，支援者であるとともに，障害のある子どもを養育している当事者でもあります。その保護者の心情を理解していくことの大切さを理解しましょう。
- 障害のある子どもが成長するにつれて関わる専門機関にはどのような機関があるのかを知り，それらの専門機関と連携する重要性を理解しましょう。

WORK　相談場面の設定について考えよう

1. 相談場面の設定イメージ（10分）

① 上の2つの絵を見てください。相談者は、どちらの位置に座ったほうが話しやすいと思いますか。推測してみてください。
② 次に、実際にペアで行ってみましょう。2人1組になり、1人が保護者（相談者）、1人は担任（担当者）の役割を決めてください。相談者は、最近困ったことについて、担当者に相談します。位置を変えて話してみてください。

2. 実際に行ったことをもとにした話し合い（10分）
① ペアを組んだ学生同士で、どちらの位置が話しやすかったか、それはどうしてか、について話し合ってください。
② 相談を受ける者（担当者）が心がける配慮について、相談をする者の立場になって気がついた点などを話し合いましょう。

〈WORKの取り扱い〉
　本章は、関係機関や保護者との連携に関する内容であり、その実際は、障害のある子どもを中心に様々な関係者が連携協力していくことになる。連携協力をしていくうえでの基本的な姿勢として、カウンセリングマインドが大切になることを踏まえて授業に臨んでいただきたい。

第 15 章　関係機関や保護者との連携

● 導　入 ●

　本章では，障害の発見から関係機関につながるまでの道筋，地域における一貫した相談・支援体制について解説します。また，障害のある子どもを育てている保護者の心情についても解説し，保護者を支援し，家庭との連携を進めていくうえでの配慮について考えます。
　関係機関との連携では，子どもの成長に伴って関わる専門機関が異なるため，就学前・就学中・学校卒業に向け，それぞれの期間に子どもが関わる主な専門機関を紹介しています。これらの機関が果たす役割を理解し，学校が関係機関や家庭と連携しながら支援を進めていくことの重要性を学びます。

1　保護者との連携と支援

1　障害の気づきと相談支援

　子どもに障害があるとわかるのは，生まれる前の検査や生まれてすぐの場合と生後しばらく経ってから（1歳を過ぎてから）の場合があります。赤ちゃんが生まれる前の検査は，出生前診断と呼び，染色体異常や遺伝性の病気にかかっている赤ちゃんの予後を向上することを目的として行っています。生後すぐに障害がわかるのも，ダウン症候群などの染色体異常や口唇口蓋裂，脳性まひ，難聴など先天的な障害の場合が多いです[*1]。このような子どもは，生後間もない頃から医療機関（子ども病院や子ども医療センターなどの専門病院）に通うことになります。また，医療的な対応と並行して，療育機関において保護者が子育ての支援を受けたり，子どもが療育を受けたりして成長していきます。
　一方，子どもが成長していく過程で，聞こえや言葉に心配がみられたり，周

＊1　脳性まひや難聴については，本書第7章を参照。口唇口蓋裂とは，先天性異常の1つで，胎生4～12週頃（妊娠しているのがわかるかどうかくらいの時期）に何らかの異常が生じ，口唇，口蓋（口のなかの天井部分），はぐきがつながらず，割れ目（裂）が残ってしまった状態をいう。

りの子どもとうまく遊べなかったりすることに気づかれる子どもたちがいます。このような子どもは，乳幼児健康診査（以下，健診）で指摘を受け，健診後のフォローアップ教室や療育機関での支援を受けたり，幼稚園・保育所等で支援を受けたりして成長していきます。このような子どもを育てている保護者は，子どもの行動特性が気になりながらも，子どもに障害があることを否定する気持ちもあり，不安な気持ちを抱きつつ，日々の生活を送っています。そこで，フォローアップ教室や療育機関では保護者に対する支援も重視し，個別の面談だけでなく，保護者向けの勉強会や保護者同士の懇談会等を実施して，子どもの障害の理解や子どもの特性に合わせた関わり方などの情報を提供して支援しています。

　乳幼児健康診査は，母子保健法（第12条）に基づき，「満1歳6か月を超え満2歳に達しない幼児」（1歳6か月児健康診査）と「満3歳を超え満4歳に達しない幼児」（3歳児健康診査）を対象として市町村が実施しています。1歳6か月児健康診査（1歳半健診）では，呼名反応や大人の動作をまねるかどうかなど，対人面や言葉の発達などについて親子と関わり様子を見ます。社会性やコミュニケーションの発達に弱さのある子どものなかには，その後，知的障害や自閉スペクトラム症と診断される場合もあります[*2]。3歳児健康診査（3歳児健診）では，名前や年齢などの簡単な質問に対する応答，大小や長短，色などの認知発達，注意・集中，多動性の有無などを観察します。

　これらの健診では，所見のあった（気になった）子どもの保護者に対して，子どもの特性を伝えたり，家庭生活を円滑に過ごせるような支援を行ったりします。たとえば，健診を行った保健センター等で実施しているフォローアップ教室への参加を促したり，発達支援センターや療育機関等の専門機関への紹介をしたりして，子どもの発達を支援します。

　このような早期からの教育相談・支援は，保護者の気持ちに寄り添いつつ行われることで，保護者が我が子の実態について理解を深め，子どもの障害の受容を進める支援となります。そして，保護者が障害のある我が子との日常的な

＊2　「自閉スペクトラム症」や「知的障害」については，本書第5章及び第7章を参照。

関わり方や発達を促すような関わり方を学ぶことで，より良好な親子関係をつくりあげていくことができるようになります。子どもが幼いときに，より良い親子関係がつくりあげられ，保護者が子どもの障害による生活のしにくさの改善に向けた手立てを理解することは，その後の親子の生活にとってとても大切なことです。

2 一貫した相談・支援体制

　学校教育法施行令の一部を改正する政令（就学相談・就学先決定に関する政令の改正）が2013年8月に公布され，9月1日より施行されました。これを受けて，2013年10月4日には，「障害のある児童生徒等に対する早期からの一貫した支援について（通知）」という文書が発出されました[*3]。

　この通知は，先の政令改正に伴う，障害のある児童生徒等に対する早期からの一貫した支援について留意すべき事項について周知を図るものとして発出されたものです。この通知に記載された「教育相談体制の整備」のなかでは，①市町村の教育委員会は，医療，保健，福祉，労働等の関係機関と連携を図りつつ，乳幼児期から学校卒業後までの一貫した教育相談体制の整備を進めることが重要であること，②都道府県の教育委員会は，専門家による巡回指導を行ったり，関係者に対する研修を実施したりする等，市町村の教育委員会における教育相談体制の整備を支援することが適当であることが記載されています。

　具体的な内容として①では，市町村教育委員会が，域内の学校と幼稚園，保育所等との連携を図るとともに，医療や福祉等の関係部局とも十分に連携し，たとえば乳幼児健診の結果を必要に応じて共有するなど，域内における教育相談・支援体制を構築することが示されています。②では，都道府県教育委員会が，学校に対し，専門家チームを派遣したり，巡回教育相談等を実施したり，特別支援学校のセンター的機能を発揮させたりすることにより，市町村教育委員会を積極的に支援することが示されています。たとえば，早期からの教育相

＊3　文部科学省初等中等教育局長通知「障害のある児童生徒等に対する早期からの一貫した支援について（通知）」（25文科初第756号）2013年。

談を実施して、それを円滑な就学相談につなげられるように、医師会、保健所、児童相談所、子ども療育センター、県立特別支援学校等の協力を得て、医師、保健師、臨床心理士、カウンセラー、特別支援教育コーディネーター、指導主事からなる支援チームを市町村の相談内容に応じて編成し、対応することになります。

　このような支援体制が整うことにより、市町村の教育委員会は障害のある子どもの状態を早期から継続的に把握することができ、就学先の選択や学校の指導内容につなげていくことができるようになります。保護者にとっては、身近な利用しやすい場所で、安心して相談でき、特別支援教育に関する情報提供を受けて、子どもの教育的ニーズと必要な支援について相談のなかで確認していくことができます。これらの取り組みは、子どもの就学に向けた検討について、保護者との合意形成を得やすくする可能性があります。

3　保護者の障害受容

　障害のある子どもを育てている保護者は言葉には出さなくても、これまで、悩み、不安を抱えながら子育てをしてきていることが多いです。また、医療関係者や専門家から、厳しい指摘や指導があったり、これまでの育児について批判的に言われたり、周囲の保護者から冷たい目で見られたりして、傷ついていることもあるかもしれません。子どもに障害があるため、親子の関わり合いが難しく育てにくいと感じたり、乱暴な我が子の言動で周囲からの孤立感を強めたり、いくら教えても習得しないことに焦燥感を感じたりして生活してきているかもしれません。対応する者（以下，担当者）は、保護者のそのような心情を共感的に聞き、受け止めること（カウンセリングマインド）[*4]が重要です。このようなカウンセリングマインドをもった対応をせずに、子どもの当面の課題を一方的に指摘したり、保護者の関わり方について指導したりすると、理解が得

＊4　カウンセリングマインド：カウンセリングを行うような心構えのことを言う。相手の気持ちを、相手の身になって感じることであり、相手と気持ちの通じ合う人間関係を大切にするという基本的な態度・技能のこと。

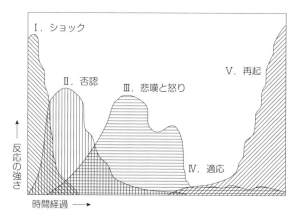

図15-1 障害を受容し，適応していく経過
出所：Drotar, D., et al.（1975）．より筆者作成。

られなかったり保護者を追いつめたりする結果になりかねません。

 また，担当者にとっては，保護者の単なる取りこし苦労と受け止められる事柄でも，保護者にとっては大きな心配事ということもあります。さらに，子どもの障害を受容したように見えている保護者でも，子どもの成長の過程で何度もつらい気持ちを体験していることもあります。このような保護者の心の揺れや思いに寄り添い，保護者が我が子の養育に前向きに取り組めるよう，保護者の心情に共感したり，受容したりすることが必要です。

 子どもに障害があると告知されてから，我が子の障害を受容し，社会に適応して積極的に生活していくまでの間，保護者には様々な感情の変化があります。先天性障害のある子どもの保護者に面接調査したドローター（Drotar, D.）ら（1975）は，我が子の障害を受容し，適応していく経過のモデルを「Ⅰ．ショック」「Ⅱ．否認」「Ⅲ．悲嘆と怒り」「Ⅳ．適応」「Ⅴ．再起」として示しました（図15-1）。[*5]

 保護者は，子どもに障害があることを知らされると，耐え難いショックを経

---

*5 Drotar, D., Baskiewicz, A., Irvin, N., et al. (1975). The adaptation of parents to the birth of an infant with a congenital malformation: A hypothetical model. *Pediatrics*, 56, pp. 710-717.

験します。ショックは，絶望感にとらわれ，理性的な行動がとれない状態です。それでも日常の生活を送っていくうちにショックから抜け出し，次に抱く気持ちが障害を認めたくないという思いです。たとえば「これは現実に起こっていることではなく，夢のなかのことであり，目が覚めれば，事態は違う」とか「これは事実ではない」と思う状況です。あるいは「障害がある」というのではなく，「障害が治る」と言ってくれる場所を探して様々な機関を回ったりする時期でもあります。しかし，いくら「否認」をしていても現実には，障害があること，障害が治らないことを認識し始めると，悲しみや怒りが込み上げてきます。「なぜ，私の子が……」「よりによって私の子に……」という思いであったり，誰彼かまわず当たり散らしたりするような感情的に混乱した苦しい状況に陥ります。これらの思いを経て，保護者は自分の子どもの養育に向き合い，事実を受け入れるようになります。そして障害のある我が子と共に生活していこう，という「再起」の状態になります。

　このような一連の心情の変化をドローターらは，適応の段階モデルとして示しています。この図には，感情反応の強さの目盛りや時間経過の目盛りが入っていません。これは，子どもの年齢，障害の種類・程度，保護者の性格，家族関係などによってその感情の強さは変わってくるものであり，時間経過による感情の変化は人によっても様々であるからとしています。

　このモデルは，保護者のダイナミックな適応過程の流れが示されているため，障害のある子どもを養育している保護者に対応する者にとっては，保護者の状態像の変化に見通しをもつことができるという利点があります。しかし，実際には一度我が子の障害を受容しても，その状態が恒久的に続くものではなく，特に子どもの成長の節々では，現実を目の当たりにし，感情が揺れ動くことは多くあります。また，障害のある子どもを養育する保護者すべてが，モデル通りの経緯をたどるとも限りません。このモデルを鵜呑みにすることなく，保護者の心情の変化を担当者が肌で敏感に感じ取り，保護者の精神的な支援をしていくことが重要です。

　担当者は，保護者の状況を理解し信頼関係を築きつつ，子どもの実態について保護者と共に理解していこうとする姿勢をもつことが大切です。保護者から

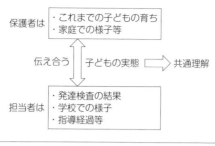

図15-2　保護者と担当者との協働
出所：筆者作成。

は，学校ではわからない家庭での状況や過去の情報などを伝えてもらい，担当者は発達検査や行動観察の結果や学校での様子等を伝え，子どもの実態について保護者と共通理解をしていくことが重要です。保護者も担当者もそれぞれが気づかないでいる子どもの姿を知り合い，お互いの見方を学び合うことで，子どもの実態の理解が深まることになります（図15-2）。課題が明らかになった時点では，子どもの得意なこと，好きなこと，良さなどを確認しながら，具体的な養育方法や指導内容を提示していくことが大切になります。子どものどんなに小さな変化についても，保護者に伝えていくことが，保護者を支え，励ますことにもつながっていきます。

　子どもの生活の基盤を整え，生活のスタイルをつくりあげていくのは子どもを養育している保護者です。学校関係者がその保護者と適切な関わり合いをもつことは，子どもの教育的な関わりを進めるうえで重要です。保護者を支え，励ますだけではなく，学校の教育について積極的に意見を求め，担当者・保護者・関係者がそれぞれの立場で，子どもの支援者として一貫性のある対応をしていくことが重要です。担当者と保護者が子どもの教育について，対等な立場で話し合いをするためには，上述したように子どもの実態の共通理解が図られていなくてはなりませんし，保護者には必要な情報が伝えられていなくてはなりません。保護者が，子どものもっとも身近な支援者であることを考えると，保護者の思いを受け止めつつ，子どもの発達や障害に関する情報を適切な時期

に，適切な量で，わかりやすく提供し，共に子どものことを考えていく関係をつくっていくことが必要です。

2 関係機関との連携

1 就学前の子どもが関わる主な専門機関

①児童発達支援センター，児童発達支援施設，障害児入所施設など

就学前の子どもの多くは，家庭で生活しながら幼稚園や保育所に通ったり，幼児を対象とした児童発達支援センターや療育センター（児童福祉法に基づく児童発達支援施設）等で支援を受けたりして成長します。障害児にとって身近な地域で支援を受けられるように障害児通所支援事業があります。この事業は，児童発達支援施設で，就学前の障害児を対象として，日常生活の自立に向けた指導や訓練を行い，社会生活への適応性の基盤をつくり，家族を支援することをねらいとした療育として行っています。また，対象の子どもが通っている保育所等を訪問し，対応に関する助言等の支援も行っています。障害のある子どもが障害児入所施設に入所して，治療や日常生活の指導を受けている場合もあります。発達障害のある子どもは，主に発達障害者支援センター等で，相談や支援を受けています。

②子育て支援センター，保健センター，児童家庭支援センターなど

障害があると診断される前に，親子が相談する地域の機関としては「子育て支援センター」「保健センター」などがあります。これらの機関では，育児不安等についての相談を受けたり，指導を行ったり，子育てサークル等の活動を行ったりしています。子育てサークルでは，保健師や保育士が参加していることもあり，この活動を通して障害の疑いのある子どもを見出すこともあります。

また，児童相談所をはじめ，母子生活支援施設や児童家庭支援センター等も地域の子育ての相談に応じています。

このように就学前の子どもは，地域の様々な機関に関わりながら成長します。担当している子どもが，就学前にどのような機関に関わり成長してきたのかを

知り，その機関と連絡をとることで，その子どもの成長の過程や指導経過を踏まえた指導計画を立案することができます。特に児童発達支援施設等では，個々の子どもに対し個別の支援計画（療育計画）を作成していますので，この計画を引き継ぎ資料として活用することもできます。このように，子どもが関係していた機関との情報交換を通して，地域の機関との連携の第一歩を踏み出すことができます。

2　就学中の子どもが関わる主な専門機関

　子どもが学校に在籍しているからといって，子どもが関係している機関は学校だけ，ということではありません。たとえば，「個別の教育支援計画」は，福祉・医療・労働等の関係機関との連携を図り，乳幼児期から学校卒業後までの長期的な視点に立って作成されるべきものとされています。就学中の子どもは，学校での生活が中心になりますが，障害へのより専門的な対応や子どもの家庭生活全般に関することでは，関係機関との連携が必要となります。

①児童発達支援施設，障害児入所施設，発達障害者支援センターなど

　障害への専門的な対応に関して連携する関係機関には，児童発達支援施設，障害児入所施設，発達障害者支援センターなどがあります。これらの多くの施設では，放課後等デイサービスを行っており，授業終了後または休業日に生活能力の向上のために必要な訓練や社会との交流等を行っています。一人一人の状態に即した放課後等デイサービス計画が作成されますので，個別の教育支援計画との整合性をとり，役割分担を明確にするためにも連携は必須となります。

　また，児童心理治療施設は，心理的・精神的な課題があり，日常生活に支障をきたしている子どもを対象に生活支援を基盤とした心理治療を入所あるいは通所により行っています。この施設も，学校と緊密な連携を図りながら治療や支援を行っている機関です。

②児童相談所，児童養護施設など

　障害への専門的な対応に関しても，家庭生活に関しても連携が必要な機関として，児童相談所があります。児童相談所は，18歳未満の子どもの福祉に関す

る全般的な支援を行っており、不登校、発育の遅れ、子どもの健康などの課題の相談にのったり、心理判定を行ったり、虐待を受けている子どもの一時保護を行ったりしています。

障害児の支援とは直接関係はしませんが、保護者のいない児童や虐待をされている児童のための自立支援等を行っている児童養護施設や、子どもの行動上の問題、特に非行問題を中心に対応し、生活指導等を必要とする児童を対象に自立を支援したり、相談や援助を行ったりする児童自立支援施設などもあります。いずれの機関も子どもが今の生活を快適で豊かに過ごせるようにするために、必要に応じて連携をとっていくことになります。

③校内の支援体制の充実、特別支援学校

子どもの学校での学習上や生活上の支援に関しては、校内の支援体制を充実させていくことが重要です。特別支援教育コーディネーターを中心に校内での支援を検討したり、保護者の相談に対応したりすることは、学校として当然行うべきことです。校内での検討や工夫をしても解決が難しい場合は、特別支援学校のセンター的機能を活用することができます。このように、教育関係者からの支援を受けたり、障害特性への対応や家庭生活に関する支援について専門機関と連携をとったりして、子どもの生活を充実させていくことが大切です。

子どもが関わっている関係機関を、たとえば、エコマップ[*6]のようなもので整理して図示しておくと地域の社会資源の活用状況が把握でき、連携をとる際にも便利です。

3 学校卒業後に向けて子どもが関わる主な専門機関

「学校基本調査（平成30年度）」[*7]の結果によると、高等学校の卒業者が大学等に進学する割合は54.7％であり、特別支援学校高等部の卒業者の大学等への進

[*6] **エコマップ**：主に社会福祉の領域で活用されているもので、要介護者を中心として、その人が関わっている社会資源（家族、きょうだい、友人、近隣住民、医師、関連機関等）との相互関係をネットワークとして表現した地図のこと。これを参考に、子どもを中心に関係者を図示することで、子どもの支援者が整理されると考えられる。

学者の割合は2.0%，専修学校へは0.2%です。また，特別支援学校高等部卒業者のうち，就職者の割合は29.0%です。これ以外の卒業者は，施設・医療機関への入所や在宅となります。つまり，特別支援学校の高等部では，就労や地域での自立した生活に向けた準備をしていくことが大切になります。そのため，学校では，卒業後の子どもの生活を見据え，子どもが関わっている福祉事務所，発達障害者支援センター，難病相談・支援センター，医療機関などの専門機関も含めて連携を図るとともに，就労に向けて企業や事業所に対する理解を図っていくことが大切です。

以下では，就労支援に焦点を当てて，関連する機関と事業について紹介しておきます。

①公共職業安定所，職業能力開発校，地域障害者職業センターなど

障害者の雇用の形態には，大きく分けて一般就労と福祉的就労があります。

一般就労では，雇用主との雇用契約が成立され，会社の一員としての責任と役割が（一般雇用でも障害者雇用でも）求められます。一般雇用では，一般の人と同様の形で就労することで，障害のあることを職場には伝えないで働くことになります。障害者雇用は，障害があることを前提として働く雇用形態です。障害者就労の様々な支援サービスを受けることができ，労働条件や労働時間，仕事上でのサポートなどを配慮してもらうことができます。

障害者の就労に向けて，労働関係機関による就労支援施設としては，公共職業安定所（ハローワーク）があり，就職相談，職業紹介，職場定着の支援や事業主に対する障害者雇用の指導・支援を行っています。また，就職に必要な知識・技能を習得するための職業訓練を行っている職業能力開発校，就職に向けた活動の支援を行う地域障害者職業センターや，障害者就業・生活支援センターなどもあります。

②就労支援事業

福祉的就労では，障害者総合支援法の福祉サービスに基づく就労支援事業[*8]を利用することになります。就労支援では，一般就労の前段階として就労に必要

＊7　文部科学省「学校基本調査　平成30年度結果の概要」 http://www.mext.go.jp/component/b_menu/other/__icsFiles/afieldfile/2018/08/02/1407449_2.pdf（2018年9月12日閲覧）。

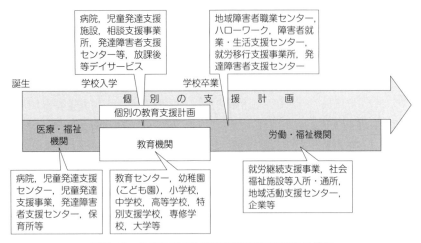

図15-3　生まれてから学校卒業後までに関わる機関
出所：筆者作成。

な知識や技能を学び，一般就労の準備が整った者には，一般就労の移行に向けた支援が行われます。また，一般就労が難しい者には，労働や生産活動の場が提供されます。これは，就労継続支援と呼び，A型（雇用型）とB型（非雇用型）の事業所があります。A型の事業所は，雇用契約に基づいた就労の実施及び一般企業への就労に向けた指導・支援を行っています。雇用契約に基づくため，基本的に最低賃金が保証されています。B型の事業所は，就労や生活活動の機会の提供とそれを通じた企業などへの就労を目指した支援を行います。雇用契約は結びませんが，当該事業所が設定した工賃が利用者に支払われます。

　生まれてから学校卒業後までに障害のある子どもが関わる主な専門機関について，図15-3に示しました。

＊8　**障害者総合支援法**：正式名称は「障害者の日常生活及び社会生活を総合的に支援するための法律」（2013年4月施行）。障害者の生活と就労に対する支援を充実させることを目標にしたもので，この法律により幅広い対象者に対して，障害支援区分を認定し，自立支援給付や地域生活支援などのサービスが受けられるようになった。

3 子どもの育ちを地域全体で支えた事例

　1歳6か月児健康診査の結果では，A児は特に指摘はありませんでした。しかし，母親は，A児の日頃の様子が心配で，健診後に保健師にA児のことを相談しました。相談を受けた保健師は，健診後のフォローアップ教室を紹介し，親子は，そこに通うことになりました。この教室は，月に1～2回，遊びを通して親子のスキンシップを図りながら子どもの発達を促したり，育児に関する個別相談をしたりしています。この教室でA児は，友達を押したり，かみついたり，突き飛ばしたりする行動が見られ，友達とのトラブルが多くありました。そこで，保健センターでは，母親に発達支援センターを紹介し，そこで相談を受けるように勧めました。A児の行動を心配していた母親は，早速，発達支援センターに行き，医師の診察を受けました。その結果，ADHDの疑いがあると診断され，引き続き発達支援センターに通園を始めました。

　A児が3歳になり，行動にも落ち着きが見られるようになった頃，母親は職場に戻り，A児は保育所に通うことになりました。保育所に通い始めた頃のA児は集団になじめず，問題行動も多く見られました。そのため，保育所の担当者は特別支援教育地域連絡協議会の事例検討会に事例を報告し，その対応について検討しました。この協議会は，月に1回，市福祉課，保健センター，子育て支援センター，発達支援センター，市内幼稚園・保育所，小学校特別支援学級・通級指導教室，特別支援学校地域支援部の各担当者が集まり，事例検討会，学習会を行っています。この事例検討会では，担当保育士がA児の保育所での様子と支援について報告するとともに，過去にA児に関わっていた保健師や発達支援センターの担当者も乳幼児期のA児の様子や生育歴等について紹介しました。このようにA児の育ちを踏まえたうえで，保育所での具体的な問題行動とその対処の仕方について参加者全員で話し合いがもたれました。その後も，発達支援センターと保健センター，保育所の三者が連携を取り合って，母親とA児を支援していった結果，問題行動は減少していきました。

　A児が就学するにあたり，就学先の小学校では，特別支援教育地域連絡協議

会での報告を受け，校内支援委員会でA児の実態や入学後の対応について全職員で共通理解を図りました。また，新入生の学級編成を決める際に，友達関係や担任の個性，教室の場所などについても配慮しました。そして新年度になり，学級と担任が正式に決定した時点で，校内支援委員会を開き，再度，校内の全職員での共通理解を図りました。

　A児が新たな環境である小学校に慣れるように，小学校の特別支援教育コーディネーターは入学式前にA児を学校に招待し，教室やトイレや体育館などを見せてまわりました。入学直後は，特別支援教育コーディネーターがA児の学級に入り，様子を把握したり支援したりしました。また，特別支援学校の地域支援部の担当者の協力を得て，個別の指導計画を作成し，校内の日常的な支援にあたっています。

　この事例は，地域の各機関同士の連携がとれ，小学校にスムーズに就学できた事例です。このように，早期からの相談支援体制のなかで各機関が連絡を取り合い，子どもを支援することは重要なことです。特に，移行期（小学校への入学の時期や学校を卒業する時期）では，個人情報の取り扱いに留意しつつ，子どもの状況を移行先に理解してもらうことが大切です。子どもの情報が移行先で理解されることにより，受け入れの体制を整えることができ，子どもも新たな環境に適応しやすくなります。

 まとめ

　早期からの教育相談・支援は，子どもの障害の受容に関する保護者への支援をはじめ，保護者が障害のある子どもと良好な親子関係を形成したり，障害のある子どもの発達を促すような関わり方や障害による生活のしにくさの改善に向けた手立てを知ったりする機会となります。障害のある子どもを育てている保護者の心情を理解し，子どもの成長に伴って関わる地域の専門機関を知っておきましょう。これらの機関と連携をとり，子どもを中心とした情報共有や役割分担をしていくことが，子どもが地域でよりよく生活していくことにつながっていきます。

さらに学びたい人のために

○国立特別支援教育総合研究所『障害のある子どもの教育相談マニュアル』ジアース教育新社，2010年。
　障害のある子どもの幼児期段階から就学移行期にかけての教育相談について，仮想事例を通し，保護者の心情，教育相談の進め方や考え方について，簡潔にまとめて示されています。

○青木紀久代（編著）『いっしょに考える家族支援――現場で役立つ乳幼児心理臨床』明石書店，2010年。
　この書籍は，乳幼児期から学齢期にある子どもと家族支援について心理臨床的な立場から考察されたものです。学校教育現場に限らず，現代社会の課題と家族支援の実際が紹介されています。

○ルイス・ポーター，スーザン・マッケンジー，堅田明義（監訳）林恵津子（訳）『教師と親のコラボレーション――障害のある子どものよりよい生活のために』田研出版，2005年。
　本のタイトルは，教師とありますが，専門家と親との協力関係をもつために必要な視点を提案しています。

索　引

あ　行

アイデンティティ　94
アクションプラン　225
アコモデーション　177
アシスティブ・テクノロジー　202
アスペルガー症候群　65
アセスメント　33, 35, 37, 40, 41, 48
アセスメントシート　234
アセスメント情報　55
暗順応　99
移行期　256
いじめ　139
1歳6か月児健康診査　244
一般就労　253
インクルーシブ教育システム　9, 10
エコマップ　252

か　行

絵画語彙発達検査　180
外国籍の児童生徒　133
カウンセリングマインド　246
各教科等を合わせた指導　192
学習障害　7, 33
学習上または生活上の困難　149
学籍　171
家族療法　85
学級経営　90
学校環境　84
学校教育法施行令第22条の3　21, 103, 106,
　　112, 119, 124, 187
学校教育法　18
学校不適応　177

カリキュラム・マネジメント　220
感覚過敏　71
眼球運動　99
環境因子　154
環境整備　68
環境調整　69, 71
関係機関　91
基礎的環境整備　9, 13
吃音　33
虐待　88
教育課程　171, 173
教育支援センター　89
教育職員免許法　27
教育的支援　83
教育的ニーズ　17, 18, 34, 213
協応運動　88
教材　203
教室環境　60
共生社会　17, 18
矯正視力　102
屈折　99
計画性　58
継次処理能力　68
限局性学習症　33
言語障害者　187
構音障害　174
光覚　99
高機能自閉症　7, 175
高次機能　53
構造化　69
行動観察　37
校内委員会　233
校内支援体制　230

259

広汎性発達障害　65
合理的配慮　9, 72, 77, 155, 177, 180, 219
交流及び共同学習　19, 104, 171, 185
国際障害分類　153
国際生活機能分類　153, 170, 215
個々のニーズ　174
心のバリアフリー　185
心の理論　66, 68
個人因子　154
個人内差　40
子どもの貧困　138
個別の教育支援計画　20, 174, 214, 217, 251
個別の指導計画　20, 76, 151, 174, 191, 215, 217, 235

さ 行

再起　248
作業学習　192
3歳児健康診査　244
支援会議　90
支援レベル　230
視覚化　69
視覚障害者　20
視覚中枢　99
色覚　99
色覚障害　103
自校通級　172
自己効力感　60
自己実現　92
視神経　99
自尊感情　32
肢体不自由者　21, 187
実行機能　59
実態把握　159, 160, 234
児童虐待　138
児童自立支援施設　252
児童心理治療施設　251
児童相談所　112, 252

児童福祉法　123
児童養護施設　252
自閉症者　187
自閉症スペクトラム障害　33, 175, 181
視野　99
社会性指数　114
社会性年齢　114
社会モデル　170
弱視者　187
就学支援委員会　21
習得尺度　55
重度・重複化　26
出生前診断　243
巡回指導　172
障害児通所支援事業　250
障害者基本法　9, 186
障害者の権利に関する条約　8
障害認識　110
障害の重度・重複化　151
障害の状態の改善・克服　150
障害を理由とする差別の解消の推進に関する法
　　律　155
情緒障害　83
情緒障害者　187
ショック　248
自立活動　22, 28, 150, 157, 170, 189
　　——の区分・項目　158
人工内耳　108, 109
身体障害者手帳　110
身体障害者福祉法　123
心理教育的援助サービス　143
心理的負担　94
心理療法　85
スクールカウンセラー　135
スクールソーシャルワーカー　141
スモールステップ　56, 77
スローラーナー　43
生活単元学習　192

索 引

生活年齢　170
精神年齢　113
生徒指導　91, 139
センター的機能　7, 25, 219, 239
専門機関　236
ソーシャルスキル　70, 93
ソーシャルスキルトレーニング　176
即時評価　43

た 行

大脳皮質　53
他校通級　172
多動性・衝動性　58
タブレット端末　209
短期記憶　74
短期目標　56, 178
チーム学校　143
知的障害者　21, 187
知能検査　92
知能指数　73, 113
知能偏差値　114
注意欠陥・多動性障害　7, 33
中枢神経系　53
聴覚過敏　73
聴覚障害者　20
長期目標　56, 178
調節　99
聴力検査　108
通級指導教室　29, 171
通級による指導　5, 17, 152, 167
通常の学級　152
通訳　134
定型発達児　87
適応指導教室　89
適応の段階モデル　248
デジタル教科書　206
てんかん　119
動機づけ　59

同時処理能力　68
特殊音節　54
特殊学級　5
特殊教育　3, 17
特別支援学級　17, 27
特別支援学校　17
特別支援学校施設整備指針　26
特別支援学校小学部・中学部学習指導要領　23
　――解説　114
特別支援教育　5, 17
特別支援教育コーディネーター　72, 78, 135, 231
特別措置　181
特別な教育的ニーズ　167
特別の教育課程　17, 173, 188
特別の指導　170
トップダウン　174

な 行

内部障害　124
難聴者　187
二次的援助サービス　143
日常生活の指導　192
日本語指導員　134
乳幼児健康診査　244
認知的背景　54
認知特性　177
熱心な無理解者　42
脳性まひ　119

は 行

バイパス　55
発達支援センター　93
発達指数　113
発達障害　17
発達障害者支援法　169
発達性協調運動症　33

261

発達年齢　113
場面緘黙　33
ハロー効果　40
否認　248
氷山モデル　36
病弱者　21, 187
ヒントカード　48
ファシリテーション　233
福祉的就労　253
不随運動　87
不注意　58
フラッシュバック　68
フリースクール　89
文章題　57
文脈形成　54
ペア学習　47
ヘルプカード　48
ボトムアップ　174
本人参画　220
本人中心の計画づくり　223
本人の願い　222

ま行

マッピングソフト　208
見通し　60
無力感　32
明順応　99
モジュール　56
モディフィケーション　177
問題行動　139

や行

薬物療法　85
養育環境　84
養護・訓練　150

要保護児童対策地域協議会　141
予防的対応　95

ら・わ行

リフレーミング　43
療育　250
両眼視　99
ワーキングメモリ　54, 74, 180

欧文

AAC　204
ADHD　7, 33, 178
AEM　205
ASD　33, 175, 181
AT　203
DA　113
DCD　33
DQ　114
DSM-5　65, 175
ICF　153, 170, 215
ICIDH　153
ICT　177, 201
IQ　114
ISS　114
KABC-Ⅱ　55
LD　7, 33
MA　113
PATH　212, 223
PDCAサイクル　157, 214
SA　114
SLD　33
SQ　114
VOCA　209
WISC-Ⅳ　41, 44, 55, 179

《監修者紹介》

汐見稔幸（しおみ　としゆき）
　　現　在　東京大学名誉教授。

奈須正裕（なす　まさひろ）
　　現　在　上智大学教授。

《執筆者紹介》（執筆順，担当章）

廣瀬由美子（ひろせ　ゆみこ）はじめに，第1章，第11章
　　編著者紹介参照。

石塚謙二（いしづか　けんじ）第2章，第7章第3節
　　編著者紹介参照。

川上康則（かわかみ　やすのり）第3章
　　現　在　東京都杉並区立済美養護学校主任教諭。
　　主　著　『子どもの心の受け止め方――発達につまずきのある子を伸ばすヒント』（単著）光村図書，2020年。
　　　　　　『教室マルトリートメント』（単著）東洋館出版社，2022年。

宇野宏幸（うの　ひろゆき）第4章
　　現　在　兵庫教育大学大学院教授。
　　主　著　『発達障害研究から考える通常学級の授業づくり』（共編著）金子書房，2010年。
　　　　　　『問題解決！先生の気づきを引き出すコミュニケーション』（共編）ジアース教育新社，2016年。

小田浩伸（おだ　ひろのぶ）第5章
　　現　在　大阪大谷大学教授。
　　主　著　『高校で学ぶ発達障がいのある生徒のための共感からはじまる「わかる」授業づくり』（監修）ジアース教育新社，2012年。
　　　　　　『高等学校における特別支援学校の分校・分教室』（共編著）ジアース教育新社，2017年。

藤井茂樹（ふじい　しげき）第6章
　　現　在　大阪体育大学教授。
　　主　著　『発達障害　共生への第一歩』（共著）少年写真新聞社，2011年。
　　　　　　『教員と教員になりたい人のための特別支援教育のテキスト』（共著）学研教育みらい，2018年。

澤田真弓（さわだ　まゆみ）第7章第1節
　　現　在　独立行政法人国立特別支援教育総合研究所上席総括研究員。
　　主　著　『小・中学校における視力の弱い子どもの学習支援』（共著）教育出版，2009年。
　　　　　　『特別支援教育の基礎・基本2020』（共著）ジアース教育新社，2020年。

藤本裕人（ふじもと　ひろと）第7章第2節
　　現　在　帝京平成大学教授。
　　主　著　『聞こえの困難への対応』（共著）建帛社，2021年。
　　　　　　『教育法規・教育行政入門』（共著）ミネルヴァ書房，2018年。

長沼俊夫（ながぬま　としお）第7章第4節
　　現　在　日本体育大学教授。
　　主　著　『特別支援教育の基礎』（共編著）大学図書出版，2018年。

武田鉄郎（たけだ　てつろう）第7章第5節
　　現　在　和歌山大学名誉教授。
　　主　著　『慢性疾患児の自己管理支援のための教育的対応に関する研究』（単著）大月書店，2006年。
　　　　　　『発達障害の子どもの「できる」を増やす提案・交渉型アプローチ』（編著）学研プラス，2017年。

水野治久（みずの　はるひさ）第8章
　　現　在　大阪教育大学教授。
　　主　著　『子どもと教師のための「チーム援助」の進め方』（単著）金子書房，2014年。
　　　　　　『絶対役立つ教育相談』（共編著）ミネルヴァ書房，2017年。

菊地一文（きくち　かずふみ）第9章，第13章
　　現　在　弘前大学大学院教授。
　　主　著　『気になる子のためのキャリア発達支援』（単著）学事出版，2016年。
　　　　　　『確かな力が育つ知的障害教育「自立活動」Q&A』（単著）東洋館出版社，2022年。

鳥居深雪（とりい　みゆき）第10章
　　現　在　神戸大学名誉教授。
　　主　著　『思春期から自立期の特別支援教育』（編著）明治図書出版，2010年。
　　　　　　『自閉症スペクトラム入門』（共訳）中央法規出版，2011年。

金森克浩（かなもり　かつひろ）第12章
　　現　在　帝京大学教授。
　　主　著　『学校でのICT利用による読み書き支援』（共著）金子書房，2016年。
　　　　　　『決定版！特別支援教育のためのタブレット活用』（編著）ジアース教育新社，2016年。

青山新吾（あおやま　しんご）第14章
　　現　在　ノートルダム清心女子大学准教授，インクルーシブ教育研究センター長。
　　主　著　『インクルーシブ教育を通常学級で実践するってどういうこと？』（共著）学事出版，2019年。
　　　　　　『エピソード語りで見えてくるインクルーシブ教育の視点』（単著）学事出版，2022年。

小林倫代（こばやし　みちよ）第15章
　　現　在　独立行政法人国立特別支援教育総合研究所名誉所員。
　　主　著　『特別支援教育はじめのいっぽ！漢字のじかん80字』（共著）学研教育みらい，2014年。
　　　　　　『教員と教員になりたい人のための特別支援教育のテキスト』（共著）学研教育みらい，2018年。

《編著者紹介》

廣瀬由美子（ひろせ　ゆみこ）
　現　在　元 明星大学教授。
　主　著　『特別支援学級をはじめて担任する先生のための国語・算数授業づくり』
　　　　　（共編著）明治図書出版，2015年。
　　　　　『教員と教員になりたい人のための特別支援教育のテキスト』（共著）学
　　　　　研教育みらい，2018年。

石塚謙二（いしづか　けんじ）
　現　在　元 桃山学院教育大学教授・元 文部科学省特別支援教育調査官。
　主　著　『絶対役立つ教育相談――学校現場の今に向き合う』（共著）ミネルヴァ
　　　　　書房，2017年。
　　　　　「特別な配慮を必要とする児童・生徒の学習評価をどうすればよいか」
　　　　　『月刊教職研修』教育開発研究所，2019年。

アクティベート教育学⑦
特別支援教育

| 2019年4月20日 | 初版第1刷発行 |
| 2024年2月20日 | 初版第6刷発行 |

〈検印省略〉

定価はカバーに表示しています

監修者	汐見稔幸
	奈須正裕
編著者	廣瀬由美子
	石塚謙二
発行者	杉田啓三
印刷者	江戸孝典

発行所　株式会社　ミネルヴァ書房
607-8494　京都市山科区日ノ岡堤谷町1
電話代表　（075）581-5191
振替口座　01020-0-8076

© 廣瀬・石塚ほか，2019　　共同印刷工業・新生製本

ISBN978-4-623-08537-8
Printed in Japan

アクティベート教育学

汐見稔幸・奈須正裕 監修

A 5 判／美装カバー

1. 教育原理
   木村　元・汐見稔幸 編著
   本体2000円
2. 現代の教師論
   佐久間亜紀・佐伯　胖 編著
   本体2000円
3. 現代社会と教育
   酒井　朗 編著
   本体2000円
4. 教育経営
   天笠　茂 編著
5. 教育制度を支える教育行政
   青木栄一 編著
   本体2000円
6. 発達と学習の心理学
   松木健一・奈須正裕 編著
7. 特別支援教育
   廣瀬由美子・石塚謙二 編著
   本体2000円
8. 教育課程論
   澤田　稔 編著
9. 道徳教育の理論と実践
   上地完治 編著
   本体2000円
10. 総合的な学習の時間
    奈須正裕・田村　学 編著
11. 特別活動の理論と実践
    上岡　学・林　尚示 編著
    本体2000円
12. 教育の方法と技術
    江間史明・黒上晴夫・奈須正裕 編著
13. 教育相談
    家近早苗・田村修一・石隈利紀 編著
14. 生徒指導・キャリア教育
    八並光俊・藤田晃之・石隈利紀 編著
15. 教職のための憲法
    斎藤一久・城野一憲 編著
    本体2000円

アクティベート保育学

汐見稔幸・大豆生田啓友 監修

A 5 判／美装カバー

1. 保育原理　　汐見稔幸・無藤隆・大豆生田啓友 編著
2. 保育者論　　大豆生田啓友・秋田喜代美・汐見稔幸 編著
3. 子ども理解と援助　　大豆生田啓友・久保山茂樹・渡邉英則 編著
4. 保育・教育課程論　　神長美津子・戸田雅美・三谷大紀 編著
5. 保育方法・指導法　　北野幸子・那須信樹・大豆生田啓友 編著
6. 保育内容総論　　大豆生田啓友・北野幸子・砂上史子 編著
7. 保育内容「健康」　　河邉貴子・中村和彦・三谷大紀 編著
8. 保育内容「人間関係」　　大豆生田啓友・岩田恵子・久保健太 編著
9. 保育内容「環境」　　秋田喜代美・佐々木正人・大豆生田啓友 編著
10. 保育内容「言葉」　　汐見稔幸・松井智子・三谷大紀 編著
11. 保育内容「表現」　　岡本拡子・花嶋幹夫・汐見稔幸 編著
12. 保育・教育実習　　矢藤誠慈郎・髙嶋景子・久保健太 編著
13. 乳児保育　　遠藤利彦・髙嶋景子・汐見稔幸 編著
14. 障害児保育　　榊原洋一・市川奈緒子・渡邉英則 編著

(2019年春より順次刊行)

ミネルヴァ書房

https://www.minervashobo.co.jp/